D1844015

Gruber I Neumann

Erfolg im Mathe-Abi 2018

Prüfungsaufgaben
Hessen

Übungsbuch für den Grundkurs
mit Tipps und Lösungen

Freiburger Verlag

Inhaltsverzeichnis

Analysis

Lineare Algebra / Analytische Geometrie

Stochastik

Erfolg von Anfang an

Dieses Übungsbuch ist speziell auf die Anforderungen des zentralen Mathematik-Abiturs im Grundkurs abgestimmt. Es enthält Übungsaufgaben auf Prüfungsniveau sowie Original-Prüfungsaufgaben mit vielen hilfreichen Tipps und ausführlichen, verständlichen Lösungen. Es umfasst die drei großen Themenbereiche Analysis, Lineare Algebra/ Analytische Geometrie und Stochastik. Thematisch geht es meistens um anwendungsbezogene Aufgaben, um das Modellieren realitätsnaher Problemstellungen, um das Herstellen von Zusammenhängen und um das Entwickeln von Lösungsstrategien.

Der blaue Tippteil

Hat man keine Idee, wie man eine Aufgabe angehen soll, hilft der blaue Tippteil in der Mitte des Buches weiter: Zu jeder Aufgabe gibt es dort Tipps, die helfen, einen Ansatz zu finden, ohne die Lösung vorwegzunehmen.

Taschenrechner

Je nachdem, welcher Operator in einer Aufgabe angegeben ist, kann man den Taschenrechner verwenden. Bei «berechnen Sie» ist ein ausführlicher Lösungsweg «von Hand» ohne Taschenrechner verlangt, bei «bestimmen Sie» oder «geben Sie an» sollen die Funktionen des Taschenrechners genutzt werden.

Die im Abitur verwendeten Taschenrechner können sehr viel mehr als nur die Grundrechenarten: Sie können z.B. lineare Gleichungssysteme und quadratische oder kubische Gleichungen lösen, Integrale bestimmen, das Vektor- und Skalarprodukt von Vektoren angeben oder Werte der (kumulierten) Binomialverteilung ausgeben, etc.

Daher befindet sich im Buch an den Stellen, an denen es Sinn macht, die entsprechende Funktion des Taschenrechners zu nutzen, ein QR-Code und ein Direktlink auf das entsprechende Video, in dem diese Funktion des Tachenrechners kurz erklärt wird.* Der QR-Code kann mit einer entsprechenden App gescannt werden. Alternativ lässt sich auch der Link unter dem Code benutzen.

Der Code neben diesem Text verweist beispielsweise auf ein Video zur Bestimmung der kumulierten Binomialverteilung.

frv.tv/ck

Wie arbeitet man mit diesem Buch?

Am Anfang befinden sich die Aufgaben aus den drei Themenbereichen Analysis, Lineare Algebra/Analytische Geometrie und Stochastik.

Die Aufgaben sind in der Regel in ihrer Schwierigkeit gestaffelt. In der Mitte des Buches befindet sich der blaue Tippteil mit Denk- und Lösungshilfen. Die Lösungen mit ausführlichem Lösungsweg bilden den dritten Teil des Übungsbuchs. Hier findet man die notwendigen Formeln, Rechenverfahren und Denkschritte sowie sinnvolle alternative Lösungswege.

MeinMatheAbi.de

Als Ergänzung zum Buch finden Sie im Internet unter www.MeinMatheAbi.de nicht nur weitere Abituraufgaben, sondern auch Lernkarten, eine Lernkarten-App, Taschenrechneranleitungen zu verschiedenen Taschenrechnertypen, Videotutorials und ein Forum, das die Vorbereitung auf die Prüfung erleichtert.

Einige Übungsaufgaben sind als Musterbeispiele für die Abiturprüfung von öffentlichen Stellen veröffentlicht worden. Die Urheber- und Nutzungsrechte für diese Aufgaben liegen bei dem jeweiligen Kultusministerium bzw. Landesinstitut. Die Tipps und die Lösungen hierzu stammen wie bei allen anderen Aufgaben von den Autoren.

Allen Schülerinnen und Schülern, die sich auf das Abitur vorbereiten, wünschen wir viel Erfolg!

Helmut Gruber und Robert Neumann

*Beim Rechnen mit Vektoren ist es oft aufwändiger, mit dem Taschenrechner z.B. Winkel zu berechnen, als "mit der Hand". Wenn Berechnungen "mit der Hand“ einfacher sind, als mit dem Taschenrechner, sind keine QR-Codes angegeben.

Die Abiturprüfung

Seit 2007 werden die Mathematikaufgaben für die schriftliche Abiturprüfung in Hessen zentral gestellt. Dabei gibt es das sogenannte «Abschlussprofil», welches ergänzend zum Lehrplan die grundlegenden Anforderungen für die Prüfung auflistet:

Analysis

Differentialrechnung und Integralrechnung

- Differenzenquotient, Ableitung an einer Stelle
- Ableitungsregeln: Summenregel, Produktregel, Kettenregel (lineare Verkettung)
- Ableitungsfunktionen und ihre geometrischen Deutungen
- Untersuchungen von Funktionen und ihrer Graphen:
  Symmetrie zur y-Achse, Punktsymmetrie zum Koordinatenursprung, Nullstellen, relative und absolute Extremalpunkte, Wendepunkte, Monotonieverhalten, Krümmungsverhalten
- Tangentengleichungen
- Bestimmung von Funktionen zu vorgegebenen Bedingungen
- Extremwertaufgaben
- Bestimmtes Integral, Stammfunktion, Summen- und Faktorregel
- Hauptsatz der Differential- und Integralrechnung
- Berechnung des Inhalts eines begrenzten Flächenstücks
- Integration durch lineare Substitution

Auswahl der Funktionsklassen

- Ganzrationale Funktionsscharen mit Parameter
- Exponentialfunktionen mit Parameter
- Einfache rationale Funktionen
- Einfache trigonometrische Funktionen

Lineare Algebra / Analytische Geometrie

- Vektoren
- Geraden und Ebenen
- Parameter- und Koordinatendarstellung von Gerade und Ebene im Raum
- Lagebeziehungen von Punkten, Geraden und Ebenen im Raum
- Skalarprodukt, Betrag eines Vektors, Winkel zweier Vektoren
- Abstandsbestimmungen (außer bei windschiefen Geraden)
- Schnittwinkel von Geraden und Ebenen im Raum
- Anwendungen des Skalarproduktes
- Lineare Gleichungssysteme: Homogene und inhomogene lineare Gleichungssysteme, Lösungsverfahren, Lösungsmenge

Stochastik

- Ergebnis und Ereignis: Relative Häufigkeit, Empirisches Gesetz der großen Zahlen, Wahrscheinlichkeit eines Ereignisses, Laplace-Wahrscheinlichkeit
- Berechnen von Laplace-Wahrscheinlichkeiten: Geordnete Stichprobe (mit und ohne Zurücklegen), Ungeordnete Stichprobe (ohne Zurücklegen)
- Baumdarstellungen, Pfadregeln (Summen- und Produktregel)
- Bedingte Wahrscheinlichkeit (Baumdarstellung), Unabhängigkeit von zwei Ereignissen
- Bernoulli-Kette, Binomialverteilung, Wahrscheinlichkeitsfunktion einer Zufallsgröße, Erwartungswert, Varianz und Standardabweichung
- Einseitiger und zweiseitiger Hypothesentest (nur mittels Binomialverteilung)
- Annahmebereich, Ablehnungsbereich, Fehler erster und zweiter Art

Der Ablauf der Abiturprüfung

Im Abitur sind, neben einer mathematischen Formelsammlung und einem Wörterbuch der deutschen Rechtschreibung, entweder ein wissenschaftlicher Taschenrechner (WTR), ein grafikfähiger Taschenrechner (GTR) oder ein Computer-Algebra-System (CAS) erlaubt. Tabellen zur Stochastik werden gegebenenfalls vor der Prüfung zur Verfügung gestellt.

Die Schule erhält für jeden Kurs einen Aufgabensatz (angepasst an den Taschenrechnertyp).

Die Schülerin/ der Schüler wählt vor der Prüfung aus den zur Verfügung gestellten Aufgaben jeweils eine Aufgabe aus:

Analysis

Analysis A 1	oder	Analysis A 2

Lineare Algebra / Analytische Geometrie

Lineare Algebra Analytische Geometrie B 1	oder	Lineare Algebra Analytische Geometrie B 2

Stochastik

Stochastik C

Die Abiturprüfung besteht also aus drei Teilaufgaben: Einer Analysisaufgabe, einer Aufgabe der Analytischen Geometrie und einer Stochastikaufgabe. Die Prüfungszeit beträgt 180 Minuten.

Analysis

1 Ganzrationale Funktion – Fluss

Tipps ab Seite 30, Lösungen ab Seite 46

Die südliche Uferlinie eines Flusses werde in einem Koordinatensystem durch den Graphen der Funktion f mit

$$f(x) = 0,05 \cdot x^3 - 0,6 \cdot x^2 + 1,35 \cdot x\,;\; x \in [0;\ 10]$$

beschrieben Dabei zeigt die x-Achse nach Osten und die y-Achse nach Norden. Eine Einheit entspricht 10 m in der Wirklichkeit.

Die nördliche Uferlinie werde durch den Graphen der Funktion g mit

$$g(x) = e^{x-8} + 2\,;\; x \in [0;\ 10]$$

beschrieben.

Runden Sie im Folgenden alle Werte auf zwei Stellen nach dem Komma.

a)
- Berechnen Sie die Nullstellen, Extrempunkte und Wendepunkte des Graphen der Funktion f im gegebenen Intervall.
- Zeichnen Sie den Graphen der Funktion f auf das beigefügte Blatt, auf dem der Graph der Funktion g bereits dargestellt ist.

b) Im Norden des Flusses ist ein Überlaufgebiet geplant. Das Überlaufgebiet wird begrenzt durch den Graphen einer Funktion h mit

$$h(x) = e^{ax} + b\,;\quad x \in [0;\ 10],\ a,\ b \in \mathbb{R}.$$

- Bestimmen Sie die Parameter a und b so, dass das Überlaufgebiet an den Stellen $x_0 = 0$ und $x_1 = 10$ mit dem Nordufer des Flusses zusammentrifft.
  Verwenden Sie im Folgenden $h(x) = e^{0,21x} + 1$.
- Berechnen Sie die größte Ausdehnung des Überlaufgebiets in Nord-Süd-Richtung.

c) Von der Wasseroberfläche des Flusses im Intervall $[3;\ 9]$ sind zu einem bestimmten Zeitpunkt $150\,\text{m}^2$ von Algen bedeckt.
Die in diesem Intervall bedeckte Wasserfläche vergrößert sich wöchentlich um 30%.

Berechnen Sie den Zeitpunkt, zu dem 80% der Wasseroberfläche im Intervall $[3;\,9]$ von Algen bedeckt ist.

Beiblatt

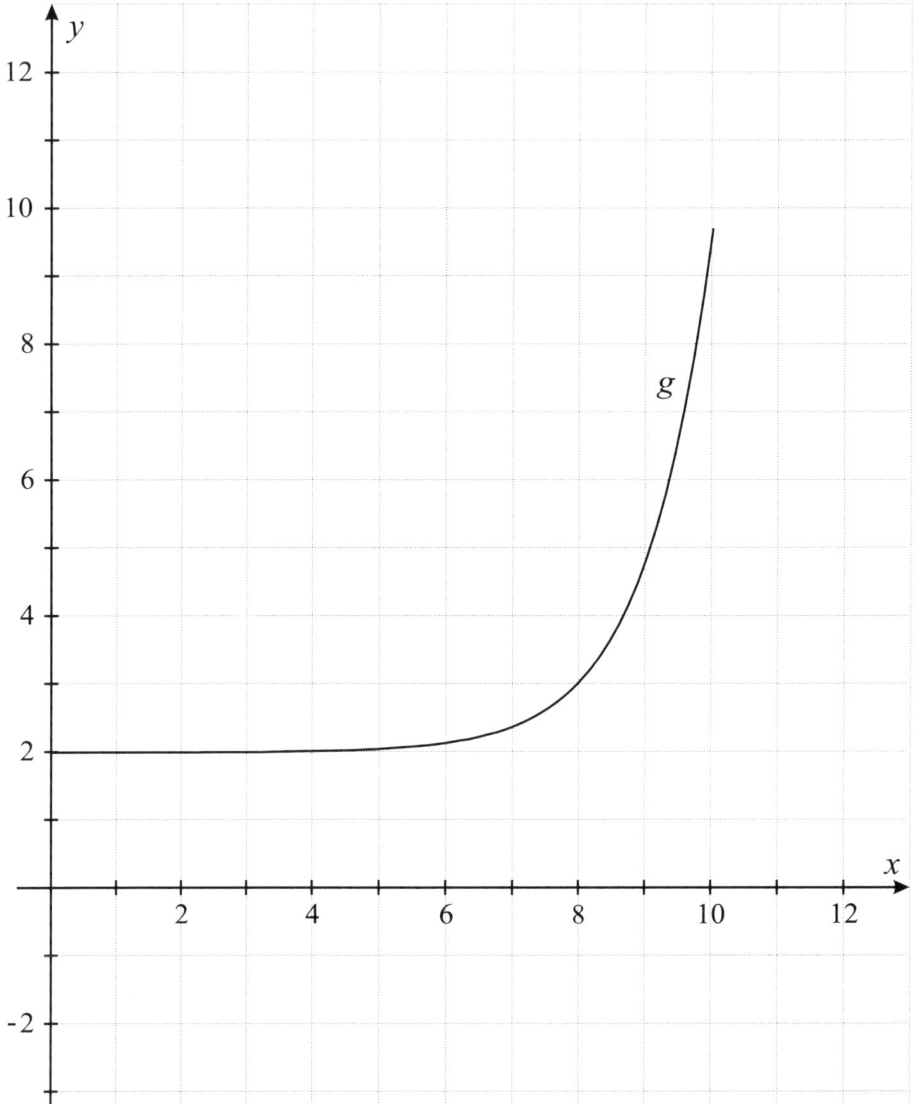

2 Ganzrationale Funktion – Brücke

Tipps ab Seite 31, Lösungen ab Seite 51

Vor einiger Zeit plante man in Hamburg eine von zwei Stützpfeilern (Pylonen) getragene Seilbahn über die Elbe. Die folgende Abbildung zeigt einen entsprechenden Entwurf. Dabei stellt die x-Achse den Verlauf der Erdbodenlinie dar. Eine Längeneinheit entspricht 100 m in der Wirklichkeit.

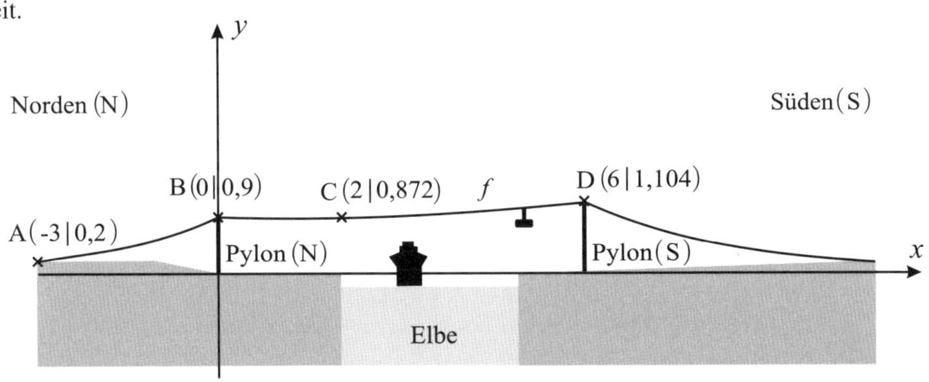

Die Pylonenspitze B befindet sich 90 m über dem Erdboden. Die Pylonenspitze D liegt 110,4 m über dem Erdboden. Der Abstand der beiden Pylonen beträgt 600 m. Das nördliche Elbufer ist 200 m vom nördlichen Pylonen entfernt. Der Punkt C liegt senkrecht über dem nördlichen Elbufer. Die Seilhöhe beträgt hier 87,2 m über dem Erdboden und die Steigung des Seils im Punkt C ist 1,8 %.

a) Zwischen den Pylonen kann der Verlauf des Seiles näherungsweise durch eine ganzrationale Funktion f dritten Grades beschrieben werden.

- Bestimmen Sie eine zugehörige Funktionsgleichung.
  [Kontrolle: $f(x) = -\frac{1}{1000} \cdot x^3 + \frac{1}{50} \cdot x^2 - \frac{1}{20} \cdot x + \frac{9}{10}$]
- Berechnen Sie im Bereich zwischen den Pylonen die minimale Höhe des Seiles über der Erdbodenlinie.
- Zu einem bestimmten Zeitpunkt befindet sich die Wasseroberfläche der Elbe 10 m unter der Erdbodenlinie. Die Elbe ist im geplanten Bereich 290 m breit. Berechnen Sie die durchschnittliche Höhe des Seiles über der Wasseroberfläche.

b)
- Die Funktion f hat eine Wendestelle. Zeigen Sie, dass diese nicht im Intervall $[0; 6]$ liegt.
- Berechnen Sie die maximale Steigung des Graphen von f im Intervall $[0; 6]$.

- Begründen Sie, warum die Modellierung des Seiles durch einen Graphen mit einer Wendestelle x_W mit $0 < x_W < 6$ nicht sinnvoll ist.

c) Die Station A auf dem Nordufer ist 300 m vom nördlichen Pylonen entfernt. Das Seil befindet sich hier in einer Höhe von 20 m über der Erdbodenlinie.
Der Verlauf des Seils zwischen der Station und dem nördlichen Pylonen kann durch eine Funktion g mit $g(x) = a \cdot e^{0,5x} + b \cdot e^{-0,5x}$ beschrieben werden.

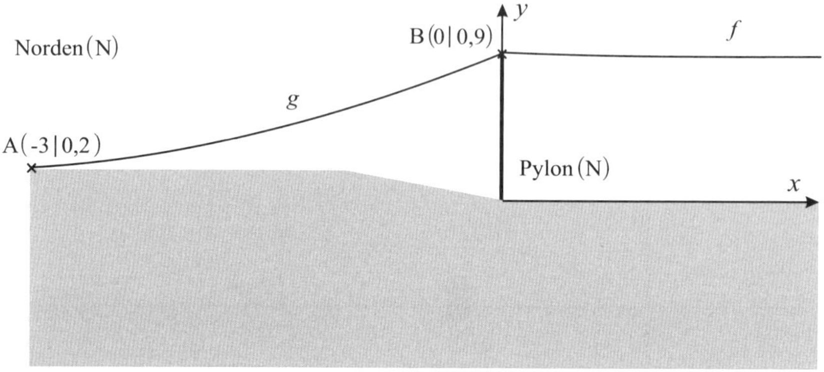

- Berechnen Sie die beiden Koeffizienten a und b.
- Berechnen Sie den Winkel, unter dem die Seile am nördlichen Pylonen aufeinandertreffen.

3 Ganzrationale Funktion – Kurve 4. Grades

Tipps ab Seite 32, Lösungen ab Seite 55

a) Der Graph einer ganzrationalen Funktion 4. Grades ist achsensymmetrisch zur y-Achse, geht durch den Punkt $\mathrm{P}(0 \mid 2,5)$ und hat den Wendepunkt $\mathrm{W}(1 \mid 0)$.
Bestimmen Sie den zugehörigen Funktionsterm $f(x)$.

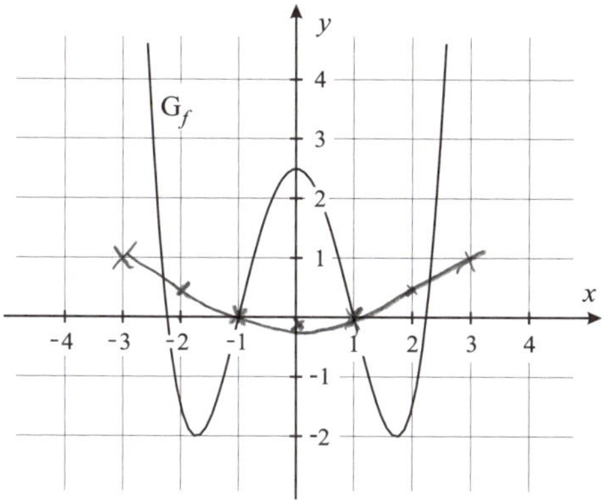

Abbildung 1

b) Abbildung 1 zeigt den Graphen G_f der Funktion $f(x) = \frac{1}{2}x^4 - 3x^2 + \frac{5}{2}$.
Beschreiben und begründen Sie den Verlauf dieses Graphen zunächst ohne Rechnung allein mithilfe des Funktionsterms.
Bestätigen Sie durch Rechnung, dass $\mathrm{P}(0 \mid 2,5)$ ein Hochpunkt von G_f ist.

c) Zeichnen Sie die Parabel mit der Gleichung $p(x) = \frac{1}{8}x^2 - \frac{1}{8}$ und G_f in ein gemeinsames Koordinatensystem ein.
Zeigen Sie, dass die Parabel den Graphen von f im Wendepunkt $\mathrm{W}(1 \mid 0)$ senkrecht schneidet.
Bestimmen Sie den Flächeninhalt derjenigen Fläche, welche von der Parabel und G_f begrenzt wird und den Punkt $\mathrm{T}(0 \mid 1)$ enthält.

d) Die Punkte $\mathrm{Q}(u \mid f(u))$, $\mathrm{R}(-u \mid f(-u))$ und $\mathrm{P}(0 \mid 2,5)$ bilden für $0 < u \leqslant 1$ ein Dreieck.
Zeigen Sie, dass sich der Flächeninhalt dieses Dreiecks folgendermaßen berechnen lässt:
$\mathrm{A}(u) = -\frac{1}{2}u^5 + 3u^3$.

4 Exponentialfunktion – Jod

Tipps ab Seite 32, Lösungen ab Seite 58

Gegeben ist die Funktion f durch

$$f(x) = (4x+6)e^{-0,5x}\,;\; x \in \mathbb{R}.$$

Ihr Graph sei K_f.

a) Untersuchen Sie K_f auf Schnittpunkte mit den Koordinatenachsen, Hoch- und Tiefpunkte sowie Asymptoten.
Zeichnen Sie K_f für $-2 \leqslant x \leqslant 7$.

b) Die Tangente an K_f im Punkt B $(0 \mid f(0))$ schneidet die x-Achse im Punkt F, die Normale (Senkrechte zur Tangente) in B schneidet die x-Achse im Punkt G.
Berechnen Sie den Flächeninhalt des Dreiecks BFG.

Zeigen Sie, dass $F(x) = (-28-8x)e^{-0,5x}$ eine Stammfunktion von f ist.
Berechnen Sie damit den Flächeninhalt der Fläche, welche von K_f und den Koordinatenachsen im 2. Quadranten begrenzt wird.

c) Bei einem wissenschaftlichen Experiment sind zu Beginn der Beobachtung in einem Versuchsbehälter 30 mg radioaktives Jod 131 vorhanden. Nach 5 Tagen sind nur noch 22 mg übrig.

Bestimmen Sie eine Funktionsgleichung für die vorhandene Jodmenge $J(t)$, wenn natürlicher exponentieller Zerfall angenommen wird (t = Zeit in Tagen, $J(t)$ = vorhandene Jodmenge in mg).
Wieviel Jod 131 ist nach einer Woche noch vorhanden?
Berechnen Sie die Halbwertszeit von Jod 131.
Nach wie vielen Tagen sind 80 % der Ausgangsmenge zerfallen?

5 Exponentialfunktion – Bakterien

Tipps ab Seite 33, Lösungen ab Seite 61

a) Gegeben ist die Funktion f durch

$$f(x) = (2x+3) \cdot e^{-x}\,;\ x \in \mathbb{R}.$$

Ihr Graph sei K_f.

Die Funktion g ist gegeben durch

$$g(x) = e^{-x}\,;\ x \in \mathbb{R}.$$

Ihr Graph sei K_g.

Untersuchen Sie K_f auf Schnittpunkte mit den Koordinatenachsen, Hoch-, Tief- und Wendepunkte sowie Asymptoten.

Zeichnen Sie K_f und K_g für $-2 \leqslant x \leqslant 4$ (Längeneinheit $= 2\,\text{cm}$).

b) Die Gerade $x = u$ mit $u > -1$ schneidet K_f im Punkt P und K_g im Punkt Q.

Für welchen Wert von u wird die Länge der Strecke PQ maximal?

Berechnen Sie die maximale Länge der Strecke PQ.

c) Eine Bakterienkultur hat zu Beginn der Beobachtung 500 Bakterien. Jede Stunde nimmt die Anzahl der Bakterien um 30 % zu.

Bestimmen Sie das Wachstumsgesetz $\mathrm{B}(t)$. (Es ist $\mathrm{B}(t)$: Anzahl der Bakterien, t: Zeit in Stunden).

Wie viele Bakterien sind nach 6 Stunden in der Kultur vorhanden?

Nach welcher Zeit hat sich die Anzahl der Bakterien verdreifacht?

Durch die Zugabe eines neu entwickelten Antibiotikums nach 6 Stunden seit Beginn der Beobachtung verringert sich die Anzahl der Bakterien nach folgendem Gesetz:

$$\mathrm{B}(t) = 2414 \cdot e^{-0{,}8755(t-6)}\,;\ t \geqslant 6$$

Nach wie vielen Stunden seit Beginn der Beobachtung beträgt die Bakterienanzahl weniger als die Anzahl zu Beginn?

6 Exponentialfunktion – Grippe

Tipps auf Seite 33, Lösungen ab Seite 63

Eine Schülerin ist an einem grippalen Infekt erkrankt. Die Funktion f mit

$$f(t) = 4t \cdot e^{-0,5t} + 36,6 \; ; \; t > 0$$

modelliert ihre Körpertemperatur während des Infektes. Dabei gibt t die Zeit in Tagen nach Auftreten des Infektes und $f(t)$ die Körpertemperatur in °C an.
Es gilt $f'(t) = (4-2t) \cdot e^{-0,5t}$.

a)
- Berechnen Sie die höchste Körpertemperatur der Schülerin während des Infektes.
- Berechnen Sie die Koordinaten des Wendepunktes W des Graphen von f und interpretieren Sie diese im Sachzusammenhang.
- Skizzieren Sie den Graphen der Funktion d mit $d(t) = 4t \cdot e^{-0,5t}$ im Intervall $[0;10]$ und beschreiben Sie die Bedeutung der Funktion d im Sachzusammenhang.

b)
- Zeigen Sie, dass $\mathrm{F}(t) = (-8t-16) \cdot e^{-0,5t} + 36,6t$ eine mögliche Stammfunktion von f ist.
- Bestimmen Sie die durchschnittliche Körpertemperatur der Schülerin innerhalb der ersten Woche des Infektes.
- Es gibt eine Temperatur, die zu einem bestimmten Zeitpunkt und dann genau zwei Tage später erneut erreicht wird. Bestimmen Sie diese Temperatur und die Zeitpunkte, zu denen sie erreicht wird.

c) Die zeitlichen Verläufe der Körpertemperatur anderer Personen während eines Infektes können durch die Funktionenschar h_k mit $h_k(t) = \frac{2}{k} \cdot t \cdot e^{-kt} + 36,6 \; ; \; k > 0$ modelliert werden.

- Jeder Graph der Schar hat einen Hochpunkt H_k. Bestimmen Sie die Koordinaten dieses Hochpunktes.
  [Kontrolle: $\mathrm{H}_k\left(\frac{1}{k} \mid \frac{2}{ek^2} + 36,6\right)$]
- Der Krankheitsverlauf wird kritisch, wenn das Maximum der Körpertemperatur 41 °C oder mehr erreicht. Bestimmen Sie diejenigen Werte des Parameters k, für die der Krankheitsverlauf kritisch wird.

7 Trigonometrische Funktion – Sonnenschein

Tipps ab Seite 34, Lösungen ab Seite 67

In Freiburg im Breisgau, der wärmsten Stadt in Deutschland, scheint die Sonne im März ca. 100 Stunden; zwei Monate später sind es ca. 200 Stunden.
Die Sonnenscheindauer eines Monats soll in Abhängigkeit von der Zeit t (t in Monaten, $t = 0$ im April) modellhaft durch eine Funktion S mit

$$\mathrm{S}(t) = a + b \cdot \sin\left(\frac{\pi}{6}t\right);\ a, b \in \mathbb{R}$$

($\mathrm{S}(t)$ in Stunden) beschrieben werden.

a) Bestimmen Sie die Koeffizienten a und b für die obigen Daten.
Welche Sonnenscheindauer ergibt sich aus dem Modell für den Monat Oktober?

b) Wie hoch ist die prozentuale Abweichung vom Modell zur Wirklichkeit, wenn im Oktober in Freiburg die Sonne tatsächlich 156 Stunden scheint?
Geben Sie den Wertebereich der Sonnenscheindauer an.

c) In welchem Zeitraum des Jahres scheint die Sonne mehr als 235 Stunden pro Monat?

d) In welchen Monaten ändert sich die Sonnenscheindauer am raschesten?

8 Trigonometrische Funktion – Luftvolumen der Lunge

Tipps ab Seite 35, Lösungen ab Seite 69

Die momentane Änderungsrate des Luftvolumens in der Lunge eines Menschen kann durch die Funktion f mit $f(t) = 2 \cdot \sin\left(\frac{2}{5}\pi \cdot t\right)$ modelliert werden (dabei ist t die Zeit in Sekunden; $f(t)$ ist in Liter pro Sekunde angegeben).

Zu Beginn der Beobachtung ($t = 0$) ist keine Luft in der Lunge vorhanden.

a) Geben Sie die Bedeutung der Funktion F mit $\mathrm{F}(t) = \int_0^t f(x)\mathrm{d}x$ im Kontext der Aufgabe an.

Bestimmen Sie $\mathrm{F}(t)$.

b) Das nachfolgende Diagramm zeigt den zeitlichen Verlauf des Luftvolumens in der Lunge und den zeitlichen Verlauf der momentanen Änderungsrate des Luftvolumens.

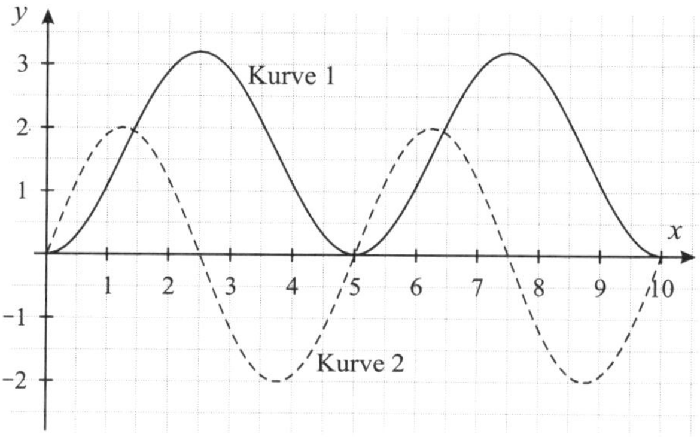

Geben Sie an, welche der beiden Kurven den zeitlichen Verlauf des Luftvolumens in der Lunge beschreibt. Begründen Sie Ihre Wahl im Sachkontext der Aufgabenstellung.

Bestimmen Sie das maximal und das minimal mögliche Luftvolumen in der Lunge.

Bestimmen Sie die Zeitpunkte während des Zeitintervalls $[0; 5]$, zu denen die Lunge jeweils die Hälfte des maximal möglichen Luftvolumens enthält.

c) Bestimmen Sie das durchschnittliche Luftvolumen in der Lunge im Zeitintervall $[0; 5]$. Benutzen Sie dabei, dass für eine Funktion der Gestalt

$$f(x) = \cos(a \cdot x)$$

die Funktion

$$\mathrm{F}(x) = \frac{1}{a} \cdot \sin(a \cdot x)$$

eine Stammfunktion ist.

Lineare Algebra/ Analytische Geometrie

9 Geometrie – Turm

Tipps ab Seite 37, Lösungen ab Seite 71

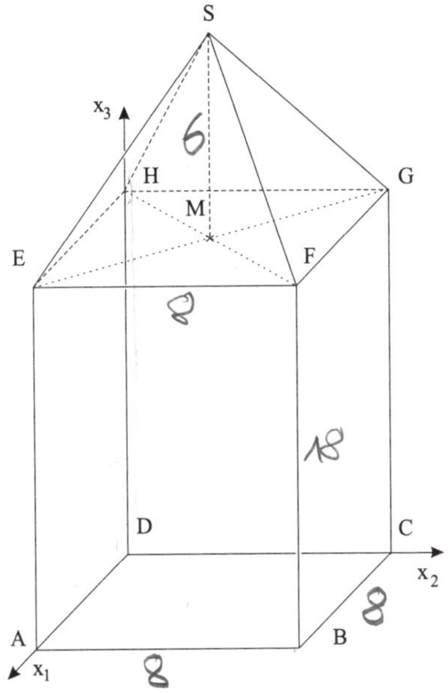

Ein Turm hat die Form einer senkrechten quadratischen Säule, der eine senkrechte Pyramide aufgesetzt ist (siehe Skizze). Die Gesamthöhe des Turms beträgt 24 m, die horizontalen Kanten sind 8 m, die vertikalen Kanten sind 18 m lang. Der Punkt D liegt im Ursprung eines kartesischen Koordinatensystems mit der Längeneinheit 1 m.

a) Geben Sie die Koordinaten aller Punkte an und berechnen Sie den Neigungswinkel des Daches (Winkel zwischen Pyramidengrundfläche und Seitenfläche) sowie die Größe der Dachfläche.

b) Im Punkt $P(18 \mid 4 \mid 0)$ steht ein 8 m hoher Fahnenmast.
Berechnen Sie die Länge des Schattens auf Boden und Turmwand, wenn das einfallende Sonnenlicht die Richtung $\begin{pmatrix} -10 \\ 1 \\ -2 \end{pmatrix}$ hat.

c) Ein Kind mit Augenhöhe 1 m läuft vom Punkt B aus in Richtung $\overrightarrow{DB}$ vom Turm weg.
In welcher Entfernung von der Turmkante BF kann das Kind die Turmspitze S erstmals sehen?

10 Geometrie – Pyramide

Tipps ab Seite 37, Lösungen ab Seite 73

Gegeben sind die Punkte $A(-3 \mid 1 \mid 2)$, $B(1 \mid -3 \mid 4)$, $C(3 \mid -2 \mid 2)$ und $S(9 \mid 9 \mid -4)$.
Die Punkte A, B und C liegen in der Ebene E.

a) Bestimmen Sie eine Koordinatengleichung von E.
Zeigen Sie, dass das Dreieck ABC rechtwinklig, aber nicht gleichschenklig ist.
Bestimmen Sie die Koordinaten des Punktes D so, dass das Viereck ABCD ein Rechteck ist.

b) Bestimmen Sie die Koordinaten des Mittelpunkts M des Rechtecks.
Die Gerade g geht durch S und M.
Berechnen Sie den spitzen Winkel zwischen g und E und das Volumen der Pyramide ABCDS.
Die Ebene F enthält den Punkt S und alle Spitzen von Pyramiden, welche dieselbe Grundfläche und das gleiche Volumen wie die Pyramide ABCDS haben.
Bestimmen Sie eine Koordinatengleichung von F.

c) Ein Laserstrahl hat die Richtung $\begin{pmatrix} -6 \\ 6 \\ 8 \end{pmatrix}$ und geht durch die Pyramidenspitze S.
Berechnen Sie die Durchstosspunkte des Laserstrahls durch die Koordinatenebenen.
Die Spitze S wird an der Kante AB der Pyramide gespiegelt.
Berechnen Sie die Koordinaten des Spiegelpunkts S^*.

11 Geometrie – Haus

Tipps ab Seite 38, Lösungen ab Seite 76

Gegeben ist das abgebildete Haus mit einem Walmdach sowie die Punkte $A(0\,|\,0\,|\,5)$, $B(0\,|\,8\,|\,5)$, $C(-12\,|\,8\,|\,5)$, $E(-2\,|\,4\,|\,8)$ und $F(-10\,|\,4\,|\,8)$.
Eine Längeneinheit entspricht einem Meter in der Natur.

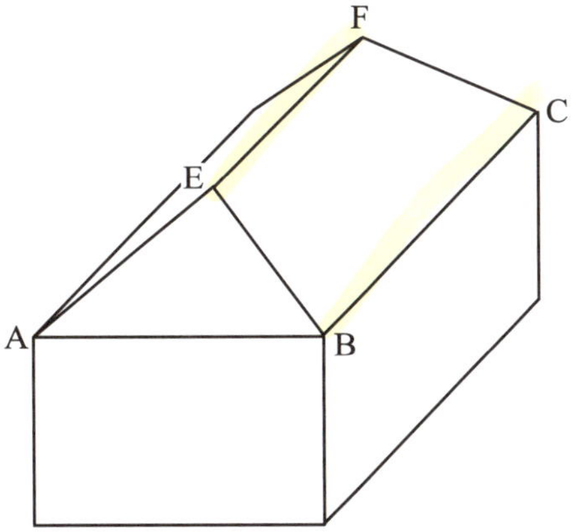

a)
- Berechnen Sie die Länge der Dachkante $\overline{EB}$.
- E_1 sei die Ebene, in der die Punkte B, C und E liegen.
  Zeigen Sie, dass auch der Punkt F in E_1 liegt, und berechnen Sie den Abstand des Punktes A von der Ebene E_1.
  [zur Kontrolle: $E_1: 3x_2 + 4x_3 = 44$]
- Berechnen Sie die Größe des Winkels, den die Kanten $\overline{BC}$ und $\overline{BE}$ einschließen.
- Zeigen Sie, dass die Dachfläche BCFE ein achsensymmetrisches Trapez ist, und berechnen Sie dessen Flächeninhalt.

b) Das ursprüngliche Gebäude wird durch einen symmetrischen Anbau erweitert, der im rechten Winkel zum Haus steht und einen waagerechten First besitzt.

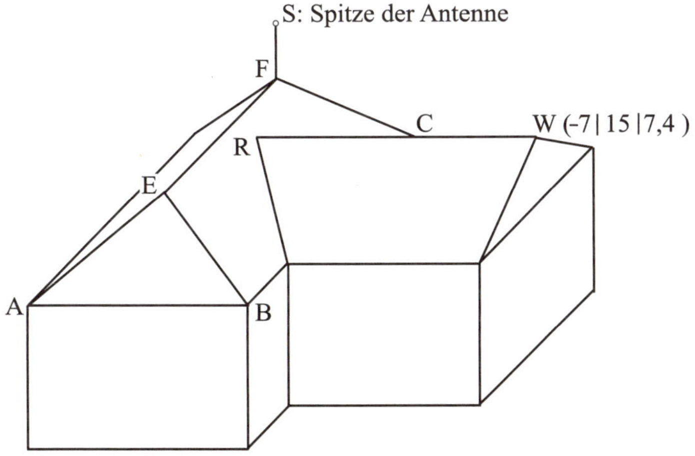

- Berechnen Sie die Koordinaten des Punktes R, in dem der First des Anbaus auf die Dachfläche BCFE trifft.
- Zwischen den Punkten P und Q, die auf den Kanten $\overline{AE}$ bzw. $\overline{BE}$ liegen, verläuft ein zwei Meter langer Balken parallel zur Kante $\overline{AB}$.
  Berechnen Sie die Koordinaten des Punktes Q.

c) Ein Amateurfunker spannt vom Punkt B eine gradlinige Antennenleitung zum Punkt W. Außerdem plant er eine möglichst kurze Verbindungsleitung von der Antennenspitze $S(-10 \mid 4 \mid 10)$ zu der Leitung $\overline{BW}$.
Berechnen Sie die Koordinaten des Verbindungspunktes Z dieser beiden Leitungen.

12 Geometrie – Glas

Tipps ab Seite 39, Lösungen ab Seite 81

In einer Festhalle wird ein Modell eines Trinkglases aufgehängt. Das Glas kann als Halbkugel mit geradlinigem Stiel betrachtet werden. Die Punkte $A\,(0{,}3\mid 3{,}7\mid 4{,}85)$, $B\,(-0{,}15\mid 3{,}7\mid 5{,}3)$ und $C\,(-0{,}3\mid 4{,}3\mid 5{,}15)$ liegen auf dem kreisförmigen Glasrand. Im Punkt $S\,(-0{,}3\mid 3{,}85\mid 4{,}7)$ ist der Stiel befestigt. Der Boden und die Decke der Festhalle sind parallel zur x_1x_2-Ebene. Dabei entspricht eine Längeneinheit einem Meter in der Natur.

Die Stärke des Materials für das Glasmodell bleibt bei der Betrachtung unberücksichtigt.

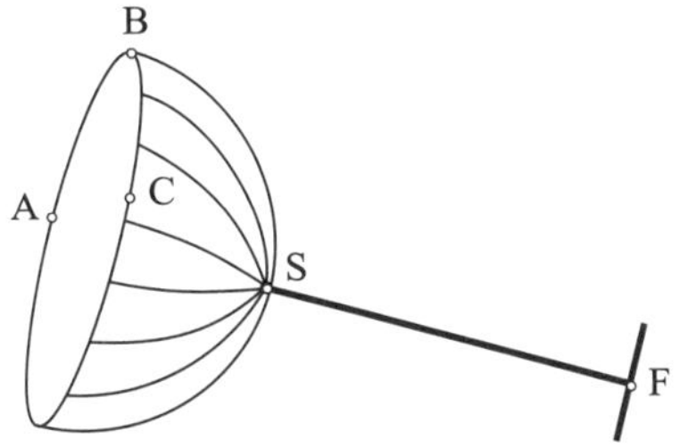

a) • Bestimmen Sie eine Koordinatenform der Ebene E, in der der Glasrand mit den Punkten, A, B und C liegt.

Verwenden Sie im Folgenden $E: 2x_1 + x_2 + 2x_3 = 14$.

- Berechnen Sie den Schnittwinkel dieser Ebene mit der Bodenebene.
- Berechnen Sie den Abstand des Punktes S von der Ebene E.

b) • Es wird das Lot von S auf die Ebene E gefällt. Zeigen Sie, dass der Lotfußpunkt der Mittelpunkt M des Glasrandkreises ist und bestimmen Sie den Radius des Glasrandkreises.
[Zur Kontrolle: $M\,(0\mid 4\mid 5)$, $r = 0{,}45$]

- Bestimmen Sie die Koordinaten des Fußpunktes F des 1 m langen Glasmodellstiels, der in Richtung der Verlängerung der Strecke $\overline{MS}$ verläuft.

c) In der Halle soll entlang der Geraden

$$g: \vec{x} = \begin{pmatrix} 4{,}7 \\ 4{,}6 \\ 5 \end{pmatrix} + s \cdot \begin{pmatrix} 3{,}7 \\ 2{,}6 \\ 0 \end{pmatrix}$$

eine Lichterkette aufgehängt werden.

Weisen Sie nach, dass für den Punkt B des Glasmodells ein Sicherheitsabstand zur Lichterkette von mindestens 2 m eingehalten wird.

13 Geometrie – Geradenschar

Tipps ab Seite 40, Lösungen ab Seite 85

a) Die Punkte $O(0 \mid 0 \mid 0)$, $A(8 \mid 0 \mid 0)$, $B(0 \mid 6 \mid 0)$ und $C_t(0 \mid t \mid 4)$ mit $t \in \mathbb{R}$ sind die Eckpunkte der Pyramide $OABC_t$.
Zeichnen Sie ein Schrägbild der Pyramide $OABC_0$.
Bestimmen Sie die Gleichung der Geraden g, auf der alle Punkte C_t liegen, und zeichnen Sie diese ebenfalls ein.
Bestimmen Sie eine Koordinatengleichung der Ebene E durch die Punkte A, B und C_0 und berechnen Sie den Abstand vom Ursprung zur Ebene E.

b) Berechnen Sie das Volumen der Pyramide $OABC_0$.
Erläutern Sie, welches Volumen die Pyramide $OABC_t$ hat.
Für welche Werte von t ist das Dreieck ABC_t rechtwinklig?
Bestimmen Sie den Flächeninhalt des Dreiecks ABC_6.

c) Beschreiben Sie die Lage der Geradenschar h_t durch die Punkte A und C_t und geben Sie eine Gleichung von h_t an.
Welche Schargerade steht senkrecht auf h_{10}?
Geben Sie allgemein den Zusammenhang zwischen zwei Geraden der Schar an, wenn diese senkrecht aufeinander stehen.

14 Geometrie – Gebäude

Tipps ab Seite 40, Lösungen ab Seite 88

Für das Ausstellungsgelände einer Kunstausstellung soll ein Gebäude eingerichtet werden. Weder die Bodenfläche noch die Wände sollen rechteckig sein.
In einem Entwurf haben die Eckpunkte des Gebäudes die Koordinaten $A(12{,}5 \mid 3 \mid 0)$, $B(2{,}5 \mid 6 \mid 0)$, $C(0 \mid 3 \mid 0)$, $D(10 \mid 0 \mid 0)$, $E(12{,}5 \mid 3 \mid 7)$, $F(2{,}5 \mid 6 \mid 3)$, $G(0 \mid 3 \mid 7)$ und $H(10 \mid 0 \mid 11)$.
Dabei entspricht eine Längeneinheit einem Meter in der Natur.

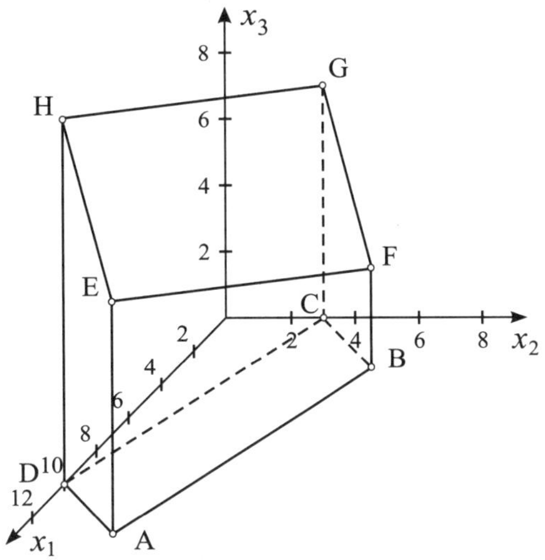

a) • Zeigen Sie, dass die Bodenfläche ABCD des Gebäudes ein Parallelogramm ist und berechnen Sie die Innenwinkel des Parallelogramms.
• Berechnen Sie den Inhalt der Bodenfläche.

b) • Die Ebene E_1 enthält die Punkte E, F, G und H. Ermitteln Sie eine Gleichung der Ebene E_1 in Koordinatenform.
[Zur Kontrolle: $E_1: 4x_2 + 3x_3 = 33$.]
• Weisen Sie nach, dass die Dachfläche EFGH ein Rechteck ist.

c) Auf der Dachfläche EFGH wird im Diagonalenschnittpunkt $P(6{,}25 \mid 3 \mid 7)$ ein Teleskopstab montiert, der gekippt werden kann und in der Länge veränderbar ist. Seine Spitze S_a befindet sich im Punkt $S_a(a \mid 3 \mid 9)$ mit $a \in [0;\ 12{,}5]$.

• Bestimmen Sie alle möglichen Werte für den Parameter a so, dass der Schnittwinkel zwischen der Ebene E_1 und der Geraden, die durch die Punkte P und S_a verläuft, 30° beträgt.
• Bestimmen Sie den Punkt Q der Ebene E_1, der den kürzesten Abstand zur Spitze $S_{6,5}(6{,}5 \mid 3 \mid 9)$ des Stabes hat und berechnen Sie diesen Abstand.
Überprüfen Sie, ob der Punkt Q innerhalb des Rechtecks EFGH liegt.

Stochastik

15 Stochastik – Zugverspätung

Tipps ab Seite 42, Lösungen ab Seite 93

Die Bahngesellschaft Rapid hat verschiedene Aspekte zur Pünktlichkeit ihrer Züge überprüft.

a) Eine Teiluntersuchung betraf die Pünktlichkeit der Zugverbindungen zwischen den Städten A und B, die folgendes Ergebnis hatte: 60 % der untersuchten Züge hatten A und 40 % B als Ziel. Von den Zügen nach A hatten 10 % Verspätung, während nur 5 % der Züge nach B Verspätung hatten.

- Stellen Sie den Sachverhalt in Form eines Baumdiagramms dar. Tragen Sie auch die vier Pfadwahrscheinlichkeiten ein.
- Bestimmen Sie die Wahrscheinlichkeit, dass ein aus den pünktlichen Zügen zufällig auszuwählender Zug die Stadt A als Ziel hat.

b) Erfahrungsgemäß kommen im Winter durchschnittlich 20 % aller Züge der Bahngesellschaft Rapid zu spät.

- Bestimmen Sie die Wahrscheinlichkeit, dass von 100 Zügen genau 20 Züge Verspätung haben.
- Bestimmen Sie die Wahrscheinlichkeit, dass von 10 Zügen mehr als 2 Verspätung haben.

c) Die Bahngesellschaft Rapid behauptet, die Pünktlichkeit der Züge habe sich durch die Einführung neuer Triebwagen so verbessert, dass sich jetzt weniger als 10 % aller Züge verspäten werden.

- Entwickeln Sie einen Signifikanztest mit dem Ziel, die Aussage der Bahngesellschaft Rapid bei einem Stichprobenumfang von 1150 Zügen auf dem Signifikanzniveau 0,5 % zu stützen.
- Beschreiben Sie die Bedeutung des Fehlers 2. Art im Sachzusammenhang.
- Bestimmen Sie den Fehler 2. Art unter der Annahme, dass die tatsächliche Wahrscheinlichkeit für eine Verspätung nur 8 % beträgt.

16 Stochastik – Handys

Tipps ab Seite 43, Lösungen ab Seite 96

Die Firma Noko stellt Handys in Massenproduktion her.
Jedes Handy ist mit einer Wahrscheinlichkeit von 10 % fehlerhaft.

a) Mit welchem mathematischen Modell lässt sich das Ziehen einer Stichprobe von 100 Handys beschreiben?
Bestimmen Sie die Wahrscheinlichkeit für folgende Ereignisse:
A: Weniger als 5 Handys sind fehlerhaft.
B: Genau 3 Handys sind fehlerhaft.
C: Mindestens 90 Handys funktionieren.

b) Wie viele Handys müssen der Produktion mindestens entnommen werden, damit mit einer Wahrscheinlichkeit von mehr als 99 % wenigstens ein fehlerhaftes dabei ist?

c) Zur Aussonderung fehlerhafter Handys gibt es eine Qualitätskontrolle, welche folgendes leistet:
Unter allen geprüften Handys beträgt der Anteil der Handys, die einwandfrei sind und dennoch ausgesondert werden, 4 %.
Insgesamt werden 93 % aller Handys nicht ausgesondert.
Bestimmen Sie die Wahrscheinlichkeit dafür, dass ein Handy fehlerhaft ist und ausgesondert wird.
Welcher Anteil der fehlerhaften Handys wird demnach ausgesondert?

d) Die Firma Noko garantiert nun, dass bei einer Lieferung höchstens 4 % der Handys fehlerhaft sind.
Der Großhändler macht eine Stichprobe mit 100 Handys und findet 7 fehlerhafte.
Kann er hieraus mit einer Irrtumswahrscheinlichkeit von 5 % schließen, dass die Firma Noko eine falsche Angabe gemacht hat?

17 Stochastik – Tischtennis

Tipps ab Seite 43, Lösungen ab Seite 98

Tischtennisbälle sind im Spielbetrieb extremen Belastungen ausgesetzt. Erst nach aufwändigen Testverfahren kommen die Turnierbälle als sogenannte «3-Stern-Bälle» in den Handel. Die Bälle, die bei der Herstellung durch die Kontrollen fallen, werden als Trainingsbälle angeboten.

a) Unter den Trainingsbällen wiederum befinden sich solche, die durch starke Verformungen (V) oder Nahtfehler (N) völlig unbrauchbar sind. Andere Fehler treten nicht auf.
5 % der Trainingsbälle des Herstellers «Ping und Pong» zeigen starke Verformungen und 7 % weisen defekte Nahtstellen auf. 2 % aller Trainingsbälle zeigen sogar beide Fehler.

- Stellen Sie eine zugehörige Vierfeldertafel auf und zeigen Sie, dass 10 % der Trainingsbälle völlig unbrauchbar sind.
- Bestimmen Sie die Wahrscheinlichkeit, dass ein zufällig zu entnehmender Tischtennisball mit Nahtfehlern Verformungen hat.

b) Gehen Sie im Folgenden davon aus, dass 10 % der Trainingsbälle der Firma «Ping und Pong» völlig unbrauchbar sind.

- Trainingsbälle werden u.a. in Großpackungen zu 100 Stück angeboten. Berechnen Sie die Wahrscheinlichkeit dafür, dass man mehr als 11, aber höchstens 14 völlig unbrauchbare Bälle in einer solchen Packung findet.
- In einer 12-er Packung befinden sich genau 3 völlig unbrauchbare Bälle. Bestimmen Sie die Wahrscheinlichkeit, dass sich unter 6 daraus zu entnehmenden Bällen genau 2 völlig unbrauchbare befinden.
- Ermitteln Sie die Zahl der Trainingsbälle, die man der Produktion mindestens entnehmen müsste, um mit einer Wahrscheinlichkeit von mehr als 95 % mindestens einen völlig unbrauchbaren Ball zu erhalten.

c) Trotz der Kontrollen liegt der Anteil der einwandfreien Turnierbälle unter den verkauften «3-Stern-Bällen» der Firma «Ping und Pong» erfahrungsgemäß nur bei 92 %.
Für die Meisterschaften eines Tischtennis-Verbandes werden bei diesem Hersteller 1000 «3-Stern-Bälle» geordert.
Bestimmen Sie die größte Zahl k so, dass die Wahrscheinlichkeit, mit dieser Lieferung mindestens k einwandfreie Turnierbälle zu erhalten, größer als 98 % ist.

18 Stochastik – Spielautomat

Tipps ab Seite 44, Lösungen ab Seite 101

Ein elektronisch gesteuerter Geldspielautomat hat zwei identische Walzen, die unabhängig voneinander eine der drei Früchte Apfel, Birne oder Zitrone anzeigen.
Die Anzeigewahrscheinlichkeit für jede Walze beträgt bei jedem Spiel für Apfel 10%, für Birne 30% und für Zitrone 60%.

a) Es wird 20 mal gespielt. Bestimmen Sie die Wahrscheinlichkeiten für folgende Ereignisse:

- Die rechte Walze zeigt genau siebenmal Apfel an.
- Die rechte Walze zeigt mehr als zweimal Apfel an.
- Die rechte Walze zeigt genau doppelt so oft wie erwartet Apfel an.

b) Der Spielautomat zahlt einen Gewinn aus, wenn beide Walzen die gleiche Frucht anzeigen.

- Zeigen Sie, indem Sie ein geeignetes Baumdiagramm verwenden, dass die Gewinnwahrscheinlichkeit kleiner als $0,5$ ist.
- Bestimmen Sie, wie viele Spiele mindestens gespielt werden müssten, damit die Wahrscheinlichkeit dafür, dass mindestens einmal beide Walzen eine Zitrone anzeigen («Doppelzitrone»), größer als 90% ist.

c) Der Automat zahlt 200 ct aus, wenn «Doppelapfel» angezeigt wird.
Bestimmen Sie die Auszahlungen für die Ereignisse «Doppelbirne» und «Doppelzitrone», wenn folgende Bedingungen erfüllt sein sollen:

1. Der Einsatz bei einem Spiel beträgt 20 ct.
2. Das Spiel soll fair sein.
3. Der Gewinn soll beim Eintreffen von «Doppelbirne» viermal so hoch sein wie beim Eintreffen von «Doppelzitrone».

Tipps – Analysis

1 Ganzrationale Funktion –Fluss

a)
- Die Nullstellen des Graphen von f erhalten Sie durch Lösen der Gleichung $f(x) = 0$. Verwenden Sie den Taschenrechner.
  Zur Bestimmung der lokalen Extrempunkte des Graphen von f verwenden Sie die 1. und 2. Ableitung von f. Als notwendige Bedingung lösen Sie die Gleichung $f'(x) = 0$ mithilfe des Taschenrechners nach x auf. Setzen Sie die erhaltenen x-Werte in $f''(x)$ ein. Falls $f''(x) > 0$ handelt es sich um einen lokalen Tiefpunkt, falls $f''(x) < 0$ handelt es sich um einen lokalen Hochpunkt. Die zugehörigen y-Werte erhalten Sie, indem Sie die x-Werte in $f(x)$ einsetzen. Bestimmen Sie die Randwerte des Graphen von f im Intervall $[0;\ 10]$ um zu entscheiden, ob die lokalen Extrempunkte gleichzeitig absolute Extrempunkte sind.
  Den Wendepunkt des Graphen von f erhalten Sie mit der 2. und 3. Ableitung: Als notwendige Bedingung lösen Sie die Gleichung $f''(x) = 0$ nach x auf. Setzen Sie den erhaltenen x-Wert in $f'''(x)$ ein. Falls $f'''(x) \neq 0$ handelt es sich um einen Wendepunkt. Den zugehörigen y-Wert erhalten Sie, indem Sie den x-Wert in $f(x)$ einsetzen.
- Benutzen Sie die berechneten Punkte, um die Zeichnung anzufertigen.

b)
- Beachten Sie, dass die y-Werte von g und h an den Stellen $x_0 = 0$ und $x_1 = 10$ übereinstimmen. Stellen Sie ein Gleichungssystem auf und bestimmen Sie damit die Parameter a und b der Funktion h.
- Die größte Ausdehnung des Überlaufgebiets in Nord-Süd-Richtung erhalten Sie, indem Sie das Maximum einer Funktion d berechnen, welche den Abstand der Graphen von g und h für $[0;\ 10]$ beschreibt. Bestimmen Sie die Gleichung der Funktion d sowie die 1. und 2. Ableitung mit der Kettenregel. Als notwendige Bedingung lösen Sie die Gleichung $d'(x) = 0$ nach x auf. Setzen Sie den erhaltenen x-Wert in $d''(x)$ ein. Falls $d''(x) < 0$ handelt es sich um ein Maximum. Prüfen Sie mithilfe der Randwerte, ob es sich um ein absolutes Maximum handelt. Den zugehörigen Funktionswert erhalten Sie, indem Sie den x-Wert in $d(x)$ einsetzen. Beachten Sie, dass einer Längeneinheit 10 m in der Wirklichkeit entspricht.

c) Den Flächeninhalt A der Wasseroberfläche im Intervall $[3;\ 9]$ erhalten Sie mithilfe eines Integrals. Beachten Sie, dass der Graph von g oberhalb des Graphen von f verläuft und verwenden Sie den Taschenrechner. Beachten Sie, dass einer Längeneinheit 10 m in der Wirklichkeit entspricht und bestimmen Sie den Wert, der einer Flächeneinheit entspricht.
Beschreiben Sie die von den Algen bedeckte Wasseroberfläche durch eine Funktion B mit $\mathrm{B}(t) = a \cdot e^{k \cdot t}$ (t in Wochen seit Beginn der Beobachtung, $\mathrm{B}(t)$ in m^2). Bestimmen Sie a

und k, indem Sie mit zwei Bedingungen ein Gleichungssystem aufstellen und dieses lösen. Lösen Sie schließlich die Gleichung $B(t) = 0,80 \cdot A$ durch Logarithmieren.

2 Ganzrationale Funktion – Brücke

a)
- Als Ansatz für eine ganzrationale Funktion f dritten Grades verwenden Sie $f(x) = ax^3 + bx^2 + cx + d$ mit $f'(x) = 3ax^2 + 2bx + c$. Stellen Sie vier Gleichungen auf, indem Sie die drei gegebenen Punkte in den Ansatz und die gegebene Steigung in die 1. Ableitung einsetzen. Stellen Sie ein lineares Gleichungssystem auf und lösen Sie dieses mithilfe des Taschenrechners.
- Die minimale Höhe des Seiles über der Erdbodenlinie zwischen den Pylonen erhalten Sie, indem Sie die Koordinaten des Tiefpunkts des Graphen von f mithilfe der 1. und 2. Ableitung von f berechnen. Lösen Sie als notwendige Bedingung die Gleichung $f'(x) = 0$ mithilfe des Taschenrechners nach x auf. Beachten Sie, dass wegen $0 \leqslant x \leqslant 6$ (zwischen den Pylonen) nur eine Lösung in Frage kommt. Setzen Sie den erhaltenen x-Wert in $f''(x)$ ein; falls $f''(x) > 0$ handelt es sich um einen lokalen Tiefpunkt. Den zugehörigen y-Wert erhalten Sie, indem Sie den berechneten x-Wert in $f(x)$ einsetzen. Vergleichen Sie den erhaltenen y-Wert mit den Randwerten bei $x = 0$ und bei $x = 6$. Beachten Sie, dass eine Längeneinheit 100 m entspricht.
- Bestimmen Sie eine Gleichung $y = c$ für die Wasseroberfläche der Elbe. Bestimmen Sie aufgrund der gegebenen Breite der Elbe das Intervall der x-Werte und berechnen Sie die durchschnittliche Höhe $\overline{h}$ des Seiles über der Wasseroberfläche mithilfe eines Integrals unter Verwendung des Taschenrechners: $\overline{h} = \frac{1}{b-a} \cdot \int_a^b (f(x) - c)\,\mathrm{d}x$.

b)
- Die Wendestelle der Funktion f erhalten Sie mit der 2. Ableitung von f. Als notwendige Bedingung lösen Sie die Gleichung $f''(x) = 0$ nach x auf. Falls $f'''(x) \neq 0$ handelt es sich um eine Wendestelle.
- Da die Wendestelle von f nicht im Intervall $[0; 6]$ liegt, ist die maximale Steigung an den Rändern des Intervalls zu finden. Setzen Sie $x_1 = 0$ und $x_2 = 6$ in $f'(x)$ ein, um die Steigungen zu berechnen.
- Beachten Sie, dass das durchhängende Seil zwischen den Pylonen nur eine Krümmung aufweisen sollte. Überlegen Sie, welche Bedeutung eine Wendestelle für das Krümmungsverhalten eines Graphen hat.

c)
- Setzen Sie die Koordinaten der Punkte $A(-3 \mid 0,2)$ und $B(0 \mid 0,9)$ in $g(x)$ ein. Lösen Sie das Gleichungssystem, indem Sie aus der zweiten Gleichung a in Abhängigkeit von b bestimmen und in die erste Gleichung einsetzen. Lösen Sie die Gleichung nach b auf. Anschließend setzen Sie das erhaltene Ergebnis wieder ein, um a zu berechnen.

- Um den Winkel, unter dem die Seile am nördlichen Pylonen aufeinandertreffen, zu berechnen, bestimmen Sie zuerst den spitzen Winkel α, den die beiden Tangenten an die Graphen von f bzw. g im Punkt B bilden. Die Tangentensteigungen m_1 und m_2 erhalten Sie mithilfe der 1. Ableitungen von f bzw. g, die Sie mit der Kettenregel bestimmen. Setzen Sie $x = 0$ in $f'(x)$ bzw. $g'(x)$ ein und verwenden Sie die Formel $\tan\alpha = \frac{m_1 - m_2}{1 + m_1 \cdot m_2}$. Da aber der stumpfe Winkel β gesucht ist, gilt: $\beta = 180° - \alpha$.

3 Ganzrationale Funktion – Kurve 4. Grades

a) Verwenden Sie aufgrund der Achsensymmetrie den Ansatz: $f(x) = ax^4 + bx^2 + c$ und setzen Sie die gegebenen Daten ein; sie erhalten ein Gleichungssystem mit drei Gleichungen und drei Unbekannten, das Sie mithilfe des Taschenrechners lösen.

b) Überlegen Sie, wie man Achsensymmetrie, den Verlauf für $x \to \pm\infty$, den y-Achsenabschnitt und die maximale Anzahl der Extrempunkte und Schnittpunkte mit der x-Achse sowie Wendepunkte anhand der Funktionsgleichung erkennt.
Um nachzuweisen, dass P ein Hochpunkt ist, bestimmen Sie die 1. und 2. Ableitung und setzen den x-Wert jeweils in diese ein; ist die 1. Ableitung gleich Null und die 2. Ableitung kleiner als Null, so handelt es sich um einen Hochpunkt.

c) Um zu zeigen, dass die Parabel den Graphen von f in W $(1 \mid 0)$ senkrecht schneidet, weisen Sie nach, dass W auch auf der Parabel liegt; anschließend bestimmen Sie jeweils die 1. Ableitung von $f(x)$ und $p(x)$ und setzen den x-Wert von W in diese ein; somit erhalten Sie die Steigung der Tangente an G_f bzw. an die Parabel in W. Ist die eine Steigung der negative Kehrwert der anderen Steigung, so stehen die Kurven senkrecht zueinander.
Um den Flächeninhalt der Fläche zwischen der Parabel und G_f zu berechnen, bestimmen Sie die Integrationsgrenzen und anschließend das Integral mithilfe des Taschenrechners.

d) Skizzieren Sie die Problemstellung (wählen Sie einen Punkt Q $(u \mid f(u))$ auf G_f und beachten Sie den Wertebereich von u); überlegen Sie sich, wie Sie die Länge der Grundseite und die Höhe des Dreiecks in Abhängigkeit von u darstellen können.

4 Exponentialfunktion – Jod

a) Den Schnittpunkt mit der y-Achse erhalten Sie durch Einsetzen von $x = 0$ in $f(x)$, Schnittpunkte mit der x-Achse erhalten Sie durch Lösen der Gleichung $f(x) = 0$.
Zur Bestimmung der Hoch- und Tiefpunkte benötigen Sie die 1. und 2. Ableitung; hierzu verwenden Sie die Produkt- und Kettenregel. In Extrempunkten ist die Steigung der Kurve Null, also ist $f'(x) = 0$; setzt man die erhaltenen x-Werte in die 2. Ableitung ein und ist das Ergebnis kleiner als Null, handelt es sich um einen Hochpunkt, ist es größer als Null, handelt es sich um einen Tiefpunkt.
Asymptoten erhalten Sie, wenn Sie $x \to \pm\infty$ betrachten; beachten Sie dabei, welcher Anteil vernachlässigt werden kann.

b) Zur Berechnung der Tangentensteigung m_t setzen Sie den x-Wert des Punktes B in die 1. Ableitung ein; die Tangentengleichung erhalten Sie, indem Sie m_t und B in die Punkt-Steigungsform $y - y_1 = m \cdot (x - x_1)$ einsetzen.
Die Normalensteigung m_n ist der negative Kehrwert von m_t; die Normalengleichung erhalten Sie, indem Sie m_n und B in die Punkt-Steigungsform $y - y_1 = m \cdot (x - x_1)$ einsetzen.
Die Punkte F und G ergeben sich durch Nullsetzen von y in der Tangenten- bzw. Normalengleichung. Überlegen Sie, welche Grundseite g und welche Höhe h das Dreieck BFG hat. Den Flächeninhalt des Dreiecks berechnen Sie mit der Formel $A = \frac{1}{2} \cdot g \cdot h$.
Leiten Sie $F(x)$ mithilfe der Produkt- und Kettenregel ab und zeigen Sie, dass das Ergebnis $f(x)$ ist.
Zur Berechnung der Fläche überlegen Sie sich die Integrationsgrenzen und verwenden Sie die gegebene Stammfunktion.

c) Verwenden Sie den Ansatz $J(t) = a \cdot e^{-kt}$; $k > 0$.
Setzen Sie die gegebenen Daten ein und berechnen Sie die Parameter a und k.
Die Jodmenge nach einer Woche erhalten Sie durch Einsetzen von $t = 7$ in $J(t)$. Zur Bestimmung der Halbwertszeit setzen Sie $J(t) = 15$ und lösen die Gleichung nach t auf.
Überlegen Sie, wieviel der ursprünglich vorhandenen Jodmenge nach 80 % Zerfall noch vorhanden ist, setzen Sie diese Menge mit $J(t)$ gleich, lösen Sie die Gleichung nach t auf.

5 Exponentialfunktion – Bakterien

a) Den Schnittpunkt mit der y-Achse erhalten Sie durch Einsetzen von $x = 0$ in $f(x)$, mögliche Schnittpunkte mit der x-Achse durch Lösen der Gleichung $f(x) = 0$.
Extrempunkte erhalten Sie mithilfe der 1. Ableitung, Wendepunkte mithilfe der 2. Ableitung. Die Asymptote erhalten Sie durch $x \to \pm\infty$.

b) Bestimmen Sie die Koordinaten von P und Q und stellen Sie eine Funktion für die Länge der Strecke PQ in Abhängigkeit von u auf. Anschließend berechnen Sie das Maximum (Hochpunkt) dieser Funktion.

c) Verwenden Sie den Ansatz $B(t) = a \cdot e^{kt}$ und bestimmen Sie a und k mithilfe der gegebenen Daten; berechnen Sie hierzu zuerst die Bakterienanzahl nach einer Stunde.
Die Bakterienanzahl nach 6 Stunden erhalten Sie durch Einsetzen von $t = 6$ in $B(t)$.
Berechnen Sie die dreifache Anzahl wie zu Beginn und setzen Sie diese mit $B(t)$ gleich; lösen Sie die Gleichung nach t auf.
Setzen Sie das neue $B(t)$ mit 500 gleich und lösen Sie die Gleichung nach t auf.

6 Exponentialfunktion – Grippe

a) • Die höchste Körpertemperatur der Schülerin während des Infektes erhalten Sie, indem Sie die Koordinaten des Hochpunkts des Graphen von f mit der 1. und 2. Ableitung von f berechnen. Als notwendige Bedingung lösen Sie die Gleichung $f'(t) = 0$

nach t auf. Setzen Sie den erhaltenen t-Wert in $f''(t)$ ein. Falls $f''(t) < 0$ handelt es sich um einen lokalen Hochpunkt. Beachten Sie, dass keine weiteren Extremstellen vorliegen. Den zugehörigen y-Wert erhalten Sie, indem Sie den erhaltenen t-Wert in $f(t)$ einsetzen.

- Die Koordinaten des Wendepunktes W des Graphen von f erhalten Sie mit der 2. Ableitung von f. Als notwendige Bedingung lösen Sie die Gleichung $f''(t) = 0$ nach t auf. Beachten Sie, dass f'' beim erhaltenen t-Wert einen Vorzeichenwechsel von $-$ nach $+$ hat. Den zugehörigen y-Wert erhalten Sie, indem Sie den erhaltenen t-Wert in $f(t)$ einsetzen. Beachten Sie, dass bei einem Wendepunkt die Steigung maximal oder minimal ist.
- Zum Skizzieren des Graphen der Funktion d im Intervall $[0;10]$ erstellen Sie mithilfe des Taschenrechners eine Wertetabelle. Beachten Sie, dass $d(t) = f(t) - 36,6$ gilt und d somit eine Differenz in Bezug auf die Körpertemperatur angibt.

b)
- Um zu zeigen, dass F eine Stammfunktion von f ist, leiten Sie F mit Hilfe der Produkt- und Kettenregel ab. Falls $\mathrm{F}'(t) = f(t)$ ist F eine Stammfunktion von f.
- Die durchschnittliche Körpertemperatur $\overline{\mathrm{T}}$ für $t \in [0;7]$ erhalten Sie mithilfe eines Integrals unter Verwendung des Taschenrechners: $\overline{\mathrm{T}} = \frac{1}{b-a}\int_a^b f(t)\mathrm{d}t$.
- Die Temperatur, die zu einem bestimmten Zeitpunkt t und dann genau zwei Tage später $(t+2)$ erneut erreicht wird, erhalten Sie, indem Sie die Gleichung $f(t) = f(t+2)$ «von Hand» oder mithilfe des Taschenrechners lösen. Die zugehörige Temperatur T erhalten Sie, indem Sie den erhaltenen t-Wert in $f(t)$ einsetzen.

c)
- Die Koordinaten des Hochpunkts H_k erhalten Sie mithilfe der 1. und 2. Ableitung von $h_k(t)$, die Sie mit der Produkt- und Kettenregel bestimmen. Als notwendige Bedingung lösen Sie die Gleichung $h_k{}'(t) = 0$ nach t auf. Setzen Sie den erhaltenen t-Wert in $h_k{}''(t)$ ein. Falls $h_k{}''(t) < 0$ handelt es sich um einen lokalen Hochpunkt. Beachten Sie, dass keine weiteren Extremstellen vorliegen. Den zugehörigen y-Wert erhalten Sie, indem Sie den erhaltenen t-Wert in $h_k(t)$ einsetzen.
- Um diejenigen Werte des Parameters k, für die der Krankheitsverlauf kritisch wird, zu bestimmen, betrachten Sie die y-Werte von H_k, die größer oder gleich 41 sind. Stellen Sie eine Ungleichung auf und lösen Sie diese nach k auf. Beachten Sie, dass $k > 0$ ist.

7 Trigonometrische Funktion – Sonnenschein

a) Stellen Sie mit den gegebenen Daten zwei Gleichungen auf und beachten Sie, dass $t = 0$ dem Monat April entspricht; im März ist $t = -1$, im Mai ist $t = 1$.

Überlegen Sie, welches t zum Monat Oktober gehört und berechnen Sie den zugehörigen Funktionswert.

b) Bestimmen Sie die Differenz von tatsächlicher und berechneter Sonnenscheindauer und teilen Sie das Ergebnis durch die tatsächliche Anzahl der Sonnenscheinstunden.
Den Wertebereich von S erhalten Sie durch Bestimmung der Minima und Maxima von $S(t)$. Beachten Sie, dass $-1 \leqslant \sin x \leqslant 1$ gilt.

c) Stellen Sie eine Ungleichung auf und lösen Sie diese durch Substitution; beachten Sie, dass $\sin x = \sin(\pi - x)$; $0 \leqslant x \leqslant \pi$ gilt. Überlegen Sie, welcher Zeitraum dazugehört.

d) Die Änderung der Sonnenscheindauer ist $S'(t)$. Bestimmen Sie die Extremwerte von $S'(t)$ mithilfe der 1. und 2. Ableitung von $S'(t)$, also mit $S''(t)$ und $S'''(t)$.

8 Trigonometrische Funktion – Luftvolumen der Lunge

a) Überlegen Sie, was mithilfe des Integrals berechnet wird. Bestimmen Sie eine Stammfunktion von $f(x)$; wenden Sie den Hauptsatz der Differential- und Integralrechnung an.

b) Beachten Sie, dass das Luftvolumen in der Lunge nicht negativ sein kann und bestimmen Sie die Periode der beiden Kurven.
Das maximale Luftvolumen erhalten Sie zu dem Zeitpunkt, an dem $f(t)$ eine Nullstelle mit Vorzeichenwechsel von $+$ nach $-$ hat. Setzen Sie diesen Zeitpunkt in $F(t)$ ein.
Das minimale Luftvolumen ergibt sich aus der Aufgabenstellung.
Um die Zeitpunkte zu bestimmen, zu denen die Lunge die Hälfte des maximalen Luftvolumens (V_{max}) enthält, lösen Sie die Gleichung $F(t) = \frac{V_{max}}{2}$. Beachten Sie, dass dabei mehrere Lösungen innerhalb des zu betrachtenden Zeitintervalls möglich sind.

c) Das durchschnittliche Luftvolumen $\overline{V}$ in der Lunge während des Zeitintervalls $[0; 5]$ erhalten Sie durch Integration und Mittelwertbildung aus $\overline{V} = \frac{1}{5} \cdot \int_0^5 F(t)dt$

Lineare Algebra/ Analytische Geometrie

Das Vektorprodukt

Wenn man einen Vektor $\vec{n}$ sucht, der senkrecht auf zwei gegebenen Vektoren $\vec{a}$ und $\vec{b}$ steht (der Normalenvektor), geschieht dies einfach und schnell mit dem Vektorprodukt:

$$\vec{n} = \left(\vec{a} \times \vec{b}\right) = \begin{pmatrix} a_2b_3 & - & a_3b_2 \\ a_3b_1 & - & a_1b_3 \\ a_1b_2 & - & a_2b_1 \end{pmatrix}$$

Die Merkhilfe dazu:

1. Beide Vektoren werden je zweimal untereinandergeschrieben, dann werden die erste und die letzte Zeile gestrichen.
2. Anschließend wird «über Kreuz» multipliziert. Dabei erhalten die abwärts gerichteten Pfeile ein positives und die aufwärts gerichteten Pfeile ein negatives Vorzeichen.
3. Die einzelnen Komponenten werden subtrahiert – fertig!

$$\begin{array}{cc} \cancel{a_1} & \cancel{b_1} \\ a_2 & b_2 \\ a_3 & b_3 \\ a_1 & b_1 \\ a_2 & b_2 \\ \cancel{a_3} & \cancel{b_3} \end{array} \qquad \begin{array}{cc} a_2 & b_2 \\ a_3 & b_3 \\ a_1 & b_1 \\ a_2 & b_2 \end{array} \Rightarrow \begin{pmatrix} a_2b_3 - a_3b_2 \\ a_3b_1 - a_1b_3 \\ a_1b_2 - a_2b_1 \end{pmatrix}$$

Anmerkung: Der Betrag des senkrecht stehenden Vektors entspricht genau der Flächenmaßzahl des Parallelogramms, das von den beiden Vektoren aufgespannt wird.

Beispiel: Sind $\vec{a} = \begin{pmatrix} 1 \\ 3 \\ 2 \end{pmatrix}$ und $\vec{b} = \begin{pmatrix} -1 \\ 4 \\ 0 \end{pmatrix}$, ergibt sich für den gesuchten Vektor:

$$\begin{array}{cc} \cancel{1} & \cancel{-1} \\ 3 & 4 \\ 2 & 0 \\ 1 & -1 \\ 3 & 4 \\ \cancel{2} & \cancel{0} \end{array} \Rightarrow \begin{array}{cc} 3 & 4 \\ 2 & 0 \\ 1 & -1 \\ 3 & 4 \end{array} \Rightarrow \begin{pmatrix} 3 \cdot 0 - 2 \cdot 4 \\ 2 \cdot (-1) - 1 \cdot 0 \\ 1 \cdot 4 - 3 \cdot (-1) \end{pmatrix} = \begin{pmatrix} -8 \\ -2 \\ 7 \end{pmatrix}$$

9 Geometrie – Turm

a) Aus der Skizze können Sie sehen, dass die horizontalen Kanten AB, DC, EF und HG parallel zur x_2-Achse und die horizontalen Kanten DA, CB, HE und GF parallel zur x_1-Achse liegen.
Als vertikale Kanten bleiben AE, BF, CG und DH übrig.
Die Spitze S liegt 6 m über dem Mittelpunkt des Quadrates EFGH.
Für die Berechnungen des Neigungswinkels können Sie entweder den Winkel zwischen zwei Ebenen berechnen oder einfacher die Pyramide in der Spitze parallel zur x_2x_3-Ebene durchschneiden und mit einer geeigneten Skizze den Winkel trigonometrisch berechnen.
Für die Berechnung der Dachfläche sind die Dreiecksflächen zu berechnen, die Dreieckshöhe ist aber nicht die Pyramidenhöhe, sondern ergibt sich mithilfe des Satzes des Pythagoras.

b) Bestimmen Sie zuerst die Koordinaten der Spitze des Mastes und überlegen Sie, wo der Schatten der Spitze auf der Wand liegt. Um die Schattenlänge zu erhalten, müssen Sie noch überlegen, in welchem Punkt der Schatten vom Boden auf die Wand übergeht.

c) Überlegen Sie, wie man den Standort des Kindes erhalten könnte: Entweder Sie schneiden eine Gerade mit einer Ebene oder Sie schneiden zwei Geraden miteinander. Zum Schluss die Entfernung zur Kante nicht vergessen!

10 Geometrie – Pyramide

a) Die Koordinatengleichung von E erhalten Sie durch Bestimmen der Spannvektoren (Verbindungsvektoren), des Normalenvektors mithilfe des Vektorproduktes (siehe Seite 36) sowie Aufstellen und Ausrechnen der Normalenform.
Zur Prüfung der Rechtwinkligkeit berechnen Sie das Skalarprodukt von je zwei Verbindungsvektoren, zur Prüfung der Gleichschenkligkeit die Länge der Verbindungsvektoren.
Punkt D erhalten Sie durch Aufstellen einer Vektorkette.

b) Den Mittelpunkt des Rechtecks erhalten Sie als Mittelpunkt der Strecke AC oder BD.
Für den Winkel ε zwischen der Geraden g mit Richtungsvektor $\overrightarrow{r_g}$ und der Ebene E mit Normalenvektor $\vec{n}$ verwenden Sie die Formel:

$$\sin\varepsilon = \frac{|\overrightarrow{r_g}\cdot\vec{n}|}{|\overrightarrow{r_g}|\cdot|\vec{n}|}.$$

Zur Bestimmung des Volumens der Pyramide verwenden Sie die Formel $V = \frac{1}{3}\cdot G\cdot h$.
G ist die Grundfläche (Rechtecksfläche), h ist der Abstand von S zu E (mithilfe der Hesseschen Normalenform berechnen).
Überlegen Sie, wie die Ebene F bezüglich der Ebene E liegt.

c) Stellen Sie eine Gerade auf und schneiden Sie diese mit den Koordinatenebenen.
Zur Spiegelung von S an AB machen Sie zuerst eine Skizze.
Anschließend stellen Sie eine Hilfsebene senkrecht zur Geraden AB durch S auf und schneiden diese mit der Geraden AB. Mit dem Punkt S und dem erhaltenen Schnittpunkt stellen Sie eine geeignete Vektorkette auf.

11 Geometrie – Haus

a)
- Die Länge der Dachkante $\overline{EB}$ erhalten Sie, indem Sie die Länge des Verbindungsvektors von E zu B bestimmen.
- Stellen Sie zuerst eine Parametergleichung und anschließend eine Koordinatengleichung der Ebene E_1 auf.
  Die Ebene E_1 hat beispielsweise den Stützpunkt B und die Spannvektoren $\overrightarrow{BC}$ und $\overrightarrow{BE}$. Einen Normalenvektor $\vec{n}$ von E_1 erhalten Sie mithilfe des Vektorprodukts der Spannvektoren $\overrightarrow{BC}$ und $\overrightarrow{BE}$. Setzen Sie den Ortsvektor von B und den Normalenvektor $\vec{n}$ in die Normalenform $\left(\vec{x}-\vec{b}\right)\cdot\vec{n}=0$ ein.
  Setzen Sie die Koordinaten von F in die Koordinatengleichung von E_1 ein; bei einer wahren Aussage liegt auch der Punkt F in E_1.
  Den Abstand d des Punktes $A\,(a_1 \mid a_2 \mid a_3)$ von der Ebene E_1 erhalten Sie mithilfe der Hesseschen Normalenform (HNF) $\mathrm{d}=\frac{|a\cdot a_1+b\cdot a_2+c\cdot a_3-d|}{\sqrt{a^2+b^2+c^2}}$, wobei $ax_1+bx_2+cx_3=d$ die Gleichung von E_1 in Koordinatenform ist.
- Den Winkel β, den die Kanten $\overline{BC}$ und $\overline{BE}$ einschließen, erhalten Sie mithilfe der Formel $\cos\beta=\frac{\overrightarrow{BC}\cdot\overrightarrow{BE}}{\left|\overrightarrow{BC}\right|\cdot\left|\overrightarrow{BE}\right|}$.
- Um zu zeigen, dass es sich bei der Dachfläche um ein achsensymmetrisches Trapez handelt, weisen Sie nach, dass die Kanten $\overline{BC}$ und $\overline{EF}$ parallel sind, d.h. dass die Vektoren $\overrightarrow{BC}$ und $\overrightarrow{EF}$ ein Vielfaches voneinander sind, und dass der Winkel γ, den die Kanten $\overline{CB}$ und $\overline{CF}$ einschließen, gleich groß wie der Winkel β ist.
  Den Flächeninhalt A des Trapezes erhalten Sie mit der Formel $A=\frac{a+c}{2}\cdot h$, wobei $a=\overline{BC}$ und $c=\overline{EF}$ die beiden parallelen Seiten des Trapezes sind. Die Höhe h des Trapezes erhalten Sie mithilfe des Sinus-Verhältnisses $\sin\beta=\frac{h}{\overline{EB}}$. Alternativ erhalten Sie die Höhe h des Trapezes, indem Sie den Abstand des Mittelpunktes M_{EF} der Kante $\overline{EF}$ zum Mittelpunkt M_{BC} der Kante $\overline{BC}$ bestimmen.

b)
- Überlegen Sie, in welcher Richtung der Dachfirst des Anbaus verläuft. Die Koordinaten des Punktes R erhalten Sie, indem Sie die Gerade g, die durch den Punkt W geht und als Richtungsvektor die Richtung des Dachfirsts des Anbaus hat, mit der Ebene E_1 schneiden. Setzen Sie dazu einen allgemeinen Punkt P_t von g in die Koordinatengleichung von E_1 ein.

- Die Koordinaten des Punktes Q erhalten Sie mithilfe des Strahlensatzes sowie einer Vektorkette.

c) Bestimmen Sie die Gleichung der Geraden h, welche durch die Punkte B und W verläuft. Stellen Sie die Gleichung einer Hilfsebene E_H auf, die den Punkt S enthält und orthogonal zu h ist; verwenden Sie den Richtungsvektor $\vec{r}_h$ von h als Normalenvektor $\vec{n}_H$ der Hilfsebene E_H. Setzen Sie den Ortsvektor von S und den Normalenvektor $\vec{n}_H$ in die Normalenform $(\vec{x}-\vec{s})\cdot\vec{n}_H = 0$ ein, um eine Koordinatengleichung von E_H zu erhalten. Den Schnittpunkt Z von h mit E_H erhalten Sie, indem Sie einen allgemeinen Punkt P_t von h in die Koordinatengleichung von E_H einsetzen.

12 Geometrie – Glas

a)

- Die Ebene E hat beispielsweise den Stützpunkt A und die Spannvektoren $\overrightarrow{AB}$ und $\overrightarrow{AC}$.
  Einen Normalenvektor $\vec{n}$ von E erhalten Sie mithilfe des Vektorprodukts (siehe Seite 36) der beiden Spannvektoren. Setzen Sie den Ortsvektor von A und den Normalenvektor $\vec{n}$ in die Normalenform $(\vec{x}-\vec{a})\cdot\vec{n} = 0$ ein.
- Den Schnittwinkel α zwischen der Ebene E und der Bodenebene, die parallel zur x_1x_2-Ebene ist, erhalten Sie mithilfe der Formel $\cos\alpha = \frac{|\vec{n}_1\cdot\vec{n}_2|}{|\vec{n}_1|\cdot|\vec{n}_2|}$. Dabei ist $\vec{n}_1$ ein Normalenvektor der Ebene E und $\vec{n}_2$ ein Normalenvektor der Bodenebene.
- Den Abstand d des Punktes S von der Ebene E erhalten Sie mit der Abstandsformel $d = \frac{|a\cdot s_1+b\cdot s_2+c\cdot s_3-d|}{\sqrt{a^2+b^2+c^2}}$, wobei $ax_1+bx_2+cx_3 = d$ die Koordinatenform von E ist.

b)

- Das Lot von S auf die Ebene E erhalten Sie, indem Sie die Gleichung einer Geraden l aufstellen, die durch S geht und als Richtungsvektor den Normalenvektor von E hat. Den Lotfußpunkt M erhalten Sie, indem Sie l mit E schneiden. Setzen Sie den allgemeinen Punkt P_t von l in die Koordinatenform von E ein und lösen Sie die Gleichung nach t auf. Setzen Sie den erhaltenen t-Wert in P_t ein.
  Um zu zeigen, dass M der Mittelpunkt des Glasrandkreises ist, bestimmen Sie die Abstände von M zu A, B und C. Hierzu berechnen Sie die Beträge der entsprechenden Verbindungsvektoren.
  Den Radius r des Glasrandkreises erhalten Sie beispielsweise als Abstand von M zu A.
- Die Koordinaten des Fußpunktes F des 1 m langen Glasmodellstiels, der in Richtung der Verlängerung der Strecke $\overline{MS}$ verläuft, erhalten Sie, indem Sie eine Vektorkette aufstellen. Hierzu normieren Sie den Vektor $\overrightarrow{MS}$ auf Länge 1, indem Sie ihn durch seinen Betrag teilen.

c) Berechnen Sie den Abstand von B zu g. Hierzu stellen Sie eine Hilfsebene E_H orthogonal zur Geraden g durch den Punkt B auf, d.h. der Normalenvektor $\vec{n}_H$ der Ebene E_H ist der Richtungsvektor der Geraden g. Setzen Sie den Ortsvektor von B und den Normalenvektor $\vec{n}_H$ in die Normalenform $\left(\vec{x}-\vec{b}\right)\cdot\vec{n}_H = 0$ ein, um eine Koordinatengleichung von E_H zu erhalten. Den Schnittpunkt T von g mit E_H erhalten Sie, indem Sie einen allgemeinen Punkt P_s von g in die Koordinatengleichung von E_H einsetzen. Den Abstand d von B zu g erhalten Sie, indem Sie den Abstand von B zu T berechnen. Bestimmen Sie die Länge des entsprechenden Verbindungsvektors. Prüfen Sie, ob $d > 2$ ist.

13 Geometrie – Geradenschar

a) C_0 bedeutet, dass $t = 0$ in C_t eingesetzt wird.
Um die Gleichung der Geraden zu erhalten, setzen Sie zwei verschiedene Zahlen für t in C_t ein und stellen mit diesen beiden Punkten die Geradengleichung auf.
Überlegen Sie anhand des Richtungsvektors, wie diese verläuft.
Die Koordinatengleichung erhalten Sie durch Einsetzen der drei gegebenen Punkte in die allgemeine Koordinatengleichung einer Ebene ($E: ax_1 + bx_2 + cx_3 - d = 0$) und Lösen des Gleichungssystems.
Alternativ können Sie mithilfe der drei Punkte die Koordinatengleichung durch Bestimmung des Normalenvektors und der Normalenform aufstellen.
Den Abstand von O zu E erhalten Sie mithilfe der Hesseschen Normalenform.

b) Überlegen Sie, wie Sie die Grundfläche und die Höhe der Pyramide möglichst einfach erhalten.
Ändert sich die Höhe der Pyramide, wenn sich C_t auf der Geraden g bewegt?
Um zu ermitteln, für welche t das Dreieck ABC_t rechtwinklig ist, betrachten Sie die Skalarprodukte von je zwei Verbindungsvektoren.
Überlegen Sie, welcher Art das Dreieck ABC_6 ist.

c) Überlegen Sie, wie die einzelnen Geraden der Geradenschar verlaufen und was sie in ihrer Gesamtheit bilden.
Für zwei senkrecht stehende Geraden benötigen Sie das Skalarprodukt der beiden Richtungsvektoren.
Für den allgemeinen Zusammenhang verwenden Sie h_{t_1} und h_{t_2}.

14 Geometrie – Gebäude

a)
- Skizzieren Sie das Parallelogramm ABCD mit den entsprechenden Innenwinkeln. Um zu zeigen, dass die Bodenfläche ABCD des Gebäudes ein Parallelogramm ist, bestimmen Sie die Verbindungsvektoren der Eckpunkte. Falls $\overrightarrow{AB} = \overrightarrow{DC}$ und $\overrightarrow{BC} = \overrightarrow{AD}$ ist das Viereck ABCD ein Parallelogramm.

Den Innenwinkel α des Parallelogramms erhalten Sie mit der Formel $\cos\alpha = \frac{\overrightarrow{AB}\cdot\overrightarrow{AD}}{\left|\overrightarrow{AB}\right|\cdot\left|\overrightarrow{AD}\right|}$ für den Winkel zwischen zwei Vektoren.
Beachten Sie, dass aufgrund der Symmetrie des Parallelogramms gilt: $\gamma = \alpha$ und $\beta = \delta$. Verwenden Sie die Winkelsumme im Viereck: $\alpha + \beta + \gamma + \delta = 360°$.

- Den Inhalt A der Bodenfläche erhalten Sie mit dem Vektorprodukt: $A = \left|\overrightarrow{AB} \times \overrightarrow{AD}\right|$.

b)

- Die Ebene E hat beispielsweise den Stützpunkt E und die Spannvektoren $\overrightarrow{EF}$ und $\overrightarrow{EG}$. Einen Normalenvektor $\vec{n}$ von E erhalten Sie mithilfe des Vektorprodukts (siehe Seite 36) der Spannvektoren $\overrightarrow{EF}$ und $\overrightarrow{EG}$. Setzen Sie den Ortsvektor von E und den Normalenvektor $\vec{n}$ in die Normalenform $(\vec{x} - \vec{e}) \cdot \vec{n} = 0$ ein.

- Skizzieren Sie das Rechteck EFGH mit rechten Winkeln. Um nachzuweisen, dass die Dachfläche EFGH ein Rechteck ist, bestimmen Sie die Verbindungsvektoren der Eckpunkte und zeigen mithilfe des Skalarprodukts zweier Vektoren, z.B. $\overrightarrow{EF}$ und $\overrightarrow{EH}$, dass ein rechter Winkel vorhanden ist. Dies ist der Fall, wenn das Skalarprodukt der beiden Vektoren Null ergibt.

c)

- Den Schnittwinkel α zwischen der Ebene E_1 und der Geraden g_a, die durch die Punkte P und S_a verläuft, erhalten Sie mit der Formel $\sin\alpha = \frac{|\vec{n}\cdot\vec{r}_a|}{|\vec{n}|\cdot|\vec{r}_a|}$. Dabei ist $\vec{n}$ ein Normalenvektor der Ebene E und $\vec{r}_a$ ein Richtungsvektor der Geraden. Um den Parameter a so zu bestimmen, dass der Winkel zwischen E_1 und der Geraden 30° beträgt, setzt man $\alpha = 30°$ ein und löst die Gleichung durch Quadrieren und mithilfe der *pq*- oder *abc*-Formel nach a auf.

- Den Punkt Q der Ebene E_1, der den kürzesten Abstand zur Spitze $S_{6,5}$ des Stabes hat, erhalten Sie, indem Sie die Gleichung einer Lotgeraden l aufstellen, die durch $S_{6,5}$ geht und orthogonal zu E_1 ist. Als Richtungsvektor von l verwenden Sie den Normalenvektor von E_1. Anschließend schneiden Sie l mit E_1. Dazu setzen Sie den allgemeinen Punkt P_t von l in die Koordinatenform von E_1 ein. Den erhaltenen t-Wert setzen Sie schließlich in P_t ein.
Den Abstand d von $S_{6,5}$ zu E_1 erhalten Sie mit der Abstandsformel $d = \frac{|a\cdot s_1 + b\cdot s_2 + c\cdot s_3 - d|}{\sqrt{a^2+b^2+c^2}}$, wobei $ax_1 + bx_2 + cx_3 = d$ die Gleichung von E_1 in Koordinatenform ist.
Wenn der Punkt Q innerhalb des Rechtecks EFGH liegt, muss folgende Bedingung gelten: $\overrightarrow{OQ} = \overrightarrow{OE} + s\cdot\overrightarrow{EF} + t\cdot\overrightarrow{EH}$ mit $0 < s < 1$ und $0 < t < 1$. Stellen Sie das zugehörige Gleichungssystem auf und bestimmen Sie die Parameter s und t.

Stochastik

15 Stochastik – Zugverspätung

a)

- Bezeichnen Sie mit A: Zug fährt nach A, mit $\overline{A}$: Zug fährt nach B, mit V: Zug hat Verspätung und mit $\overline{V}$: Zug ist pünktlich. Die vier Pfadwahrscheinlichkeiten erhalten Sie mithilfe der 1. Pfadregel (Produktregel).
- Die Wahrscheinlichkeit, dass ein aus den pünktlichen Zügen zufällig auszuwählender Zug die Stadt A als Ziel hat, erhalten Sie mithilfe der bedingten Wahrscheinlichkeit: $P_{\overline{V}}(A) = \frac{P(A\cap\overline{V})}{P(\overline{V})} = \frac{P(A\cap\overline{V})}{P(A\cap\overline{V})+P(\overline{A}\cap\overline{V})}$.

b)

- Legen Sie X als binomialverteilte Zufallsvariable für die Anzahl der Verspätungen unter 100 Zügen fest und bestimmen Sie die Parameter n und p. Die Wahrscheinlichkeit, dass unter 100 Zügen genau 20 Züge Verspätung haben, erhalten Sie mithilfe der Binomialverteilung unter Verwendung des Taschenrechners.
- Legen Sie Y als binomialverteilte Zufallsvariable für die Anzahl der Verspätungen unter 10 Zügen fest und bestimmen Sie die Parameter n und p. Die Wahrscheinlichkeit, dass unter 10 Zügen mehr als 2 Züge Verspätung haben, erhalten Sie mithilfe der Wahrscheinlichkeit des Gegenereignisses; verwenden Sie die kumulierte Binomialverteilung und den Taschenrechner.

c)

- Formulieren Sie die Verneinung der Behauptung der Bahngesellschaft als Nullhypothese $H_0: p \geqslant \ldots$ und bestimmen Sie die zugehörige Alternativhypothese $H_1: p < \ldots$. Legen Sie X als binomialverteilte Zufallsvariable für die Anzahl der verspäteten Züge fest, und bestimmen Sie die zugehörigen Parameter n und p. Beachten Sie, dass es sich wegen H_1: $p < \ldots$ um einen linksseitigen Test mit Signifikanzniveau $\alpha = 0{,}5\%$ handelt. Bestimmen Sie ein maximales $k \in \mathbb{N}$ und damit einen Ablehnungsbereich $\overline{A} = \{0, \ldots, k\}$ der Nullhypothese so, dass gilt: $P(X \in \overline{A}) \leqslant \alpha$ bzw. $P(X \leqslant k) \leqslant 0{,}005$. Verwenden Sie hierzu die kumulierte Binomialverteilung und den Taschenrechner.
- Ein Fehler 2. Art bedeutet, dass die Nullhypothese nicht abgelehnt wird, obwohl sie in Wirklichkeit falsch ist.
- Den Fehler 2. Art können Sie bestimmen, indem Sie die Wahrscheinlichkeit des zuvor erhaltenen Annahmebereichs A berechnen. Legen Sie Y als binomialverteilte Zufallsvariable für die Anzahl der verspäteten Züge fest und bestimmen Sie die Parameter n und p. Berechnen Sie $P(Y \in A)$ mithilfe der Wahrscheinlichkeit des Gegenereignisses unter Verwendung der kumulierten Binomialverteilung und des Taschenrechners.

16 Stochastik – Handys

a) Überlegen Sie, wie viele Ausfälle es bei der Ziehung eines Handys gibt, wie oft dasselbe Experiment gemacht wird und welche Wahrscheinlichkeiten auftreten.
Legen Sie die Zufallsvariable X für die Anzahl der fehlerhaften Handys fest. Mithilfe der kumulierten Binomialverteilung und des Taschenrechners können Sie die Wahrscheinlichkeiten $P(X \leqslant k)$ für $n = 100$ und $p = 0,1$ bestimmen.

b) Nehmen Sie an, dass n Handys entnommen werden. Rechnen Sie mit dem Gegenereignis und stellen Sie eine Ungleichung auf. Lösen Sie diese durch Ausprobieren mithilfe der Binomialverteilung des Taschenrechners.

c) Verwenden Sie F für «fehlerhaft» und A für «ausgesondert». Bestimmen Sie aus den gegebenen Daten die entsprechenden Wahrscheinlichkeiten, auch für die Schnittmengen. Anschließend tragen Sie diese in eine Vierfeldertafel ein und lesen hieraus die gesuchte Wahrscheinlichkeit ab.

d) Stellen Sie zunächst die Nullhypothese $H_0 : p \leqslant ...$ auf und bestimmen Sie die zugehörige Alternativhypothese $H_1 : p < ....$ Legen Sie X als binomialverteilte Zufallsvariable für die Anzahl der fehlerhaften Handys fest und bestimmen Sie die zugehörigen Parameter n und p. Beachten Sie, dass es sich wegen $H_1 : p > ...$ um einen rechtsseitigen Test mit Signifikanzniveau $\alpha = 0,5\%$ handelt. Bestimmen Sie ein minimales $k \in \mathbb{N}$ und damit einen Ablehnungsbereich $\overline{A} = \{k, ..., 100\}$ der Nullhypothese so, dass gilt: $P(X \in \overline{A}) \leqslant \alpha$ bzw. $P(X \geqslant k) \leqslant 0,05$. Verwenden Sie hierzu die Wahrscheinlichkeit des Gegenereignisses und die kumulierte Binomialverteilung unter Verwendung des Taschenrechners. Zum Schluss prüfen Sie, in welchen Bereich die konkret durchgeführte Stichprobe fällt.

17 Stochastik – Tischtennis

a)
- Bezeichnen Sie mit V das Ereignis «Ball hat starke Verformung» und mit N das Ereignis «Ball hat Nahtfehler». Anhand der gegebenen Daten können Sie folgende Wahrscheinlichkeiten bestimmen: $P(V)$ und $P\left(\overline{V}\right) = 1 - P(V)$, $P(N)$ und $P\left(\overline{N}\right) = 1 - P(N)$ sowie $P(V \cap N)$. Vervollständigen Sie die Vierfeldertafel durch Summen- und Differenzenbildung.
  Um zu zeigen, dass 10 % der Trainingsbälle völlig unbrauchbar sind, berechnen Sie
  $P(V \cup N) = P(V) + P(N) - P(V \cap N)$ bzw.
  $P(V \cup N) = P(V \cap N) + P\left(V \cap \overline{N}\right) + P\left(N \cap \overline{V}\right)$.
- Die Wahrscheinlichkeit, dass ein zufällig zu entnehmender Tischtennisball mit Nahtfehlern auch Verformungen hat, erhalten Sie mithilfe der bedingten Wahrscheinlichkeit: $P_N(V) = \frac{P(N \cap V)}{P(N)}$.

b) • Legen Sie X als binomialverteilte Zufallsvariable für die Anzahl der völlig unbrauchbaren Bälle unter 100 Bällen fest und bestimmen Sie die Parameter n und p.
Die Wahrscheinlichkeit, dass in einer Großpackung zu 100 Stück mehr als 11, aber höchstens 14 völlig unbrauchbare Bälle zu finden sind, erhalten Sie mithilfe der kumulierten Binomialverteilung unter Verwendung des Taschenrechners.

- Legen Sie Y als hypergeometrisch verteilte Zufallsvariable für die Anzahl der unbrauchbaren unter 6 zu entnehmenden Bällen fest und bestimmen Sie die Parameter N, M und n. Die gesuchte Wahrscheinlichkeit erhalten Sie mithilfe der Formel $P(Y = k) = \frac{\binom{M}{k} \cdot \binom{N-M}{n-k}}{\binom{N}{n}}$.
- Legen Sie Z als binomialverteilte Zufallsvariable für die Anzahl der völlig unbrauchbaren Bälle unter n Bällen fest und bestimmen Sie den Parameter p. Stellen Sie eine Ungleichung auf, verwenden Sie die Wahrscheinlichkeit des Gegenereignisses und lösen Sie die Ungleichung durch Ausprobieren mit der Binomialverteilung des Taschenrechners.

c) Legen Sie X als binomialverteilte Zufallsvariable für die Anzahl der einwandfreien Turnierbälle unter 1000 Turnierbällen fest und bestimmen Sie die Parameter p und n. Beachten Sie, dass gilt: $P(X \geqslant k) = 1 - P(X \leqslant k - 1)$ und verwenden Sie die kumulierte Binomialverteilung sowie den Taschenrechner.

18 Stochastik – Spielautomat

a) Bestimmen Sie die Wahrscheinlichkeit p, dass bei der rechten Walze Apfel erscheint. Legen Sie X als binomialverteilte Zufallsvariable für die Anzahl der angezeigten Äpfel mit den Parametern n und p fest.

- Die Wahrscheinlichkeit für das Ereignis A: «Die rechte Walze zeigt genau siebenmal Apfel an.» erhalten Sie mithilfe der Binomialverteilung unter Verwendung des Taschenrechners.
- Die Wahrscheinlichkeit für das Ereignis B: «Die rechte Walze zeigt mehr als zweimal Apfel an.» erhalten Sie mithilfe der Wahrscheinlichkeit des Gegenereignisses und der kumulierten Binomialverteilung unter Verwendung des Taschenrechners.
- Bestimmen Sie den Erwartungswert $\mu = n \cdot p$ für «Apfel». Die Wahrscheinlichkeit für das Ereignis C: «Die rechte Walze zeigt genau doppelt so oft wie erwartet Apfel an.» erhalten Sie ebenfalls mit der Binomialverteilung unter Verwendung des Taschenrechners.

b) • Bezeichnen Sie mit A: Apfel, mit B: Birne und mit Z: Zitrone. Beachten Sie, dass die Wahrscheinlichkeiten bei jedem «Zug» gleich bleiben.

Die Wahrscheinlichkeit, dass ein Gewinn ausgezahlt wird, also dass beide Walzen die gleiche Frucht anzeigen, erhalten Sie mithilfe der 1. und 2. Pfadregel (Produkt- und Summenregel).

- Legen Sie X als binomialverteilte Zufallsvariable für die Anzahl der Doppelzitronen bei n Spielen fest und bestimmen Sie p. Um zu berechnen, wie viele Spiele (n) mindestens gespielt werden müssten, damit die Wahrscheinlichkeit dafür, dass mindestens einmal beide Walzen eine Zitrone anzeigen («Doppelzitrone»), größer als 90% ist, lösen Sie die Ungleichung $P(X \geqslant 1) > 0,9$ mithilfe der Wahrscheinlichkeit des Gegenereignisses durch Ausprobieren mit der Binomialverteilung des Taschenrechners nach n auf.

c) Bestimmen Sie die Wahrscheinlichkeiten für «Doppelapfel» $P(AA)$, für «Doppelbirne» $P(BB)$ und für «Doppelzitrone» $P(ZZ)$.
Legen Sie X als Zufallsvariable für den Gewinn eines Spielers und x als Auszahlungsbetrag für «Doppelzitrone» fest. Bestimmen Sie den Erwartungswert $E(X)$, indem Sie die Auszahlungsbeträge mit den zugehörigen Wahrscheinlichkeiten multiplizieren und die Ergebnisse addieren sowie den Einsatz subtrahieren. Da das Spiel fair sein soll, lösen Sie die Gleichung $E(X) = 0$ nach x auf. Bestimmen Sie anschließend die entsprechenden Auszahlungsbeträge.

Lösungen – Analysis

1 Ganzrationale Funktion – Fluss

Es ist $f(x) = 0{,}05 \cdot x^3 - 0{,}6 \cdot x^2 + 1{,}35 \cdot x$; $x \in [0;\ 10]$ und $g(x) = e^{x-8} + 2$; $x \in [0;\ 10]$.

a) • Die Nullstellen des Graphen von f erhält man durch Lösen der Gleichung $f(x) = 0$. Dies führt zu:

$$0{,}05 \cdot x^3 - 0{,}6 \cdot x^2 + 1{,}35 \cdot x = 0$$

frv.tv/cb

Mithilfe des Taschenrechners erhält man die Lösungen $x_1 = 0$, $x_2 = 3$ und $x_3 = 9$. Somit hat der Graph von f die Nullstellen $x_1 = 0$, $x_2 = 3$ und $x_3 = 9$.

Zur Bestimmung der lokalen Extrempunkte des Graphen von f verwendet man die 1. und 2. Ableitung von f:

$$f'(x) = 0{,}15 \cdot x^2 - 1{,}2 \cdot x + 1{,}35$$
$$f''(x) = 0{,}3 \cdot x - 1{,}2$$

Als notwendige Bedingung löst man die Gleichung $f'(x) = 0$ nach x auf.

frv.tv/ca

Aus $0{,}15 \cdot x^2 - 1{,}2 \cdot x + 1{,}35 = 0$ erhält man mit dem Taschenrechner die Lösungen $x_1 \approx 6{,}65$ und $x_2 \approx 1{,}35$.
Setzt man $x_1 \approx 6{,}65$ und $x_2 \approx 1{,}35$ in $f''(x)$ ein, ergibt sich:

$$f''(6{,}65) = 0{,}3 \cdot 6{,}65 - 1{,}2 \approx 0{,}80 > 0 \Rightarrow \text{ lokaler Tiefpunkt}$$
$$f''(1{,}35) = 0{,}3 \cdot 1{,}35 - 1{,}2 \approx -0{,}80 < 0 \Rightarrow \text{ lokaler Hochpunkt}$$

Die zugehörigen y-Werte erhält man, indem man die x-Werte in $f(x)$ einsetzt:

$$y_1 = f(6{,}65) = 0{,}05 \cdot 6{,}65^3 - 0{,}6 \cdot 6{,}65^2 + 1{,}35 \cdot 6{,}65 \approx -2{,}85$$
$$y_2 = f(1{,}35) = 0{,}05 \cdot 1{,}35^3 - 0{,}6 \cdot 1{,}35^2 + 1{,}35 \cdot 1{,}35 \approx 0{,}85$$

Damit haben die lokalen Extrempunkte die Koordinaten $\mathrm{T}(6{,}65 \mid -2{,}85)$ und $\mathrm{H}(1{,}35 \mid 0{,}85)$.
Die Randwerte des Graphen von f im Intervall $[0;\ 10]$ erhält man, indem man $x_0 = 0$ und $x_1 = 10$ in $f(x)$ einsetzt:

$$f(0) = 0{,}05 \cdot 0^3 - 0{,}6 \cdot 0^2 + 1{,}35 \cdot 0 = 0$$
$$f(10) = 0{,}05 \cdot 10^3 - 0{,}6 \cdot 10^2 + 1{,}35 \cdot 10 = 3{,}5$$

Somit ist der Punkt $\mathrm{P}(10 \mid 3{,}5)$ der absolute Hochpunkt des Graphen von f im Intervall $[0;\ 10]$.
Der lokale Tiefpunkt $\mathrm{T}(6{,}65 \mid -2{,}85)$ ist gleichzeitig der absolute Tiefpunkt des Gra-

phen von f im Intervall $[0;\ 10]$.

Den Wendepunkt des Graphen von f erhält man mit der 2. und 3. Ableitung:

$$f''(x) = 0,3 \cdot x - 1,2$$
$$f'''(x) = 0,3$$

Als notwendige Bedingung löst man die Gleichung $f''(x) = 0$ nach x auf. Dies führt zu $0,3 \cdot x - 1,2 = 0 \Rightarrow x = 4$. Setzt man $x = 4$ in $f'''(x)$ ein, ergibt sich:

$$f'''(4) = 0,3 \neq 0 \Rightarrow \text{Wendepunkt}$$

Den zugehörigen y-Wert erhält man, indem man $x = 4$ in $f(x)$ einsetzt:

$$y = f(4) = 0,05 \cdot 4^3 - 0,6 \cdot 4^2 + 1,35 \cdot 4 = -1$$

Somit hat der Wendepunkt des Graphen von f die Koordinaten $W(4 \mid -1)$.

- Mithilfe der angegebenen Punkte (und ggf. einer Wertetabelle) kann man den Graphen von f in das Koordinatensystem zeichnen:

frv.tv/cf

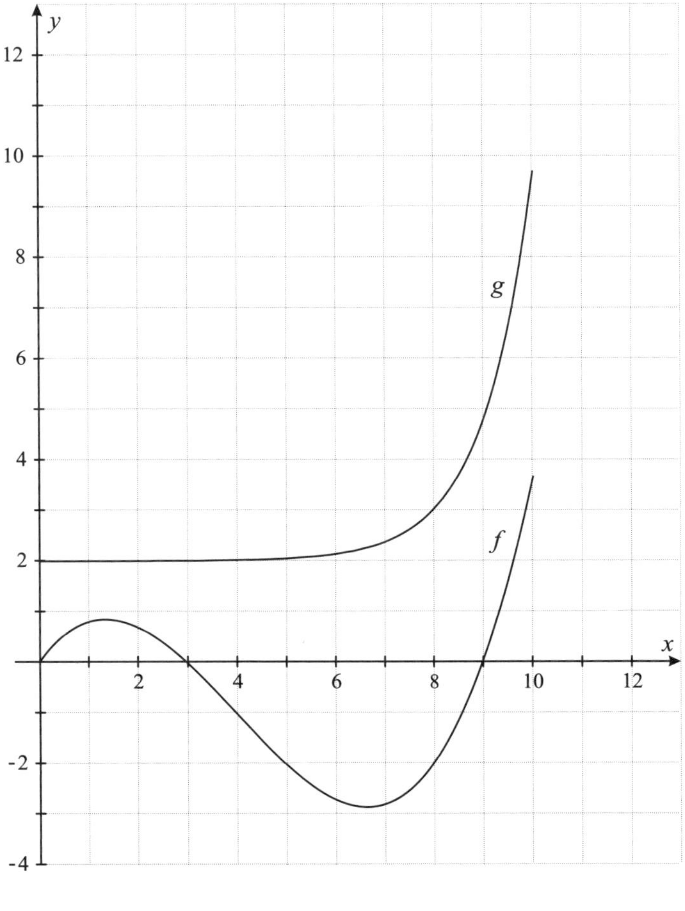

b) • Um die Parameter a und b der Funktion $h(x) = e^{ax} + b\,;\ x \in [0;\ 10],\ a,\ b \in \mathbb{R}$ so zu bestimmen, dass das Überlaufgebiet an den Stellen $x_0 = 0$ und $x_1 = 10$ mit dem Nordufer des Flusses zusammentrifft, stellt man ein Gleichungssystem auf. Da die y-Werte von g und h an diesen Stellen übereinstimmen sollen, gilt:

$$\begin{array}{llcl} \text{I} & h(0) & = & g(0) \\ \text{II} & h(10) & = & g(10) \end{array}$$

Dies führt zu

$$\begin{array}{llcccccc} \text{I} & e^{a\cdot 0} & + & b & = & e^{0-8} & + & 2 \\ \text{II} & e^{a\cdot 10} & + & b & = & e^{10-8} & + & 2 \end{array}$$

bzw.

$$\begin{array}{llcccccc} \text{I} & 1 & + & b & = & e^{-8} & + & 2 \\ \text{II} & e^{10a} & + & b & = & e^{2} & + & 2 \end{array}$$

Aus Gleichung I ergibt sich: $b = e^{-8} + 1 \approx 1{,}00$.
Setzt man $b \approx 1{,}00$ in Gleichung II ein, ergibt sich:

$$\begin{aligned} e^{10a} + 1 &= e^2 + 2 \\ e^{10a} &= e^2 + 1 \\ 10a &= \ln\left(e^2 + 1\right) \\ a &= \frac{\ln\left(e^2 + 1\right)}{10} \approx 0{,}21 \end{aligned}$$

Damit hat h die Gleichung $h(x) = e^{0{,}21x} + 1$.

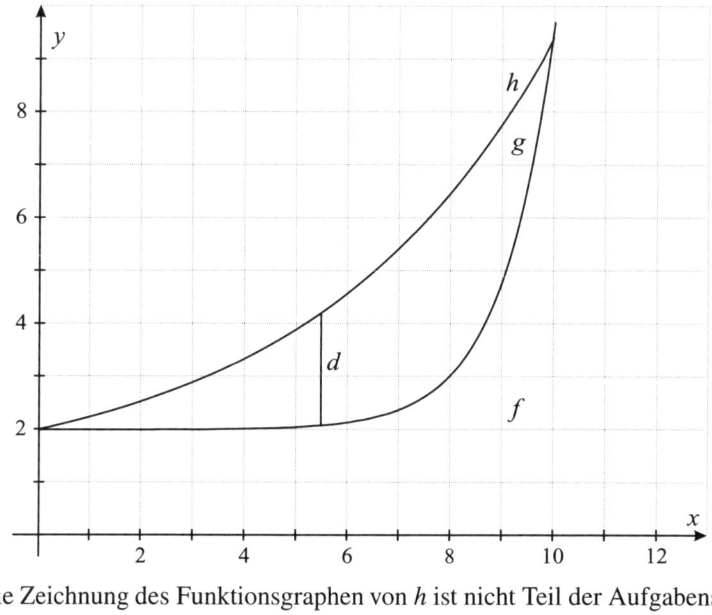

(Die Zeichnung des Funktionsgraphen von h ist nicht Teil der Aufgabenstellung)

- Die größte Ausdehnung des Überlaufgebiets in Nord-Süd-Richtung erhält man, indem man das Maximum einer Funktion d berechnet, welche den Abstand der Graphen von g und h für $[0;\,10]$ beschreibt:

  $$d(x) = h(x) - g(x) = e^{0,21x} + 1 - \left(e^{x-8} + 2\right) = e^{0,21x} - e^{x-8} - 1$$

  Zur Bestimmung des Maximums von d verwendet man die 1. und 2. Ableitung von d, die man mit der Kettenregel erhält:

  $$d'(x) = e^{0,21x} \cdot 0,21 - e^{x-8} = 0,21 \cdot e^{0,21x} - e^{x-8}$$
  $$d''(x) = 0,21 \cdot e^{0,21x} \cdot 0,21 - e^{x-8} \approx 0,04 \cdot e^{0,21x} - e^{x-8}$$

  Als notwendige Bedingung löst man die Gleichung $d'(x) = 0$ nach x auf:

  $$\begin{aligned} 0,21 \cdot e^{0,21x} - e^{x-8} &= 0 \\ 0,21 \cdot e^{0,21x} &= e^{x-8} \\ \ln(0,21) + 0,21 \cdot x &= x - 8 \\ \ln(0,21) + 8 &= x - 0,21x \\ \ln(0,21) + 8 &= 0,79x \\ \frac{\ln(0,21)+8}{0,79} &= x \\ x &\approx 8,15 \end{aligned}$$

  Setzt man $x \approx 8,15$ in $d''(x)$ ein, ergibt sich:

  $$d''(8,15) \approx 0,04 \cdot e^{0,21 \cdot 8,15} - e^{8,15-8} \approx -0,94 < 0 \;\Rightarrow\; \text{Maximum}$$

  Wegen $d(0) = 0$ und $d(10) = 0$ (die Graphen von h und g haben bei $x_0 = 0$ und $x_1 = 10$ die gleichen y-Werte) handelt es sich um ein absolutes Maximum.
  Den zugehörigen Funktionswert erhält man, indem man $x \approx 8,15$ in $d(x)$ einsetzt:

  $$d(8,15) = e^{0,21 \cdot 8,15} - e^{8,15-8} - 1 \approx 3,38$$

  Da einer Längeneinheit 10 m in der Wirklichkeit entspricht, hat das Überlaufgebiet eine maximale Ausdehnung von etwa 33,8 m.

c) Den Flächeninhalt A der Wasseroberfläche im Intervall $[3;\,9]$ erhält man mithilfe eines Integrals. Da der Graph von g oberhalb des Graphen von f verläuft, gilt unter Verwendung des Taschenrechners:

frv.tv/ce

$$\mathrm{A} = \int_3^9 (g(x) - f(x))\,\mathrm{d}x$$

$$= \int_3^9 \left(e^{x-8} + 2 - \left(0,05 \cdot x^3 - 0,6 \cdot x^2 + 1,35 \cdot x\right)\right) \mathrm{d}x$$
$$= \int_3^9 \left(e^{x-8} + 2 - 0,05 \cdot x^3 + 0,6 \cdot x^2 - 1,35 \cdot x\right) \mathrm{d}x$$
$$\approx 25,51$$

Da einer Längeneinheit 10 m in der Wirklichkeit entspricht, entspricht einer Flächeneinheit $100\,\text{m}^2$. Die Wasseroberfläche hat somit einen Flächeninhalt von etwa $2551\,\text{m}^2$.
Die von den Algen bedeckte Wasseroberfläche kann durch eine Funktion B mit $\mathrm{B}(t) = a \cdot e^{k \cdot t}$ (t in Wochen seit Beginn der Beobachtung, $\mathrm{B}(t)$ in m^2) beschrieben werden.
Da zu Beginn $150\,m^2$ von Algen bedeckt sind, gilt: $\mathrm{B}(0) = 150$.
Da sich die von Algen bedeckte Wasserfläche wöchentlich um 30% vergrößert, gilt:

$$\mathrm{B}(1) = 150 + 0,30 \cdot 150 = 195$$

Aus diesen beiden Bedingungen ergibt sich folgendes Gleichungssystem:

$$\begin{array}{lll} \text{I} & \mathrm{B}(0) & = & 150 \\ \text{II} & \mathrm{B}(1) & = & 195 \end{array}$$

bzw.

$$\begin{array}{llll} \text{I} & a \cdot e^{k \cdot 0} & = & 150 \\ \text{II} & a \cdot e^{k \cdot 1} & = & 195 \end{array}$$

Aus Gleichung I erhält man: $a = 150$.
Setzt man $a = 150$ in Gleichung II ein, ergibt sich: $150 \cdot e^k = 195 \Rightarrow k = \ln\left(\frac{195}{150}\right) \approx 0,26$.
Damit erhält man: $\mathrm{B}(t) = 150 \cdot e^{0,26 \cdot t}$.
Um den Zeitpunkt, zu dem 80% der Wasseroberfläche im Intervall $[3;\,9]$ von Algen bedeckt ist, zu bestimmen, löst man die Gleichung $\mathrm{B}(t) = 0,80 \cdot \mathrm{A}$. Dies führt zu:

$$\begin{aligned} 150 \cdot e^{0,26 \cdot t} &= 0,80 \cdot 2551 \\ e^{0,26 \cdot t} &= \frac{2040,8}{150} \\ t &= \frac{\ln\left(\frac{2040,8}{150}\right)}{0,26} \\ t &\approx 10,04 \end{aligned}$$

Nach etwa 10 Wochen ist 80% der Wasseroberfläche im Intervall $[3;\,9]$ von Algen bedeckt.
Anmerkung: Rechnet man anstelle von $0,26$ mit dem exakten Ausdruck $\ln\left(\frac{195}{150}\right)$ weiter, ergibt sich als Lösung $t \approx 9,95$.

2 Ganzrationale Funktion – Brücke

a) • Als Ansatz für eine ganzrationale Funktion f dritten Grades verwendet man $f(x) = ax^3 + bx^2 + cx + d$ mit $f'(x) = 3ax^2 + 2bx + c$.
Da der Punkt $B(0 \mid 0,9)$ auf dem Graph von f liegt, gilt: $f(0) = 0,9$.
Da der Punkt $C(2 \mid 0,872)$ auf dem Graph von f liegt, gilt: $f(2) = 0,872$.
Da der Punkt $D(6 \mid 1,104)$ auf dem Graph von f liegt, gilt: $f(6) = 1,104$.
Da die Steigung im Punkt C $1,8\,\%$ beträgt, gilt: $f'(2) = 0,018$.
Damit erhält man folgendes lineares Gleichungssystem:

$$\begin{array}{llllllllll} \text{I} & a\cdot 0^3 & + & b\cdot 0^2 & + & c\cdot 0 & + & d & = & 0,9 \\ \text{II} & a\cdot 2^3 & + & b\cdot 2^2 & + & c\cdot 2 & + & d & = & 0,872 \\ \text{III} & a\cdot 6^3 & + & b\cdot 6^2 & + & c\cdot 6 & + & d & = & 1,104 \\ \text{IV} & 3a\cdot 2^2 & + & 2b\cdot 2 & + & c & & & = & 0,018 \end{array}$$

Setzt man $d = 0,9$ in Gleichung II und III ein, ergibt sich:

$$\begin{array}{llllllllll} \text{I} & & & & & & & d & = & 0,9 \\ \text{II} & 8a & + & 4b & + & 2c & + & 0,9 & = & 0,872 \\ \text{III} & 216a & + & 36b & + & 6c & + & 0,9 & = & 1,104 \\ \text{IV} & 12a & + & 4b & + & c & & & = & 0,018 \end{array}$$

bzw.

$$\begin{array}{llllllll} \text{II} & 8a & + & 4b & + & 2c & = & -0,028 \\ \text{III} & 216a & + & 36b & + & 6c & = & 0,204 \\ \text{IV} & 12a & + & 4b & + & c & = & 0,018 \end{array}$$

Mithilfe des Taschenrechners erhält man als Lösung dieses Gleichungssystems: $a = -0,001$, $b = 0,02$ und $c = -0,05$.
Damit hat die Funktion f folgende Funktionsgleichung:

frv.tv/cd

$$f(x) = -0,001x^3 + 0,02x^2 - 0,05x + 0,9$$

• Die minimale Höhe des Seiles über der Erdbodenlinie zwischen den Pylonen erhält man, indem man die Koordinaten des Tiefpunkts des Graphen von f berechnet. Die 1. und 2. Ableitung von f erhält man mit der Potenzregel:

$$f'(x) = -0,003x^2 + 0,04x - 0,05$$
$$f''(x) = -0,006x + 0,04$$

Die notwendige Bedingung $f'(x) = 0$ führt zu:

$$-0,003x^2 + 0,04x - 0,05 = 0$$

frv.tv/ca

mithilfe des Taschenrechners erhält man die Lösungen $x_1 \approx 1,40$ und $x_2 \approx 11,94$. Wegen $0 \leqslant x \leqslant 6$ (zwischen den Pylonen) kommt nur $x_1 \approx 1,40$ als Lösung in Frage. Setzt man $x_1 \approx 1,40$ in $f''(x)$ ein, ergibt sich:

$$f''(1,40) = -0,006 \cdot 1,40 + 0,04 = 0,0316 > 0 \;\Rightarrow\; \text{lokaler Tiefpunkt}$$

Den zugehörigen y-Wert erhält man, indem man $x_1 \approx 1,40$ in $f(x)$ einsetzt:

$$y_1 = f(1,40) = -0,001 \cdot 1,40^3 + 0,02 \cdot 1,40^2 - 0,05 \cdot 1,40 + 0,9 \approx 0,866$$
$$\Rightarrow \mathrm{T}(1,40 \mid 0,866)$$

Wegen $f(0) = 0,9$ und $f(6) = 1,104$ handelt es sich bei $f(1,40) \approx 0,866$ um ein absolutes Minimum.
Somit beträgt die minimale Höhe des Seils etwa 86,6 m.

- Da sich die Wasseroberfläche der Elbe zu einem bestimmten Zeitpunkt 10 m unter der Erdbodenlinie befindet, gilt für diese Linie: $y = -0,1$. Da die Elbe im geplanten Bereich 290 m breit ist, ist das betrachtete Intervall: $[2;4,9]$. Die durchschnittliche Höhe $\overline{h}$ des Seiles über der Wasseroberfläche erhält man mithilfe eines Integrals unter Verwendung des Taschenrechners:

frv.tv/ce

$$\begin{aligned}\overline{h} &= \frac{1}{4,9-2} \cdot \int_2^{4,9} (f(x) - (-0,1))\,\mathrm{d}x \\ &= \frac{1}{2,9} \cdot \int_2^{4,9} \left(-0,001x^3 + 0,02x^2 - 0,05x + 0,9 + 0,1\right)\mathrm{d}x \\ &= \frac{1}{2,9} \cdot \int_2^{4,9} \left(-0,001x^3 + 0,02x^2 - 0,05x + 1\right)\mathrm{d}x \\ &\approx 1,031\end{aligned}$$

Somit beträgt die durchschnittliche Höhe des Seils über der Wasseroberfläche etwa 103,1 m.

b)
- Die Wendestelle der Funktion f erhält man mithilfe der 2. Ableitung von f. Als notwendige Bedingung löst man die Gleichung $f''(x) = 0$ nach x auf:

$$-0,006x + 0,04 = 0 \;\Rightarrow\; x = \frac{20}{3} \approx 6,67$$

Wegen $f'''(x) = -0,006 \neq 0$ handelt es sich um eine Wendestelle.
Wegen $x = \frac{20}{3} \approx 6,67 > 6$ liegt die Wendestelle nicht im Intervall $[0;6]$.

- Da die Wendestelle von f nicht im Intervall $[0;6]$ liegt, ist die maximale Steigung an den Rändern des Intervalls zu finden. Setzt man $x_1 = 0$ und $x_2 = 6$ in $f'(x)$ ein, ergibt sich:

$$m_1 = f'(0) = -0,003 \cdot 0^2 + 0,04 \cdot 0 - 0,05 = -0,05$$
$$m_2 = f'(6) = -0,003 \cdot 6^2 + 0,04 \cdot 6 - 0,05 = 0,082$$

Somit hat der Graph von f im Punkt D die maximale Steigung von $8,2\,\%$.

- Die Modellierung des Seiles durch einen Graphen mit einer Wendestelle x_W mit $0 < x_W < 6$ ist nicht sinnvoll, da das durchhängende Seil zwischen den Pylonen nur eine Krümmung aufweisen sollte, und zwar in diesem Fall eine Linkskrümmung. Daher darf in diesem Bereich keine Wendestelle des Graphen von f sein, da an einer Wendestelle ein Krümmungswechsel stattfinden würde.

c)
- Um die beiden Koeffizienten a und b der Funktion $g(x) = a \cdot e^{0,5x} + b \cdot e^{-0,5x}$ zu bestimmen, setzt man die Koordinaten der Punkte $A(-3 \mid 0,2)$ und $B(0 \mid 0,9)$ in $g(x)$ ein:

$$0,2 = a \cdot e^{0,5 \cdot (-3)} + b \cdot e^{-0,5 \cdot (-3)}$$
$$0,9 = a \cdot e^{0,5 \cdot 0} + b \cdot e^{-0,5 \cdot 0}$$

Aus der zweiten Gleichung ergibt sich: $0,9 = a + b \Rightarrow a = 0,9 - b$.
Setzt man $a = 0,9 - b$ in die erste Gleichung ein, erhält man:

$$\begin{aligned}
0,2 &= (0,9 - b) \cdot e^{-1,5} + b \cdot e^{1,5} \\
0,2 &= 0,9 \cdot e^{-1,5} - b \cdot e^{-1,5} + b \cdot e^{1,5} \\
0,2 - 0,9 \cdot e^{-1,5} &= b \cdot \left(-e^{-1,5} + e^{1,5}\right) \\
\frac{0,2 - 0,9 \cdot e^{-1,5}}{-e^{-1,5} + e^{1,5}} &= b \\
-0,0002 &\approx b
\end{aligned}$$

Setzt man $b \approx -0,0002$ in $a = 0,9 - b$ ein, ergibt sich:
$a \approx 0,9 - (-0,0002) = 0,9002$.
Damit gilt: $g(x) = 0,9002 \cdot e^{0,5x} - 0,0002 \cdot e^{-0,5x}$.

- Um den Winkel, unter dem die Seile am nördlichen Pylonen aufeinandertreffen, zu berechnen, bestimmt man zuerst den spitzen Winkel α, den die beiden Tangenten an die Graphen von f bzw. g im Punkt B bilden. Die Tangentensteigungen m_1 und m_2 erhält man mithilfe der 1. Ableitungen von f bzw. g, die man mit der Kettenregel bestimmt:

$$f'(x) = -0,003x^2 + 0,04x - 0,05$$
$$g'(x) = 0,9002 \cdot e^{0,5x} \cdot (0,5) - 0,0002 \cdot e^{-0,5x} \cdot (-0,5)$$

Setzt man $x = 0$ in $f'(x)$ bzw. $g'(x)$ ein, erhält man:

$$m_1 = f'(0) = -0,003 \cdot 0^2 + 0,04 \cdot 0 - 0,05 = -0,05$$
$$m_2 = g'(0) = 0,9002 \cdot e^{0,5 \cdot 0} \cdot (0,5) - 0,0002 \cdot e^{-0,5 \cdot 0} \cdot (-0,5) \approx 0,45$$

Setzt man $m_1 = -0,05$ und $m_2 \approx 0,45$ in die Formel $\tan\alpha = \frac{m_1 - m_2}{1 + m_1 \cdot m_2}$ ein, ergibt sich:

$$\tan\alpha = \frac{-0,05 - 0,45}{1 + (-0,05) \cdot 0,45} \Rightarrow \alpha \approx 27,1^\circ$$

Da aber der stumpfe Winkel β gesucht ist, gilt:

$$\beta = 180^\circ - \alpha \approx 180^\circ - 27,1^\circ = 152,9^\circ$$

Somit beträgt der Winkel, unter dem die Seile am nördlichen Pylonen aufeinandertreffen, etwa $152,9^\circ$.

3 Ganzrationale Funktion – Kurve 4. Grades

a) Da der Graph achsensymmetrisch zur y-Achse ist, kommen in der Funktionsgleichung von $f(x)$ nur gerade Exponenten vor.
Somit lautet die allgemeine Funktionsgleichung: $f(x) = ax^4 + bx^2 + c$.
Die Ableitungen sind: $f'(x) = 4ax^3 + 2bx$ und $f''(x) = 12ax^2 + 2b$.
Der Graph geht durch den Punkt $\mathrm{P}(0 \mid 2,5)$ und durch den Wendepunkt $\mathrm{W}(1 \mid 0)$, daher gilt:

$$\begin{array}{lcl} \text{I} \quad f(0) & = & 2,5 \\ \text{II} \quad f(1) & = & 0 \\ \text{III} \quad f''(1) & = & 0 \end{array}$$

Einsetzen ergibt:

$$\begin{array}{llcccccl} \text{I} & a \cdot 0^4 & + & b \cdot 0^2 & + & c & = & 2,5 \\ \text{II} & a \cdot 1^4 & + & b \cdot 1^2 & + & c & = & 0 \\ \text{III} & 12a \cdot 1^2 & + & 2b & & & = & 0 \end{array}$$

Daraus folgt:

$$\begin{array}{lccccccl} \text{I} & & & & & c & = & 2,5 \\ \text{II} & a & + & b & + & c & = & 0 \\ \text{III} & 12a & + & 2b & & & = & 0 \end{array}$$

Mithilfe des Taschenrechners erhält man $a = 0,5$ und $b = -3$ sowie $c = 2,5$.
Damit erhält man die Funktionsgleichung: $f(x) = 0,5x^4 - 3x^2 + 2,5$.

frv.tv/cd

b) Ohne Rechnung kann man den Verlauf des Graphen G_f wie folgt beschreiben:

- Die Funktionsgleichung enthält nur gerade Exponenten, also ist der Graph symmetrisch zur y-Achse.
- Der Grad der Funktionsgleichung ist 4 und der Koeffizient vor der größten Potenz ist positiv, also gehen die y-Werte für $x \to \pm\infty$ gegen $+\infty$.
  Das absolute Glied ist $2,5$ also ist der y-Achsenabschnitt $2,5$ d.h. der Graph geht durch den Punkt $\mathrm{P}(0 \mid 2,5)$.
- Ferner hat ein Graph 4. Grades maximal vier Schnittpunkte mit der x-Achse und maximal drei Extrempunkte (einen Hochpunkt, zwei Tiefpunkte) sowie maximal zwei Wendepunkte.

Um zu zeigen, dass $\mathrm{P}(0 \mid 2,5)$ der Hochpunkt des Graphen von $f(x) = \frac{1}{2}x^4 - 3x^2 + \frac{5}{2}$ ist, benötigt man die 1. und 2. Ableitung:
Es ist $f'(x) = 2x^3 - 6x$ und $f''(x) = 6x^2 - 6$.
Wegen $f'(0) = 2 \cdot 0^3 - 6 \cdot 0 = 0$ und $f''(0) = 6 \cdot 0^2 - 6 = -6 < 0$ sind die notwendige und hinreichende Bedingung für einen Hochpunkt erfüllt.

c) Es sind $f(x) = \frac{1}{2}x^4 - 3x^2 + \frac{5}{2}$ und $p(x) = \frac{1}{8}x^2 - \frac{1}{8}$, G_f und G_p die entsprechenden Graphen.

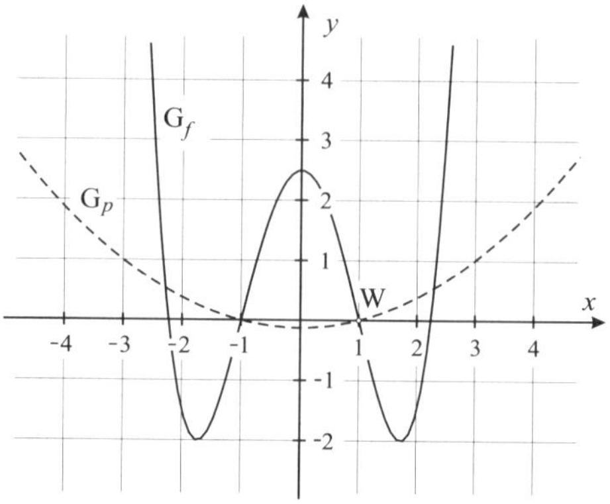

Um zu zeigen, dass die Parabel K_f W(1 | 0) senkrecht schneidet, muss man nachweisen, dass W(1 | 0) auch auf der Parabel liegt und dass die eine Tangentensteigung der negative Kehrwert der anderen Tangentensteigung ist.
Setzt man $x = 1$ in $p(x)$ ein, so erhält man: $p(1) = \frac{1}{8} \cdot 1^2 - \frac{1}{8} = 0$. Also liegt W auf der Parabel.
Die Tangentensteigungen von $f(x)$ bzw. $p(x)$ in W erhält man mit der 1. Ableitung:
Es ist $f'(x) = 2x^3 - 6x$ und $p'(x) = \frac{1}{4}x$.
Damit gilt: $m_f = f'(1) = 2 \cdot 1^3 - 6 \cdot 1 = -4$ und $m_p = p'(1) = \frac{1}{4} \cdot 1 = \frac{1}{4}$.
Da m_f der negative Kehrwert von m_p ist, schneiden sich die Parabel und K_f in W(1 | 0) senkrecht.

Den Flächeninhalt A der Fläche, die von der Parabel und G_f begrenzt wird und den Punkt T(0 | 1) enthält, berechnet man mit dem Integral.
Die Integrationsgrenzen sind die Schnittpunkte von K_f und K_p: $x_1 = -1$ und $x_2 = 1$. Somit gilt unter Verwendung des Taschenrechners:

frv.tv/ce

$$A = \int_{-1}^{1} \left(f(x) - p(x)\right) dx = \int_{-1}^{1} \left(\frac{1}{2}x^4 - 3x^2 + \frac{5}{2} - \left(\frac{1}{8}x^2 - \frac{1}{8}\right)\right) dx = \frac{101}{30}$$

Der Flächeninhalt beträgt $\frac{101}{30}$ FE.

Alternativ kann man wegen der Symmetrie auch die Differenz der Funktionen mit den Integrationsgrenzen $x_1 = 0$ und $x_2 = 1$ integrieren und die Fläche verdoppeln. Diese Rechnung ist etwas einfacher, da als untere Grenze 0 eingesetzt wird. Mithilfe des Taschenrechners erhält man:

$$A = 2 \cdot \int_{0}^{1} \left(f(x) - p(x)\right) dx = 2 \cdot \int_{0}^{1} \left(\frac{1}{2}x^4 - 3x^2 + \frac{5}{2} - \left(\frac{1}{8}x^2 - \frac{1}{8}\right)\right) dx = \frac{101}{30}$$

Es ergibt sich der gleiche Flächeninhalt wie oben: $A = \frac{101}{30}$ FE.

d) Es sind $Q(u \mid f(u))$, $R(-u \mid f(-u))$ für $0 < u \leqslant 1$ und $P(0 \mid 2{,}5)$.

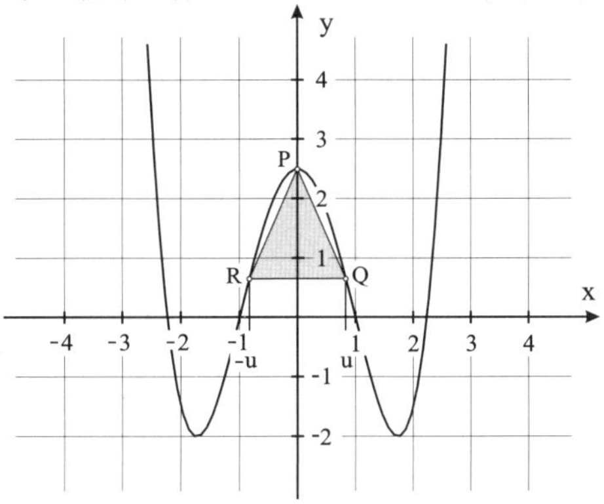

Um den Flächeninhalt $A(u)$ des Dreiecks in Abhängigkeit von u zu bestimmen, benötigt man die Länge der Grundseite g und die Höhe h des Dreiecks. Es ist:

$$g = 2u$$

und

$$h = 2{,}5 - f(u) = 2{,}5 - \left(\frac{1}{2}u^4 - 3u^2 + \frac{5}{2}\right) = -\frac{1}{2}u^4 + 3u^2$$

Die Formel für den Flächeninhalt des Dreiecks ist: $A = \frac{1}{2} \cdot g \cdot h$. Damit ist der gesuchte Flächeninhalt:

$$A(u) = \frac{1}{2} \cdot 2u \cdot \left(-\frac{1}{2}u^4 + 3u^2\right) = -\frac{1}{2}u^5 + 3u^3$$

4 Exponentialfunktion – Jod

Es ist $f(x) = (4x+6)e^{-0,5x}$; $x \in \mathbb{R}$.

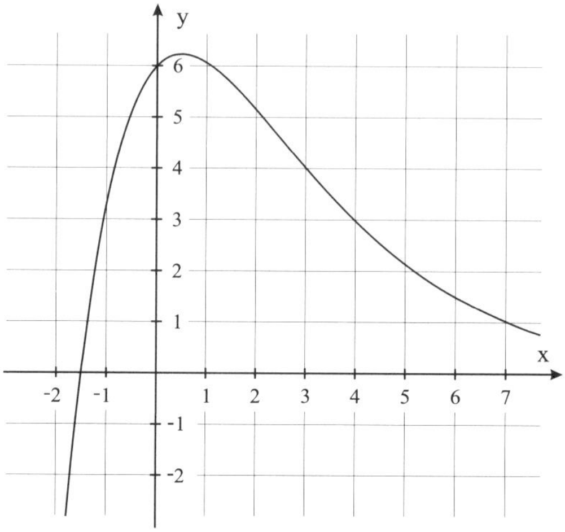

a) Den Schnittpunkt mit der y-Achse erhält man, indem man $x = 0$ in $f(x)$ einsetzt:
$f(0) = (4 \cdot 0 + 6)e^{-0,5 \cdot 0} = 6 \cdot e^0 = 6 \cdot 1 = 6 \Rightarrow S_y(0 \mid 6)$.
Den Schnittpunkt mit der x-Achse erhält man, indem man $f(x) = 0$ setzt:
$(4x+6)e^{-0,5x} = 0$ bzw. $4x + 6 = 0 \Rightarrow x = -1,5 \Rightarrow N(-1,5 \mid 0)$.
Für die Extrempunkte benötigt man die 1. und 2. Ableitung. Diese bestimmt man mithilfe der Produkt- und Kettenregel:

$$f'(x) = 4e^{-0,5x} + (4x+6)e^{-0,5x} \cdot (-0,5) = (-2x+1)e^{-0,5x}$$

$$f''(x) = -2e^{-0,5x} + (-2x+1)e^{-0,5x} \cdot (-0,5) = (x-2,5)e^{-0,5x}$$

Für Extrempunkte gilt: $f'(x) = 0$
$(-2x+1)e^{-0,5x} = 0 \Rightarrow -2x+1 = 0 \Rightarrow x = 0,5$
Der zugehörige y-Wert ist: $y = f(0,5) = (4 \cdot 0,5 + 6)e^{-0,5 \cdot 0,5} \approx 6,23$.
Um die Art des Extrempunkts zu bestimmen, setzt man $x = 0,5$ in $f''(x)$ ein:
$f''(0,5) = (0,5 - 2,5)e^{-0,5 \cdot 0,5} < 0 \Rightarrow H(0,5 \mid 6,23)$.
Zur Bestimmung der Asymptoten schreibt man $f(x)$ zunächst als Bruch: $f(x) = \frac{4x+6}{e^{0,5x}}$
Nun betrachtet man $x \to \pm\infty$:
$x \to \infty \Rightarrow f(x) \to 0$, weil $e^{0,5x}$ im Nenner stärker wächst als $4x+6$ im Zähler. Also ist die x-Achse waagerechte Asymptote ($y = 0$).
$x \to -\infty \Rightarrow f(x) \to -\infty$, weil der Zähler gegen $-\infty$ und der Nenner gegen Null geht, also gibt es keine weiteren Asymptoten.

b) Um die Tangentengleichung im Punkt $B(0 \mid f(0))$ zu bestimmen, benötigt man zuerst die Steigung der Kurve m_t im Punkt B. Diese erhält man, indem man den x-Wert von B in $f'(x)$ einsetzt:

$m_t = f'(0) = (-2 \cdot 0 + 1)e^{-0,5 \cdot 0} = 1$

Setzt man B$(0 \mid 6)$ und $m_t = 1$ in die Punkt-Steigungsform $y - y_1 = m \cdot (x - x_1)$ ein, so erhält man die Gleichung der Tangente in B:

$t\colon\ y - 6 = 1 \cdot (x - 0) \Rightarrow y = x + 6.$

Die Steigung der Normalen m_n ist der negative Kehrwert von m_t, also $m_n = -1$.

Setzt man B$(0 \mid 6)$ und $m_n = -1$ in die Punkt-Steigungsform $y - y_1 = m \cdot (x - x_1)$ ein, so erhält man die Gleichung der Normalen in B:

$n\colon\ y - 6 = -1 \cdot (x - 0) \Rightarrow y = -x + 6.$

Schneidet man t mit der x-Achse, so ist $y = 0$ bzw. $0 = x + 6 \Rightarrow x = -6 \Rightarrow$ F$(-6 \mid 0)$.

Schneidet man n mit der x-Achse, so ist $y = 0$ bzw. $0 = -x + 6 \Rightarrow x = 6 \Rightarrow$ G$(6 \mid 0)$.

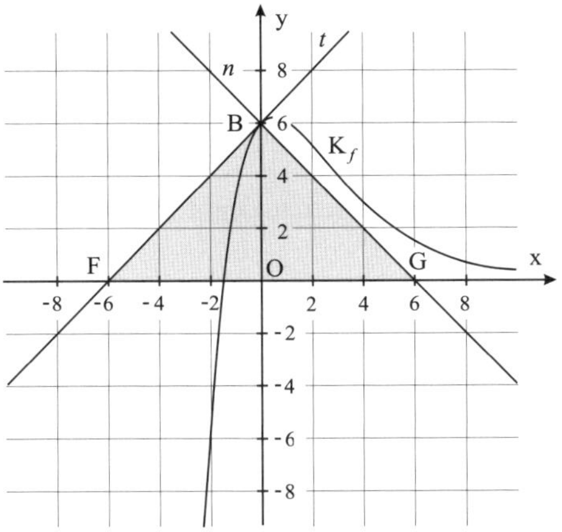

Das Dreieck BFG hat die Grundseite $g = \overline{FG} = 12$ und die Höhe $h = \overline{OB} = 6$.

Somit ist der Flächeninhalt A_1 des Dreiecks BFG: $A_1 = \frac{1}{2} \cdot g \cdot h = \frac{1}{2} \cdot 12 \cdot 6 = 36$ FE.

Um zu zeigen, dass $F(x) = (-28 - 8x)e^{-0,5x}$ eine Stammfunktion von f ist, bestimmt man die 1. Ableitung von F:

$$F'(x) = -8e^{-0,5x} + (-28 - 8x)e^{-0,5x} \cdot (-0,5)$$
$$= (-8 + 14 + 4x)e^{-0,5x} = (4x + 6)e^{-0,5x} = f(x)$$

Den Flächeninhalt A_2 der Fläche zwischen K_f und den Koordinatenachsen im 2. Quadranten berechnet man mithilfe des Integrals, dabei wird die angegebene Stammfunktion $F(x)$ verwendet. Als Integrationsgrenzen wählt man die x-Koordinaten der Schnittpunkte von $f(x)$ mit den Koordinatenachsen: $x = -1,5$ bzw. $x = 0$:

$$A_2 = \int_{-1,5}^{0} f(x)\,dx = \int_{-1,5}^{0} (4x + 6)e^{-0,5x}dx = \Big[F(x)\Big]_{-1,5}^{0} = \Big[(-28 - 8x)e^{-0,5x}\Big]_{-1,5}^{0}$$
$$= ((-28 - 8 \cdot 0)e^{-0,5 \cdot 0}) - \Big((-28 - 8 \cdot (-1,5))e^{-0,5 \cdot (-1,5)}\Big)$$
$$= (-28) - ((-28 + 12)e^{0,75}) \approx 5,87$$

Der Flächeninhalt beträgt 5,9 FE.

c) Da natürlicher exponentieller Zerfall angenommen wird, kann man für $J(t)$ folgenden Ansatz wählen:
$J(t) = a \cdot e^{-kt}$; $k > 0$
Setzt man die gegebenen Werte in $J(t)$ ein, so erhält man:
$J(0) = 30$ bzw.

$$a \cdot e^{-k \cdot 0} = 30 \Rightarrow a = 30$$

$J(5) = 22$ bzw.

$$30 \cdot e^{-k \cdot 5} = 22 \Rightarrow k = \frac{\ln(\frac{22}{30})}{-5} \approx 0,0620$$

Also ist die gesuchte Funktionsgleichung: $J(t) = 30 \cdot e^{-0,0620t}$.
Die Jodmenge nach einer Woche erhält man, indem man $t = 7$ in $J(t)$ einsetzt:
$J(7) = 30 \cdot e^{-0,0620 \cdot 7} \approx 19,44$
Nach 7 Tagen sind noch etwa 19,44 mg Jod 131 vorhanden.

Die Halbwertszeit erhält man, indem man den Zeitpunkt bestimmt, zu dem noch die Hälfte der Anfangsmenge vorhanden ist:

$$15 = 30 \cdot e^{-0,0620t} \Rightarrow t = \frac{\ln(\frac{15}{30})}{-0,0620} \approx 11,18$$

Die Halbwertszeit beträgt etwa 11,2 Tage.

Um den Zeitpunkt zu bestimmen, bei dem 80 % der Ausgangssubstanz (30 mg) zerfallen sind, berechnet man den Zeitpunkt, an dem noch 20 % der Ausgangsmenge (20 % von 30 mg = 6 mg) vorhanden sind:

$$6 = 30 \cdot e^{-0,0620t} \Rightarrow t = \frac{\ln(\frac{6}{30})}{-0,0620} \approx 25,96$$

Nach etwa 26 Tagen sind 80 % der Ausgangsmenge zerfallen.

5 Exponentialfunktion – Bakterien

a) Es ist $f(x) = (2x+3)\cdot e^{-x}$.

Die Ableitungen erhält man mithilfe der Produkt- und Kettenregel:

$f'(x) = 2\cdot e^{-x} + (2x+3)\cdot e^{-x}\cdot(-1) = (-2x-1)\cdot e^{-x}$

$f''(x) = -2\cdot e^{-x} + (-2x-1)\cdot e^{-x}\cdot(-1) = (2x-1)\cdot e^{-x}$

$f'''(x) = 2\cdot e^{-x} + (2x-1)\cdot e^{-x}\cdot(-1) = (-2x+3)\cdot e^{-x}$.

Den Schnittpunkt S mit der y-Achse erhält man durch Einsetzen von $x = 0$ in $f(x)$:

$f(0) = (2\cdot 0+3)\cdot e^{-0} = 3 \Rightarrow \mathrm{S}\,(0\mid 3)$.

Den Schnittpunkt N mit der x-Achse erhält man durch $f(x) = 0$:

$(2x+3)\cdot e^{-x} = 0$ führt zu $2x+3 = 0$ mit $x = -\frac{3}{2} \Rightarrow \mathrm{N}\left(-\frac{3}{2}\mid 0\right)$.

Den Extrempunkt erhält man durch $f'(x) = 0$:

$(-2x-1)e^{-x} = 0$ führt zu $-2x-1 = 0$ mit $x = -\frac{1}{2}$. Setzt man $x = -\frac{1}{2}$ in $f(x)$ ein, so erhält man den y-Wert $f(-\frac{1}{2}) = 2e^{\frac{1}{2}}$. Zur Überprüfung der Art des Extrempunkts setzt man $x = -\frac{1}{2}$ in $f''(x)$ ein: $f''\left(-\frac{1}{2}\right) = -2e^{\frac{1}{2}} < 0 \Rightarrow \mathrm{H}(-\frac{1}{2}\mid 2e^{\frac{1}{2}})$.

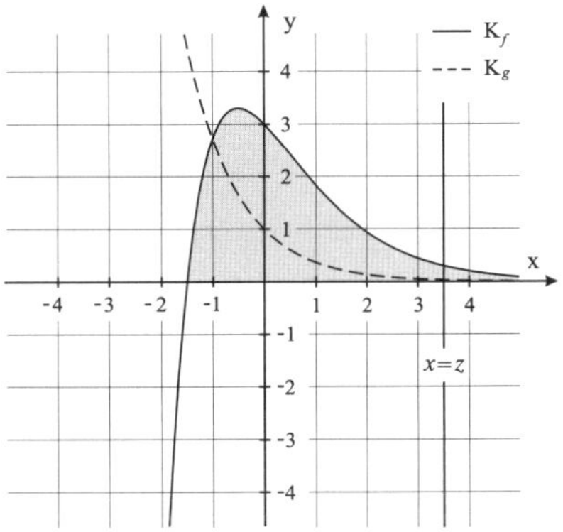

Den Wendepunkt erhält man, indem man die 2. Ableitung gleich Null setzt: $f''(x) = 0$ führt zu: $(2x-1)\cdot e^{-x} = 0$ bzw. $2x-1 = 0$ mit $x = \frac{1}{2}$. Setzt man $x = \frac{1}{2}$ in $f(x)$ ein, so erhält man den y-Wert $f\left(\frac{1}{2}\right) = 4e^{-\frac{1}{2}}$. Setzt man $x = \frac{1}{2}$ in $f'''(x)$ ein, erhält man: $f'''\left(\frac{1}{2}\right) = 2e^{-\frac{1}{2}} \neq 0$ $\Rightarrow \mathrm{W}\left(\frac{1}{2}\mid 4e^{-\frac{1}{2}}\right)$. Für $x \to \infty$ geht $f(x) \to 0$, also ist $y = 0$ eine waagrechte Asymptote.

b) Um P und Q zu erhalten, setzt man u in $f(x)$ und $g(x)$ ein und erhält:

$\mathrm{P}(u\mid f(u))$ bzw. $\mathrm{P}(u\mid (2u+3)e^{-u})$ und $\mathrm{Q}(u\mid g(u))$ bzw. $\mathrm{Q}(u\mid e^{-u})$.

Die Länge der Strecke PQ ist der Abstand d der beiden Punkte:

$d(u) = f(u) - g(u) = (2u+3)e^{-u} - e^{-u} = (2u+2)e^{-u}$.

Um das Maximum zu erhalten, leitet man $d(u)$ zwei Mal mithilfe von Produkt- und Kettenregel ab:

$d'(u) = 2e^{-u} + (2u+2)e^{-u}\cdot(-1) = -2ue^{-u}$

$d''(u) = -2e^{-u} + \left(-2ue^{-u}\cdot(-1)\right) = (2u-2)e^{-u}$

Setzt man nun $d'(u) = 0$, so erhält man $-2ue^{-u} = 0$, was zu $u = 0$ führt.

Setzt man $u = 0$ in $d''(u)$ ein, so erhält man $d''(0) = (2 \cdot 0 - 2)e^{-0} = -2 < 0$, also erhält man ein Maximum für $u = 0$.
Die maximale Länge erhält man durch Einsetzen von $u = 0$ in $d(u)$:
$d(0) = (2 \cdot 0 + 2)e^{-0} = 2$. Somit beträgt die maximale Länge der Strecke PQ 2 LE.

c) Für das Wachstumsgesetz wählt man den Ansatz $\mathrm{B}(t) = a \cdot e^{kt}$, da es sich um natürliches exponentielles Wachstum handelt.
Da $\mathrm{B}(0) = 500$ und nach einer Stunde $\mathrm{B}(1) = 500 + \frac{30}{100} \cdot 500 = 650$, gelten folgende Gleichungen:

$$\begin{array}{lll} \text{I} & a \cdot e^{k \cdot 0} & = 500 \\ \text{II} & a \cdot e^{k \cdot 1} & = 650 \end{array}$$

Gleichung I führt zu $a = 500$; setzt man dies in Gleichung II ein, so ergibt sich $500 \cdot e^k = 650$ bzw. $k = \ln\left(\frac{650}{500}\right) \approx 0,2624$.
Somit lautet das Wachstumsgesetz: $\mathrm{B}(t) = 500 \cdot e^{0,2624 \cdot t}$.

Für $t = 6$ gilt: $\mathrm{B}(6) = 500 \cdot e^{0,2624 \cdot 6} \approx 2414$.
Nach 6 Stunden sind ca. 2414 Bakterien vorhanden.

Die Zeit, nach der sich die Anzahl der Bakterien verdreifacht (Anzahl = 1500) hat, erhält man durch die Gleichung:
$1500 = \mathrm{B}(t)$ bzw. $1500 = 500 \cdot e^{0,2624 \cdot t}$ mit $t = \frac{\ln 3}{0,2624} \approx 4,2$.
Nach etwa 4,2 Stunden hat sich die Anzahl der Bakterien verdreifacht.

Zum Zeitpunkt, zu dem erstmals die Bakterienanzahl weniger als die Anzahl zu Beginn der Beobachtung (500) betragen soll, muss gelten:

$$500 = 2414 \cdot e^{-0,8755 \cdot (t-6)}$$
$$\Rightarrow \ln\left(\frac{500}{2414}\right) = -0,8755 \cdot (t-6)$$
$$\Rightarrow t = 6 + \frac{\ln\left(\frac{500}{2414}\right)}{-0,8755} \approx 7,8$$

Nach etwa 7,8 Stunden gibt es weniger als 500 Bakterien.

6 Exponentialfunktion – Grippe

Es ist $f(t) = 4t \cdot e^{-0,5t} + 36,6$; $t > 0$ (t in Tagen, $f(t)$ in °C) mit $f'(t) = (4-2t) \cdot e^{-0,5t}$.

a) • Die höchste Körpertemperatur der Schülerin während des Infektes erhält man, indem man die Koordinaten des Hochpunkts des Graphen von f mit der 1. und 2. Ableitung von f berechnet, die man mit der Produkt- und Kettenregel bestimmt:

$$f'(t) = (4-2t) \cdot e^{-0,5t}$$
$$f''(t) = -2 \cdot e^{-0,5t} + (4-2t) \cdot e^{-0,5t} \cdot (-0,5) = (-4+t) \cdot e^{-0,5t}$$

Als notwendige Bedingung löst man die Gleichung $f'(t) = 0$ nach t auf. Da $e^{-0,5t} \neq 0$ ist, gilt:

$$(4-2t) \cdot e^{-0,5t} = 0 \Rightarrow 4-2t = 0 \Rightarrow t = 2$$

Setzt man $t = 2$ in $f''(t)$ ein, ergibt sich:

$$f''(2) = (-4+2) \cdot e^{-0,5 \cdot 2} = -2e^{-1} < 0 \Rightarrow \text{lokaler Hochpunkt}$$

Da keine weiteren Extremstellen vorliegen, liegt an dieser Stelle das absolute Maximum.

Den zugehörigen y-Wert erhält man, indem man $t = 2$ in $f(t)$ einsetzt:

$$y = f(2) = 4 \cdot 2 \cdot e^{-0,5 \cdot 2} + 36,6 \approx 39,54 \Rightarrow \text{H}(2 \mid 39,54)$$

Somit beträgt die höchste Körpertemperatur der Schülerin während des Infekts etwa 39,5°C.

• Die Koordinaten des Wendepunktes W des Graphen von f erhält man mit der 2. Ableitung von f. Als notwendige Bedingung löst man die Gleichung $f''(t) = 0$ nach t auf. Da $e^{-0,5t} \neq 0$ ist, gilt:

$$(-4+t) \cdot e^{-0,5t} = 0 \Rightarrow -4+t = 0 \Rightarrow t = 4$$

Da f'' bei $t = 4$ einen Vorzeichenwechsel von − nach + hat, handelt es sich um eine Wendestelle.

Den zugehörigen y-Wert erhält man, indem man $t = 4$ in $f(t)$ einsetzt:

$$y = f(4) = 4 \cdot 4 \cdot e^{-0,5 \cdot 4} + 36,6 \approx 38,77 \Rightarrow \text{W}(4 \mid 38,77)$$

Somit hat der Wendepunkt die Koordinaten W$(4 \mid 38,77)$.

Damit ändert sich die Körpertemperatur der Schülerin vier Tage nach dem Auftreten des Infekts am stärksten. Sie beträgt zu diesem Zeitpunkt etwa 38,8°C.

frv.tv/cf

- Zum Skizzieren des Graphen der Funktion d mit $d(t) = 4t \cdot e^{-0,5t}$ im Intervall $[0; 10]$ erstellt man mithilfe des Taschenrechners eine Wertetabelle:

t	0	1	2	3	4	5	6	7	8	9	10
$d(t)$	0	2,43	2,94	2,68	2,17	1,64	1,19	0,85	0,59	0,40	0,27

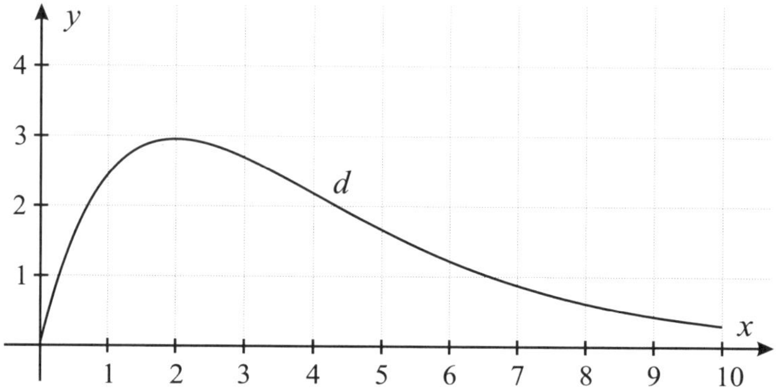

Wegen $d(t) = f(t) - 36,6$ gibt die Funktion d die Differenz der Körpertemperatur während des Infekts zu $36,6°C$ (Normaltemperatur) an, also die Erhöhung der Körpertemperatur während des Infekts.

b) - Um zu zeigen, dass $F(t) = (-8t - 16) \cdot e^{-0,5t} + 36,6t$ eine mögliche Stammfunktion von f ist, leitet man F mit Hilfe der Produkt- und Kettenregel ab:

$$\begin{aligned} F'(t) &= -8 \cdot e^{-0,5t} + (-8t - 16) \cdot e^{-0,5t} \cdot (-0,5) + 36,6 \\ &= (-8 + 4t + 8) \cdot e^{-0,5t} + 36,6 \\ &= 4t \cdot e^{-0,5t} + 36,6 \\ &= f(t) \end{aligned}$$

Wegen $F'(t) = f(t)$ ist F eine Stammfunktion von f.

- Die durchschnittliche Körpertemperatur $\overline{T}$ der Schülerin innerhalb der ersten Woche, also für $t \in [0; 7]$, erhält man mithilfe eines Integrals unter Verwendung des Taschenrechners:

frv.tv/ce

$$\overline{T} = \frac{1}{7-0} \int_0^7 f(t)\mathrm{d}t = \frac{1}{7} \int_0^7 \left(4t \cdot e^{-0,5t} + 36,6\right) \mathrm{d}t \approx 38,58$$

Somit beträgt die durchschnittliche Körpertemperatur innerhalb der ersten Woche des Infekts etwa $38,6°C$.

- Die Temperatur, die zu einem bestimmten Zeitpunkt t und dann genau zwei Tage später $(t+2)$ erneut erreicht wird, erhält man, indem man folgende Gleichung löst:

$$\begin{aligned}
f(t) &= f(t+2) \\
4t \cdot e^{-0,5t} + 36,6 &= 4 \cdot (t+2) \cdot e^{-0,5 \cdot (t+2)} + 36,6 \\
4t \cdot e^{-0,5t} &= (4t+8) \cdot e^{-0,5t-1} \\
4t \cdot e^{-0,5t} &= (4t+8) \cdot e^{-0,5t} \cdot e^{-1} \\
4t &= (4t+8) \cdot e^{-1} \\
4t &= 4t \cdot e^{-1} + 8 \cdot e^{-1} \\
4t - 4t \cdot e^{-1} &= 8 \cdot e^{-1} \\
t \cdot \left(4 - 4 \cdot e^{-1}\right) &= 8 \cdot e^{-1} \\
t &= \frac{8 \cdot e^{-1}}{4 - 4 \cdot e^{-1}} \\
t &\approx 1,16
\end{aligned}$$

Alternativ kann man die Gleichung

$$4t \cdot e^{-0,5t} + 36,6 = 4 \cdot (t+2) \cdot e^{-0,5 \cdot (t+2)} + 36,6$$

auch mithilfe des Taschenrechners lösen. Man erhält auch hier $t \approx 1,16$.
Damit wird nach etwa 1,2 und nach etwa 3,2 Tagen dieselbe Temperatur erreicht.
Die zugehörige Temperatur T erhält man, indem man $t \approx 1,16$ in $f(t)$ einsetzt:

$$\mathrm{T} \approx f(1,16) = 4 \cdot 1,16 \cdot e^{-0,5 \cdot 1,16} + 36,6 \approx 39,20$$

Somit wird nach etwa 1,2 und nach etwa 3,2 Tagen eine Körpertemperatur von etwa 39,2°C erreicht.

c) Es ist $h_k(t) = \frac{2}{k} \cdot t \cdot e^{-kt} + 36,6;\; k > 0$.

- Die Koordinaten des Hochpunkts H_k erhält man mithilfe der 1. und 2. Ableitung von $h_k(t)$, die man mit der Produkt- und Kettenregel bestimmt:

$$h_k{}'(t) = \frac{2}{k} \cdot e^{-kt} + \frac{2}{k} \cdot t \cdot e^{-kt} \cdot (-k) = \left(\frac{2}{k} - 2t\right) \cdot e^{-kt}$$

$$h_k{}''(t) = -2 \cdot e^{-kt} + \left(\frac{2}{k} - 2t\right) \cdot e^{-kt} \cdot (-k) = (-4 + 2kt) \cdot e^{-kt}$$

Als notwendige Bedingung löst man die Gleichung ${h_k}'(t) = 0$ nach t auf:

$$\left(\frac{2}{k} - 2t\right) \cdot e^{-kt} = 0 \Rightarrow \frac{2}{k} - 2t = 0 \Rightarrow t = \frac{1}{k}$$

Setzt man $t = \frac{1}{k}$ in ${h_k}''(t)$ ein, ergibt sich:

$${h_k}''\left(\frac{1}{k}\right) = \left(-4 + 2k \cdot \frac{1}{k}\right) \cdot e^{-k \cdot \frac{1}{k}} = -2e^{-1} < 0 \Rightarrow \text{lokaler Hochpunkt}$$

Da keine weiteren Extremstellen vorliegen, liegt an dieser Stelle das absolute Maximum.
Den zugehörigen y-Wert erhält man, indem man $t = \frac{1}{k}$ in $h_k(t)$ einsetzt:

$$y = h_k\left(\frac{1}{k}\right) = \frac{2}{k} \cdot \frac{1}{k} \cdot e^{-k \cdot \frac{1}{k}} + 36{,}6 = \frac{2}{k^2} \cdot e^{-1} + 36{,}6 = \frac{2}{ek^2} + 36{,}6$$

Somit hat der Hochpunkt H_k die Koordinaten $\mathrm{H}_k\left(\frac{1}{k} \mid \frac{2}{ek^2} + 36{,}6\right)$.

- Um diejenigen Werte des Parameters k, für die der Krankheitsverlauf kritisch wird, zu bestimmen, betrachtet man die y-Werte von H_k, die größer oder gleich 41 sind. Also löst man folgende Ungleichung:

$$\begin{aligned} \frac{2}{ek^2} + 36{,}6 &\geqslant 41 \\ \frac{2}{ek^2} &\geqslant 4{,}4 \\ \frac{2}{4{,}4e} &\geqslant k^2 \\ \sqrt{\frac{2}{4{,}4e}} &\geqslant |k| \end{aligned}$$

Wegen $k > 0$ wird der Krankheitsverlauf für $0 < k \leqslant \sqrt{\frac{2}{4{,}4e}}$ kritisch.

7 Trigonometrische Funktion – Sonnenschein

a) Für $S(t) = a + b \cdot \sin\left(\frac{\pi}{6} \cdot t\right)$ werden die Koeffizienten $a, b \in \mathbb{R}$ mithilfe der gegebenen Daten durch Aufstellen zweier Gleichungen bestimmt:
Im März ist $t = -1$, im Mai ist $t = 1$, also:

$$\begin{array}{lllll} \text{I} & S(-1) = 100 \Rightarrow & a + b \cdot \sin\left(\frac{\pi}{6} \cdot (-1)\right) = 100 \Rightarrow & a - 0{,}5b = 100 \\ \text{II} & S(1) = 200 \Rightarrow & a + b \cdot \sin\left(\frac{\pi}{6} \cdot 1\right) = 200 \Rightarrow & a + 0{,}5b = 200 \end{array}$$

Subtrahiert man I von II, ergibt sich $b = 100$.

Setzt man $b = 100$ in I ein, erhält man: $a - 0{,}5 \cdot 100 = 100 \Rightarrow a = 150$.

Somit erhält man als Funktionsgleichung:

$$S(t) = 150 + 100 \cdot \sin\left(\frac{\pi}{6} \cdot t\right)$$

Für Oktober gilt $t = 6$, somit ist $S(6) = 150 + 100 \cdot \sin\left(\frac{\pi}{6} \cdot 6\right) = 150$.
Im Oktober scheint die Sonne 150 Stunden.

b) Wenn in Freiburg im Oktober die Sonne tatsächlich 156 Stunden scheint, beträgt die Differenz zum Modell 6 Stunden; also ist die prozentale Abweichung vom Modell zur Wirklichkeit

$$\frac{6}{156} \approx 0{,}03846 \approx 3{,}8\,\%$$

Den Wertebereich von S erhält man durch Betrachtung der Extremwerte von $S(t)$:
Wegen $-1 \leqslant \sin x \leqslant 1$ erhält man als Minimum $150 + 100 \cdot (-1) = 50$ und als Maximum $150 + 100 \cdot 1 = 250$.
Der Wertebereich von S ist somit $[50; 250]$.

c) Man erhält den Zeitraum, in welchem die Sonne mehr als 235 Stunden pro Monat scheint, indem man die Ungleichung $S(t) > 235$ löst:

$$150 + 100 \cdot \sin\left(\frac{\pi}{6} \cdot t\right) > 235 \Leftrightarrow \sin\left(\frac{\pi}{6} \cdot t\right) > \frac{85}{100} = \frac{17}{20}$$

Substituiert man $w = \frac{\pi}{6} \cdot t$, folgt weiter: $\sin w > \frac{17}{20}$
Wegen des Verlaufs der Sinusfunktion und $\sin x = \sin(\pi - x)$ für $0 \leqslant x \leqslant \pi$ erhält man mit $w = \sin^{-1}\left(\frac{17}{20}\right) \approx 1{,}016$ als Lösungen:

$$1{,}016 < w < \pi - 1{,}016 \approx 2{,}126$$

Die Resubstitution $\frac{\pi}{6} \cdot t = w$ liefert:

$$1,016 < \frac{\pi}{6} \cdot t < 2,126 \Leftrightarrow \frac{1,016 \cdot 6}{\pi} < t < \frac{2,126 \cdot 6}{\pi} \Rightarrow 1,94 < t < 4,06$$

Damit scheint die Sonne in Freiburg etwa zwischen Juni ($t_1 \approx 2$) und August ($t_2 \approx 4$) mehr als 235 Stunden pro Monat.

d) Die Änderung der Sonnenscheindauer ist $S'(t) = 100 \cdot \cos\left(\frac{\pi}{6} \cdot t\right) \cdot \frac{\pi}{6} = \frac{50}{3}\pi \cdot \cos\left(\frac{\pi}{6} \cdot t\right)$. Die Extremwerte von $S'(t)$ erhält man mithilfe der 1. und 2. Ableitung von $S'(t)$, also $S''(t)$ und $S'''(t)$:

$$S''(t) = -\frac{50\pi}{3} \cdot \sin\left(\frac{\pi}{6} \cdot t\right) \cdot \frac{\pi}{6} = -\frac{25\pi^2}{9} \cdot \sin\left(\frac{\pi}{6} \cdot t\right)$$
$$S'''(t) = -\frac{25\pi^2}{9} \cdot \cos\left(\frac{\pi}{6} \cdot t\right) \cdot \frac{\pi}{6} = -\frac{25\pi^3}{54} \cdot \cos\left(\frac{\pi}{6} \cdot t\right)$$

Die notwendige Bedingung $S''(t) = 0$ führt zu $-\frac{25\pi^2}{9} \cdot \sin\left(\frac{\pi}{6} \cdot t\right) = 0$ bzw. $\sin\left(\frac{\pi}{6} \cdot t\right) = 0$ Substituiert man $z = \frac{\pi}{6} \cdot t$, so erhält man $\sin z = 0$ mit den Lösungen $z_k = k \cdot \pi;\, k \in \mathbb{Z}$. Die Resubstitution $\frac{\pi}{6} \cdot t = z$ ergibt:

$$\frac{\pi}{6} \cdot t = 0 \Rightarrow t_1 = 0$$
$$\frac{\pi}{6} \cdot t = \pi \Rightarrow t_2 = 6$$

Weitere Lösungen sind nicht relevant, da sich dieselben Monate ergeben. Setzt man $t_1 = 0$ und $t_2 = 6$ in $S'''(t)$ ein, so ergibt sich:

$$S'''(0) = -\frac{25\pi^3}{54} \cdot \cos\left(\frac{\pi}{6} \cdot 0\right) = -\frac{25\pi^3}{54} < 0 \Rightarrow \text{ Maximum}$$
$$S'''(6) = -\frac{25\pi^3}{54} \cdot \cos\left(\frac{\pi}{6} \cdot 6\right) = \frac{25\pi^3}{54} > 0 \Rightarrow \text{ Minimum}$$

Somit ändert sich die Sonnenscheindauer am raschesten im April ($t = 0$) und im Oktober ($t = 6$).

8 Trigonometrische Funktion – Luftvolumen der Lunge

Es ist $f(t) = 2 \cdot \sin\left(\frac{2}{5}\pi \cdot t\right)$; $t \geqslant 0$.

a) Da $f(t)$ die Änderungsrate des Luftvolumens in der Lunge beschreibt, kann durch $\mathrm{F}(t)$ das Luftvolumen selbst beschrieben werden, da nach dem Haupsatz der Differential- und Integralrechnung $\mathrm{F}'(t) = f(t)$ gilt und sich die momentane Änderungsrate einer Funktion immer als deren erste Ableitung ergibt.

$$\begin{aligned}
\mathrm{F}(t) &= \int_0^t f(x)\mathrm{d}x \\
&= \int_0^t 2 \cdot \sin\left(\frac{2}{5}\pi \cdot x\right) \mathrm{d}x \\
&= \left[-2 \cdot \cos\left(\frac{2}{5}\pi \cdot x\right) \cdot \frac{1}{\frac{2}{5}\pi}\right]_0^t \\
&= \left[-\frac{5}{\pi} \cdot \cos\left(\frac{2}{5}\pi \cdot x\right)\right]_0^t \\
&= -\frac{5}{\pi} \cdot \cos\left(\frac{2}{5}\pi \cdot t\right) - \left(-\frac{5}{\pi} \cdot \cos\left(\frac{2}{5}\pi \cdot 0\right)\right) \\
&= -\frac{5}{\pi} \cdot \cos\left(\frac{2}{5}\pi \cdot t\right) + \frac{5}{\pi}
\end{aligned}$$

Damit ist also $\mathrm{F}(t) = -\frac{5}{\pi} \cdot \cos\left(\frac{2}{5}\pi \cdot t\right) + \frac{5}{\pi}$; $t \geqslant 0$.

b) Beim Einatmen nimmt das Luftvolumen in der Lunge zu, beim Ausatmen nimmt es wieder ab. Das Luftvolumen kann aber nicht negativ werden, also kommt nur Kurve 1 für den zeitlichen Verlauf des Luftvolumens in Frage. Die Kurve 2 beschreibt die momentane Änderungsrate des Luftvolumens, d.h. Kurve 2 ist die grafische Ableitung von Kurve 1.
Die Periodenlänge der Funktionen, welche die Änderungsrate des Luftvolumens und auch des Luftvolumens beschreiben, ist $p = \frac{2\pi}{\frac{2}{5}\pi} = 5$.
Laut Aufgabenstellung hat das Luftvolumen zu Beginn $t = 0$ und wegen der Periode $p = 5$ auch nach 5 Sekunden den Wert 0, ist dann also minimal.
An der Stelle $t = 2{,}5$ hat $f(t)$ eine Nullstelle mit Vorzeichenwechsel von $+$ nach $-$, dies ist die hinreichende Bedingung dafür, dass $\mathrm{F}(t)$ an dieser Stelle ein Maximum besitzt:

$$\mathrm{V}_{\max} = \mathrm{F}(2{,}5) = -\frac{5}{\pi} \cdot \cos\left(\frac{2}{5}\pi \cdot 2{,}5\right) + \frac{5}{\pi} = -\frac{5}{\pi} \cdot (-1) + \frac{5}{\pi} = \frac{10}{\pi} \approx 3{,}2$$

Somit beträgt das maximale Luftvolumen in der Lunge etwa 3,2 Liter, das minimale Luftvolumen beträgt 0 Liter.

Um die Zeitpunkte während des Intervalls $[0;5]$ zu bestimmen, zu denen die Lunge die Hälfte des maximalen Luftvolumens $\frac{\frac{10}{\pi}}{2} = \frac{5}{\pi}$, enthält, löst man die Gleichung $\mathrm{F}(t) = \frac{5}{\pi}$:

$$-\frac{5}{\pi} \cdot \cos\left(\frac{2}{5}\pi \cdot t\right) + \frac{5}{\pi} = \frac{5}{\pi} \Leftrightarrow \cos\left(\frac{2}{5}\pi \cdot t\right) = 0$$

Damit muss wegen des Verlaufs der Cosinus-Funkion gelten:

$$\frac{2}{5}\pi \cdot t = \frac{\pi}{2} \Rightarrow t_1 = \frac{5}{4} = 1,25 \text{ oder } \frac{2}{5}\pi \cdot t = \frac{3}{2}\pi \Rightarrow t_2 = \frac{15}{4} = 3,75$$

Also enthält die Lunge nach 1,25 Sekunden und nach 3,75 Sekunden die Hälfte des maximalen Luftvolumens.

c) Das durchschnittliche Luftvolumen $\overline{\mathrm{V}}$ in der Lunge während des Zeitintervalls $[0; 5]$ erhält man durch Integration und anschließende Mittelwertbildung. Dabei wird die angegebene Regel verwendet:

$$\begin{aligned}
\overline{\mathrm{V}} &= \frac{1}{5} \cdot \int_0^5 \mathrm{F}(t)\mathrm{d}t \\
&= \frac{1}{5} \cdot \int_0^5 \left(-\frac{5}{\pi} \cdot \cos\left(\frac{2}{5}\pi \cdot t\right) + \frac{5}{\pi}\right)\mathrm{d}t \\
&= \frac{1}{5} \cdot \left[-\frac{5}{\pi} \cdot \sin\left(\frac{2}{5}\pi \cdot t\right) \cdot \frac{1}{\frac{2}{5}\pi} + \frac{5}{\pi} \cdot t\right]_0^5 \\
&= \frac{1}{5} \cdot \left[-\frac{25}{2\pi^2} \cdot \sin\left(\frac{2}{5}\pi \cdot t\right) + \frac{5}{\pi} \cdot t\right]_0^5 \\
&= \frac{1}{5} \cdot \left(-\frac{25}{2\pi^2} \cdot \sin\left(\frac{2}{5}\pi \cdot 5\right) + \frac{5}{\pi} \cdot 5 - \left(-\frac{25}{2\pi^2} \cdot \sin\left(\frac{2}{5}\pi \cdot 0\right) + \frac{5}{\pi} \cdot 0\right)\right) \\
&= \frac{1}{5} \cdot \frac{25}{\pi} = \frac{5}{\pi} \\
&\approx 1,6
\end{aligned}$$

Somit beträgt das durchschnittliche Luftvolumen in der Lunge während des Zeitintervalls $[0; 5]$ etwa 1,6 Liter.

Lineare Algebra/ Analytische Geometrie

9 Geometrie – Turm

a) Für die einzelnen Punkte ergeben sich folgende Koordinaten:
$A(8\,|\,0\,|\,0)$, $B(8\,|\,8\,|\,0)$, $C(0\,|\,8\,|\,0)$, $D(0\,|\,0\,|\,0)$, $E(8\,|\,0\,|\,18)$, $F(8\,|\,8\,|\,18)$, $G(0\,|\,8\,|\,18)$, $H(0\,|\,0\,|\,18)$, $S(4\,|\,4\,|\,24)$, $M(4\,|\,4\,|\,18)$.
Den Neigungswinkel des Daches bestimmt man mithilfe der Trigonometrie:

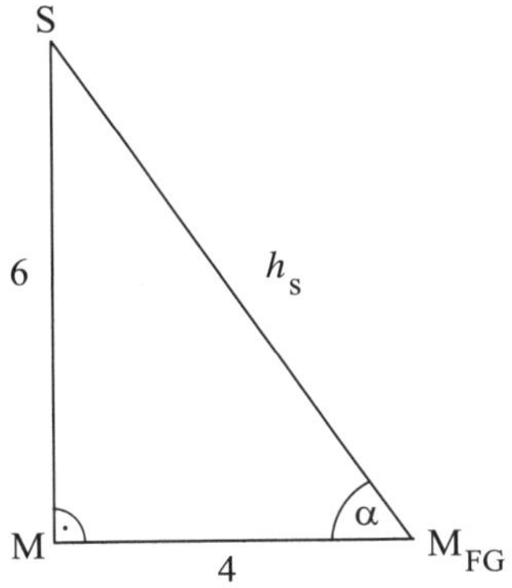

Es ist $\tan\alpha = \frac{6}{4} \Rightarrow \alpha \approx 56{,}31°$.
Für die Berechnung der Größe der Dachfläche ermittelt man zuerst die Dreiecksfläche einer Seitenfläche der Pyramide: $A_\triangle = \frac{1}{2}\cdot g\cdot h_s$.
Die Grundseite g ist 8 m lang, h_s erhält man mithilfe des Satzes des Pythagoras (siehe Skizze):
$h_s^2 = 4^2 + 6^2 \Rightarrow h_s = \sqrt{52} = 2\sqrt{13}$.
Für eine Dreiecksfläche ergibt sich
$A_\triangle = \frac{1}{2}\cdot 8\cdot 2\sqrt{13} = 8\sqrt{13}$.

Da die gesamte Dachfläche aus 4 kongruenten Dreiecken besteht, erhält man für die Größe der Dachfläche:
$A_{Dach} = 4\cdot A_\triangle = 4\cdot 8\cdot\sqrt{13} = 32\cdot\sqrt{13} \approx 115{,}4$.
Die Größe der Dachfläche beträgt somit etwa 115,4 m^2.

b) Um die Länge des Schattens zu bestimmen, braucht man den Schattenpunkt der Spitze des Fahnenmastes an der Wand und den Schattenpunkt am Übergang zwischen Boden und Wand.
Für die Spitze S' des Fahnenmastes ergibt sich: $S'(18\,|\,4\,|\,8)$.
Den Schattenpunkt Z' der Spitze S' an der Wand erhält man, indem mit S' und der Richtung des Sonnenlichtes eine Gerade g aufgestellt wird, welche mit der Turmebene ABFE mit der Gleichung $x_1 = 8$ geschnitten wird:

$g: \vec{x} = \begin{pmatrix} 18 \\ 4 \\ 8 \end{pmatrix} + t\cdot\begin{pmatrix} -10 \\ 1 \\ -2 \end{pmatrix}$; $t \in \mathbb{R}$ geschnitten mit $x_1 = 8$ führt zu $18 - 10t = 8 \Rightarrow t = 1$.

Setzt man $t = 1$ in g ein, so erhält man Z': $\vec{z'} = \begin{pmatrix} 18 \\ 4 \\ 8 \end{pmatrix} + 1\cdot\begin{pmatrix} -10 \\ 1 \\ -2 \end{pmatrix} = \begin{pmatrix} 8 \\ 5 \\ 6 \end{pmatrix}$
$\Rightarrow Z'(8\,|\,5\,|\,6)$.

Geht man von Z' aus vertikal bis zum Boden nach unten, so erhält man einen Schattenpunkt Z am Übergang zwischen Boden und Wand: $Z(8\,|\,5\,|\,0)$.
Die Länge des Schattens ergibt sich nun aus zwei Teilstrecken:

$l_1 = \overline{PZ}$ (Schattenlänge am Boden), $l_2 = \overline{ZZ'}$ (Schattenlänge an der Wand):

$$l_1 = \overline{PZ} = |\overrightarrow{PZ}| = \left| \begin{pmatrix} -10 \\ 1 \\ 0 \end{pmatrix} \right| = \sqrt{(-10)^2 + 1^2 + 0^2} = \sqrt{101},$$

$$l_2 = \overline{ZZ'} = |\overrightarrow{ZZ'}| = \left| \begin{pmatrix} 0 \\ 0 \\ 6 \end{pmatrix} \right| = \sqrt{0^2 + 0^2 + 6^2} = 6.$$

So ergibt sich für die Gesamtlänge l:

$l = l_1 + l_2 = \sqrt{101} + 6 \approx 16,05.$

Der Schatten hat eine Gesamtlänge von etwa 16,05 m.

c) Das Auge des Kindes befindet sich in der Ebene E^*: $x_3 = 1$. Es kann die Spitze S erstmals sehen, wenn das Auge sich in der Linie SF befindet, folglich ist die Gerade h durch S und F mit der Ebene E^* zu schneiden, um die Position des Kindes zu erhalten, wenn es die Turmspitze erstmals sehen kann:

$$h: \vec{x} = \begin{pmatrix} 8 \\ 8 \\ 18 \end{pmatrix} + t \cdot \begin{pmatrix} 4 \\ 4 \\ -6 \end{pmatrix}; t \in \mathbb{R} \text{ geschnitten mit } x_3 = 1 \text{ ergibt: } 18 - 6t = 1 \Rightarrow t = \tfrac{17}{6}.$$

Setzt man $t = \frac{17}{6}$ in h ein, so erhält man die Position des Kindes K:

$$\vec{k} = \begin{pmatrix} 8 \\ 8 \\ 18 \end{pmatrix} + \tfrac{17}{6} \cdot \begin{pmatrix} 4 \\ 4 \\ -6 \end{pmatrix} = \begin{pmatrix} \frac{58}{3} \\ \frac{58}{3} \\ 1 \end{pmatrix} \Rightarrow K\left(\tfrac{58}{3} \mid \tfrac{58}{3} \mid 1\right).$$

Alternativ erhält man den Punkt K, indem man die Gerade h durch S und F mit der Geraden, auf der sich das Kind bewegt, schneidet. Die Gerade k, auf der sich das Kind bewegt, verläuft durch die Punkte $D'(0 \mid 0 \mid 1)$ und $B'(8 \mid 8 \mid 1)$:

$$h: \vec{x} = \begin{pmatrix} 8 \\ 8 \\ 18 \end{pmatrix} + t \cdot \begin{pmatrix} 4 \\ 4 \\ -6 \end{pmatrix}, \qquad k: \vec{x} = \begin{pmatrix} 0 \\ 0 \\ 1 \end{pmatrix} + s \cdot \begin{pmatrix} 8 \\ 8 \\ 0 \end{pmatrix}; s, t \in \mathbb{R}.$$

$$h \cap k \text{ ergibt: } \begin{array}{rcrcl} 8 & + & 4t & = & 8s \\ 8 & + & 4t & = & 8s \\ 18 & - & 6t & = & 1 \end{array} \quad \text{mit den Lösungen } t = \tfrac{17}{6} \text{ und } s = \tfrac{29}{12}.$$

Eingesetzt in h bzw. k ergibt sich ebenfalls $K\left(\frac{58}{3} \mid \frac{58}{3} \mid 1\right)$.

Die Entfernung zur Turmkante BF erhält man, indem man zuerst den Punkt B' auf BF in Höhe 1 bestimmt und dann den Abstand zwischen B' und K berechnet: $B'(8 \mid 8 \mid 1)$,

$$d(B';K) = |\overrightarrow{B'K}| = \left| \begin{pmatrix} \frac{34}{3} \\ \frac{34}{3} \\ 0 \end{pmatrix} \right| = \sqrt{\left(\tfrac{34}{3}\right)^2 + \left(\tfrac{34}{3}\right)^2 + 0^2} \approx 16,03.$$

Die Entfernung des Kindes zur Turmkante beträgt ca. 16,03 m.

10 Geometrie – Pyramide

a) Die Verbindungsvektoren sind $\overrightarrow{AB} = \begin{pmatrix} 4 \\ -4 \\ 2 \end{pmatrix}$, $\overrightarrow{AC} = \begin{pmatrix} 6 \\ -3 \\ 0 \end{pmatrix}$ und $\overrightarrow{BC} = \begin{pmatrix} 2 \\ 1 \\ -2 \end{pmatrix}$.

Nimmt man als Spannvektoren $\frac{1}{2}\overrightarrow{AB} = \begin{pmatrix} 2 \\ -2 \\ 1 \end{pmatrix}$ und $\frac{1}{3}\overrightarrow{AC} = \begin{pmatrix} 2 \\ -1 \\ 0 \end{pmatrix}$, so erhält man als Normalenvektor (vergl. Seite 36):

$$\vec{n} = \begin{pmatrix} 2 \\ -2 \\ 1 \end{pmatrix} \times \begin{pmatrix} 2 \\ -1 \\ 0 \end{pmatrix} = \begin{pmatrix} 1 \\ 2 \\ 2 \end{pmatrix}.$$

Die Normalenform ist damit E: $(\vec{x} - \vec{a}) \cdot \vec{n} = 0$ bzw. E: $\left(\vec{x} - \begin{pmatrix} -3 \\ 1 \\ 2 \end{pmatrix}\right) \cdot \begin{pmatrix} 1 \\ 2 \\ 2 \end{pmatrix} = 0.$

Durch Ausrechnen erhält man als Koordinatengleichung: E: $x_1 + 2x_2 + 2x_3 - 3 = 0$

Da $\overrightarrow{AB} \cdot \overrightarrow{BC} = \begin{pmatrix} 4 \\ -4 \\ 2 \end{pmatrix} \cdot \begin{pmatrix} 2 \\ 1 \\ -2 \end{pmatrix} = 4 \cdot 2 + (-4) \cdot 1 + 2 \cdot (-2) = 8 - 4 - 4 = 0,$

ist das Dreieck ABC rechtwinklig (bei B).

Die Seitenlängen sind:

$\overline{AB} = \sqrt{4^2 + (-4)^2 + 2^2} = 6,$

$\overline{AC} = \sqrt{6^2 + (-3)^2 + 0^2} = \sqrt{45}$

$\overline{BC} = \sqrt{2^2 + 1^2 + (-2)^2} = 3$, daher ist das Dreick ABC nicht gleichschenklig.

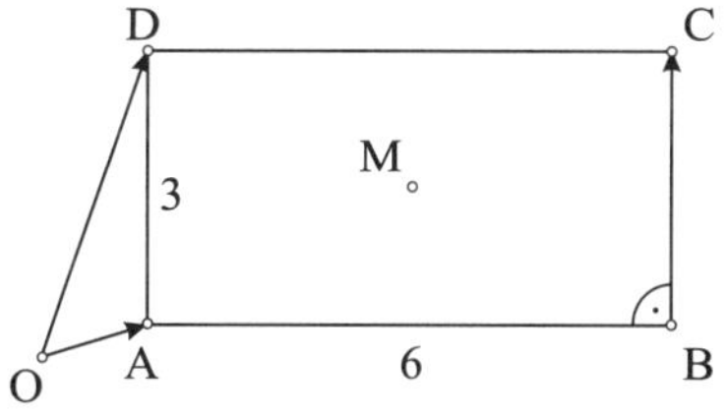

Für den Ortsvektor von D gilt folgende Vektorkette:

$$\overrightarrow{OD} = \overrightarrow{OA} + \overrightarrow{BC} = \begin{pmatrix} -3 \\ 1 \\ 2 \end{pmatrix} + \begin{pmatrix} 2 \\ 1 \\ -2 \end{pmatrix} = \begin{pmatrix} -1 \\ 2 \\ 0 \end{pmatrix} \Rightarrow D(-1 \mid 2 \mid 0).$$

b) Der Mittelpunkt M von AC hat die Koordinaten M $\left(\frac{-3+3}{2} \mid \frac{1-2}{2} \mid \frac{2+2}{2}\right) \Rightarrow M\left(0 \mid -\frac{1}{2} \mid 2\right)$.

Der Richtungsvektor der Geraden g ist der Vektor $\overrightarrow{SM} = \begin{pmatrix} -9 \\ -9,5 \\ 6 \end{pmatrix}$, der Normalenvektor der Ebene E ist der Vektor $\vec{n} = \begin{pmatrix} 1 \\ 2 \\ 2 \end{pmatrix}$. Somit gilt für den Winkel ε zwischen g und E:

$$\sin\varepsilon = \frac{|\overrightarrow{r_g}\cdot\vec{n}|}{|\overrightarrow{r_g}|\cdot|\vec{n}|} = \frac{\left|\begin{pmatrix} -9 \\ -9,5 \\ 6 \end{pmatrix}\cdot\begin{pmatrix} 1 \\ 2 \\ 2 \end{pmatrix}\right|}{\left|\begin{pmatrix} -9 \\ -9,5 \\ 6 \end{pmatrix}\right|\cdot\left|\begin{pmatrix} 1 \\ 2 \\ 2 \end{pmatrix}\right|} = \frac{|-9-19+12|}{\left|\sqrt{(-9)^2+(-9,5)^2+6^2}\right|\cdot\left|\sqrt{1^2+2^2+2^2}\right|} = \frac{16}{\sqrt{207,25\cdot 3}}$$

$\Rightarrow \varepsilon \approx 21,74°$

Das Volumen der Pyramide ist $V = \frac{1}{3}\cdot G\cdot h$.
Für die Grundfläche G gilt: $G = \overline{AB}\cdot\overline{BC} = 6\cdot 3 = 18$.
Die Höhe h ist der Abstand von S zu E, der mithilfe der Hesseschen Normalenform von E berechnet wird:

$$h = \frac{|1\cdot 9+2\cdot 9+2\cdot(-4)-3|}{\left|\begin{pmatrix} 1 \\ 2 \\ 2 \end{pmatrix}\right|} = \frac{16}{3}.$$

Somit gilt: $V = \frac{1}{3}\cdot 18\cdot\frac{16}{3} = 32$.
Die Pyramide ABCDS hat ein Volumen von $V = 32$ VE.

Damit die Höhe der Pyramide gleich bleibt, muss die Ebene F durch den Punkt S verlaufen und parallel zur Ebene E sein, so dass man für F denselben Normalenvektor verwenden kann.
Somit gilt für die Normalenform von

$$F\colon\ (\vec{x}-\vec{s})\cdot\vec{n} = 0 \text{ bzw. } \left(\vec{x}-\begin{pmatrix} 9 \\ 9 \\ -4 \end{pmatrix}\right)\cdot\begin{pmatrix} 1 \\ 2 \\ 2 \end{pmatrix} = 0$$

Dies führt zu folgender Koordinatengleichung für F: $x_1+2x_2+2x_3-19=0$.

c) Der Laserstrahl hat die Gleichung $l:\vec{x} = \begin{pmatrix} 9 \\ 9 \\ -4 \end{pmatrix} + t\cdot\begin{pmatrix} -6 \\ 6 \\ 8 \end{pmatrix}; t\in\mathbb{R}$.

Schneidet man l mit der x_1x_2-Ebene ($x_3=0$), gilt $-4+8t=0$ bzw. $t=\frac{1}{2} \Rightarrow S_1(6\mid 12\mid 0)$.
Schneidet man l mit der x_2x_3-Ebene ($x_1=0$), gilt $9-6t=0$ bzw. $t=\frac{3}{2} \Rightarrow S_2(0\mid 18\mid 8)$.
Schneidet man l mit der x_1x_3-Ebene ($x_2=0$), gilt $9+6t=0$ bzw. $t=-\frac{3}{2} \Rightarrow S_3(18\mid 0\mid -16)$.

Um S an AB zu spiegeln, benötigt man zuerst eine Hilfsebene E_H, welche durch S geht und orthogonal zu AB ist, d.h. der Normalenvektor von E_H ist der Vektor $\overrightarrow{AB}$; somit hat die Hilfsebene folgende Gleichung:

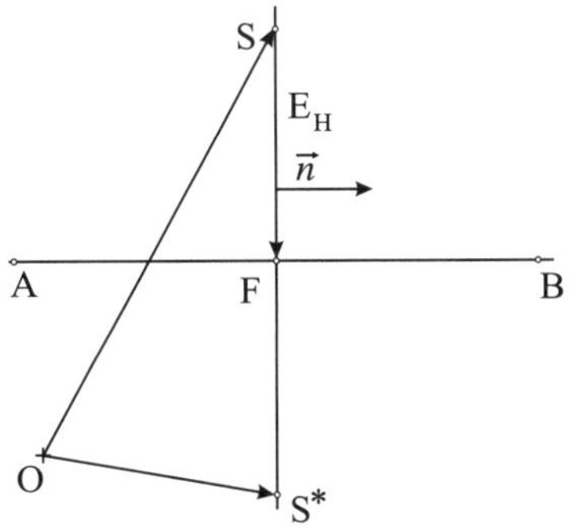

$$E_H: \ (\vec{x}-\vec{s})\cdot\overrightarrow{AB}=0 \text{ bzw. } \left(\vec{x}-\begin{pmatrix}9\\9\\-4\end{pmatrix}\right)\cdot\begin{pmatrix}4\\-4\\2\end{pmatrix}=0$$

Dies führt zur Koordinatengleichung

$$E_H: \ 2x_1-2x_2+x_3+4=0.$$

Schneidet man E_H mit der Geraden AB: $\vec{x}=\begin{pmatrix}-3\\1\\2\end{pmatrix}+t\cdot\begin{pmatrix}4\\-4\\2\end{pmatrix}$; $t\in\mathbb{R}$, so erhält man den Schnittpunkt F:

$2\cdot(-3+4t)-2\cdot(1-4t)+2+2t+4=0$ führt zu $t=\frac{1}{9} \Rightarrow F\left(-\frac{23}{9}\mid\frac{5}{9}\mid\frac{20}{9}\right)$.

Spiegelt man nun S an F, so gilt folgende Vektorkette:

$$\overrightarrow{OS^*}=\overrightarrow{OS}+2\cdot\overrightarrow{SF}=\begin{pmatrix}9\\9\\-4\end{pmatrix}+2\cdot\begin{pmatrix}-\frac{104}{9}\\-\frac{76}{9}\\\frac{56}{9}\end{pmatrix}=\begin{pmatrix}-\frac{127}{9}\\-\frac{71}{9}\\\frac{76}{9}\end{pmatrix}$$

Der Spiegelpunkt S^* hat somit die Koordinaten $S^*\left(-\frac{127}{9}\mid-\frac{71}{9}\mid\frac{76}{9}\right)$.

11 Geometrie – Haus

Gegeben sind die Punkte A (0 | 0 | 5), B (0 | 8 | 5), C (−12 | 8 | 5), E (−2 | 4 | 8) und F (−10 | 4 | 8).

a) • Die Länge der Dachkante $\overline{EB}$ erhält man, indem man die Länge des Verbindungsvektors von E zu B bestimmt:

$$\overline{EB} = \left|\overrightarrow{EB}\right| = \left|\begin{pmatrix} 2 \\ 4 \\ -3 \end{pmatrix}\right| = \sqrt{2^2+4^2+(-3)^2} = \sqrt{29} \approx 5,39$$

Die Dachkante $\overline{EB}$ hat eine Länge von etwa 5,39 m.

• Die Ebene E_1, in der die Punkte B, C und E liegen, hat z.B. den Stützpunkt B und die Spannvektoren $\overrightarrow{BC} = \begin{pmatrix} -12 \\ 0 \\ 0 \end{pmatrix}$ und $\overrightarrow{BE} = \begin{pmatrix} -2 \\ -4 \\ 3 \end{pmatrix}$.

Damit hat E_1 die Parametergleichung:

$$E\colon \vec{x} = \begin{pmatrix} 0 \\ 8 \\ 5 \end{pmatrix} + s \cdot \begin{pmatrix} -12 \\ 0 \\ 0 \end{pmatrix} + t \cdot \begin{pmatrix} -2 \\ -4 \\ 3 \end{pmatrix} \ ;\ s,t \in \mathbb{R}$$

frv.tv/cg

Einen Normalenvektor $\vec{n}$ von E_1 erhält man mithilfe des Vektorprodukts (siehe Seite 36) der Spannvektoren $\overrightarrow{BC}$ und $\overrightarrow{BE}$:

$$\overrightarrow{BC} \times \overrightarrow{BE} = \begin{pmatrix} -12 \\ 0 \\ 0 \end{pmatrix} \times \begin{pmatrix} -2 \\ -4 \\ 3 \end{pmatrix} = \begin{pmatrix} 0 \\ 36 \\ 48 \end{pmatrix} = 12 \cdot \begin{pmatrix} 0 \\ 3 \\ 4 \end{pmatrix} \Rightarrow \vec{n} = \begin{pmatrix} 0 \\ 3 \\ 4 \end{pmatrix}$$

Damit ergibt sich ein Normalenvektor $\vec{n} = \begin{pmatrix} 0 \\ 3 \\ 4 \end{pmatrix}$ der Ebene E_1.

Setzt man den Ortsvektor von B und den Normalenvektor $\vec{n}$ in die Normalenform $\left(\vec{x}-\vec{b}\right) \cdot \vec{n} = 0$ ein, erhält man eine Koordinatengleichung von E_1:

$$E_1\colon \left(\begin{pmatrix} x_1 \\ x_2 \\ x_3 \end{pmatrix} - \begin{pmatrix} 0 \\ 8 \\ 5 \end{pmatrix}\right) \cdot \begin{pmatrix} 0 \\ 3 \\ 4 \end{pmatrix} = 0$$

$$E_1\colon (x_1-0)\cdot 0 + (x_2-8)\cdot 3 + (x_3-5)\cdot 4 = 0$$

$$E_1\colon 3x_2 - 24 + 4x_3 - 20 = 0$$

$$E_1\colon 3x_2 + 4x_3 = 44$$

Um zu zeigen, dass auch der Punkt $F(-10 \mid 4 \mid 8)$ in E_1 liegt, setzt man die Koordinaten von F in die Koordinatengleichung von E_1 ein:

$$3 \cdot 4 + 4 \cdot 8 = 44 \Leftrightarrow 44 = 44$$

Aufgrund der wahren Aussage liegt auch der Punkt F in E_1.
Den Abstand d des Punktes $A(0 \mid 0 \mid 5)$ von der Ebene E_1 erhält man mithilfe der Hesseschen Normalenform (HNF):

$$\mathrm{d} = \frac{|3 \cdot 0 + 4 \cdot 5 - 44|}{\sqrt{0^2 + 3^2 + 4^2}} = \frac{|-24|}{\sqrt{25}} = \frac{24}{5} = 4,8$$

Der Abstand des Punktes A von der Ebene E_1 beträgt 4,8 m.

- Den Winkel β, den die Kanten $\overline{BC}$ und $\overline{BE}$ einschließen, erhält man mithilfe der Formel $\cos\beta = \frac{\overrightarrow{BC} \cdot \overrightarrow{BE}}{|\overrightarrow{BC}| \cdot |\overrightarrow{BE}|}$. Damit ergibt sich:

$$\begin{aligned}
\cos\beta = \frac{\overrightarrow{BC} \cdot \overrightarrow{BE}}{|\overrightarrow{BC}| \cdot |\overrightarrow{BE}|} &= \frac{\begin{pmatrix}-12\\0\\0\end{pmatrix} \cdot \begin{pmatrix}-2\\-4\\3\end{pmatrix}}{\left|\begin{pmatrix}-12\\0\\0\end{pmatrix}\right| \cdot \left|\begin{pmatrix}-2\\-4\\3\end{pmatrix}\right|} \\
&= \frac{-12 \cdot (-2) + 0 \cdot (-4) + 0 \cdot 3}{\sqrt{(-12)^2 + 0^2 + 0^2} \cdot \sqrt{(-2)^2 + (-4)^2 + 3^2}} \\
&= \frac{24}{12 \cdot \sqrt{29}} = \frac{2}{\sqrt{29}} \\
\Rightarrow \beta &\approx 68,20^\circ
\end{aligned}$$

Der Winkel, den die Kanten $\overline{BC}$ und $\overline{BE}$ einschließen, beträgt etwa $68,20^\circ$.

- Um zu zeigen, dass die Dachfläche BCFE ein achsensymmetrisches Trapez ist, weist man nach, dass die Kanten $\overline{BC}$ und $\overline{EF}$ parallel sind, d.h. dass die Vektoren $\overrightarrow{BC}$ und $\overrightarrow{EF}$ ein Vielfaches voneinander sind, und dass der Winkel γ, den die Kanten $\overline{CB}$ und $\overline{CF}$ einschließen, gleich groß wie der Winkel β ist.

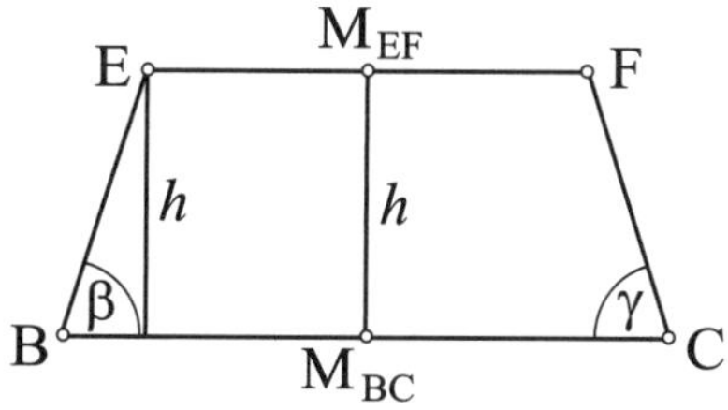

Es ist $\overrightarrow{BC} = \begin{pmatrix} -12 \\ 0 \\ 0 \end{pmatrix}$ und $\overrightarrow{EF} = \begin{pmatrix} -8 \\ 0 \\ 0 \end{pmatrix}$. Wegen $\overrightarrow{BC} = 1,5 \cdot \overrightarrow{EF}$ sind die Kanten $\overline{BC}$ und $\overline{EF}$ parallel zueinander.

Für den Winkel γ, den die Kanten $\overline{CB}$ und $\overline{CF}$ einschließen, gilt:

$$\cos\gamma = \frac{\overrightarrow{CB} \cdot \overrightarrow{CF}}{\left|\overrightarrow{CB}\right| \cdot \left|\overrightarrow{CF}\right|} = \frac{\begin{pmatrix} 12 \\ 0 \\ 0 \end{pmatrix} \cdot \begin{pmatrix} 2 \\ -4 \\ 3 \end{pmatrix}}{\left|\begin{pmatrix} 12 \\ 0 \\ 0 \end{pmatrix}\right| \cdot \left|\begin{pmatrix} 2 \\ -4 \\ 3 \end{pmatrix}\right|}$$

$$= \frac{12 \cdot 2 + 0 \cdot (-4) + 0 \cdot 3}{\sqrt{12^2 + 0^2 + 0^2} \cdot \sqrt{2^2 + (-4)^2 + 3^2}}$$

$$= \frac{24}{12 \cdot \sqrt{29}} = \frac{2}{\sqrt{29}} \quad \Rightarrow \ \gamma \approx 68,20^\circ$$

Da $\overline{BC}$ und $\overline{EF}$ parallel sind und $\gamma = \beta$ ist das Viereck BCFE ein achsensymmetrisches Trapez.

Den Flächeninhalt A des Trapezes erhält man mit der Formel $A = \frac{a+c}{2} \cdot h$.
Das Trapez hat die beiden parallelen Seiten $a = \overline{BC} = 12$ und $c = \overline{EF} = 8$.
Die Höhe h des Trapezes erhält man mithilfe des Sinus-Verhältnisses:

$$\sin\beta = \frac{h}{\overline{EB}} \quad \Rightarrow \ h = \overline{EB} \cdot \sin\beta \approx \sqrt{29} \cdot \sin 68,20^\circ \approx 5,00$$

Alternativ erhält man die Höhe h des Trapezes, indem man den Abstand des Mittelpunktes $M_{EF}(-6 \mid 4 \mid 8)$ der Kante $\overline{EF}$ zum Mittelpunkt $M_{BC}(-6 \mid 8 \mid 5)$ der Kante $\overline{BC}$ bestimmt:

$$h = \overline{M_{EF}M_{BC}} = \left|\overrightarrow{M_{EF}M_{BC}}\right| = \left|\begin{pmatrix} 0 \\ 4 \\ -3 \end{pmatrix}\right| = \sqrt{0^2 + 4^2 + (-3)^2} = \sqrt{25} = 5$$

Damit ergibt sich:

$$A = \frac{a+c}{2} \cdot h = \frac{12+8}{2} \cdot 5 = 50$$

Die Dachfläche BCFE hat einen Flächeninhalt von $50\,\text{m}^2$.

b) • Der waagerechte First des Anbaus steht im rechten Winkel zum Haus, verläuft also in x_2-Richtung. Die Koordinaten des Punktes R, in dem der First des Anbaus auf die Dachfläche BCFE trifft, erhält man, indem man die Gerade g, die durch den Punkt $W(-7 \mid 15 \mid 7,4)$ geht und parallel zur x_2-Achse verläuft, mit der Ebene E_1

schneidet.

Die Gerade g hat die Gleichung:

$$g: \vec{x} = \begin{pmatrix} -7 \\ 15 \\ 7,4 \end{pmatrix} + t \cdot \begin{pmatrix} 0 \\ 1 \\ 0 \end{pmatrix}$$

Den Schnittpunkt von g mit $E_1: 3x_2 + 4x_3 = 44$ erhält man, indem man einen allgemeinen Punkt $P_t\,(-7 \mid 15+t \mid 7,4)$ von g in die Koordinatengleichung von E_1 einsetzt:

$$3 \cdot (15+t) + 4 \cdot 7,4 = 44 \;\Rightarrow\; t = -10,2$$

Setzt man $t = -10,2$ in g ein, ergibt sich:

$$\vec{r} = \begin{pmatrix} -7 \\ 15 \\ 7,4 \end{pmatrix} - 10,2 \cdot \begin{pmatrix} 0 \\ 1 \\ 0 \end{pmatrix} = \begin{pmatrix} -7 \\ 4,8 \\ 7,4 \end{pmatrix} \;\Rightarrow\; R\,(-7 \mid 4,8 \mid 7,4)$$

Der Punkt R hat die Koordinaten $R\,(-7 \mid 4,8 \mid 7,4)$.

- Um die Koordinaten des Punktes Q zu bestimmen, verwendet man den Strahlensatz sowie eine Vektorkette.

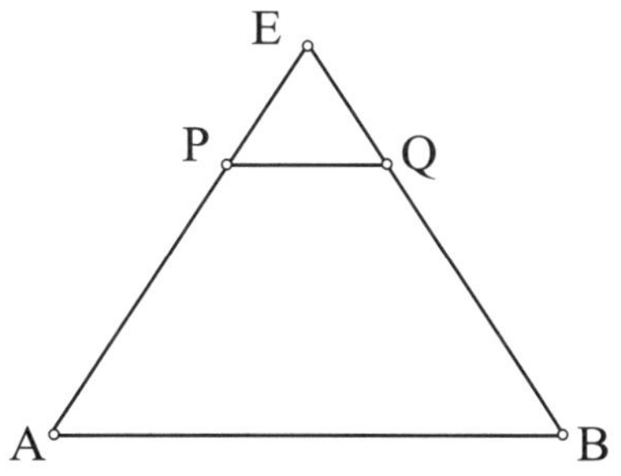

Aufgrund des Strahlensatzes mit Zentrum E gilt:

$$\frac{\overline{EQ}}{\overline{EB}} = \frac{\overline{PQ}}{\overline{AB}} \;\Leftrightarrow\; \frac{\overline{EQ}}{\overline{EB}} = \frac{2}{8} \;\Rightarrow\; \overline{EQ} = \frac{1}{4} \cdot \overline{EB}$$

Damit ergibt sich folgende Vektorkette:

$$\overrightarrow{OQ} = \overrightarrow{OE} + \frac{1}{4} \cdot \overrightarrow{EB} = \begin{pmatrix} -2 \\ 4 \\ 8 \end{pmatrix} + \frac{1}{4} \cdot \begin{pmatrix} 2 \\ 4 \\ -3 \end{pmatrix} = \begin{pmatrix} -1,5 \\ 5 \\ 7,25 \end{pmatrix} \;\Rightarrow\; Q\,(-1,5 \mid 5 \mid 7,25)$$

Der Punkt Q hat die Koordinaten $Q\,(-1,5 \mid 5 \mid 7,25)$.

c) Die gradlinige Antennenleitung vom Punkt B$(0 \mid 8 \mid 5)$ zum Punkt W$(-7 \mid 15 \mid 7,4)$ liegt auf der Geraden h mit der Gleichung:

$$h\colon \vec{x} = \begin{pmatrix} 0 \\ 8 \\ 5 \end{pmatrix} + t \cdot \begin{pmatrix} -7 \\ 7 \\ 2,4 \end{pmatrix}$$

Um eine möglichst kurze Verbindungsleitung von der Antennenspitze S$(-10 \mid 4 \mid 10)$ zu der Leitung $\overline{\mathrm{BW}}$ mit Verbindungspunkt Z zu erhalten, stellt man die Gleichung einer Hilfsebene $\mathrm{E_H}$ auf, die den Punkt S enthält und orthogonal zu h ist. Der Richtungsvektor $\vec{r}_h = \begin{pmatrix} -7 \\ 7 \\ 2,4 \end{pmatrix}$ von h ist somit ein Normalenvektor $\vec{n}_{\mathrm{E_H}}$ von $\mathrm{E_H}$.

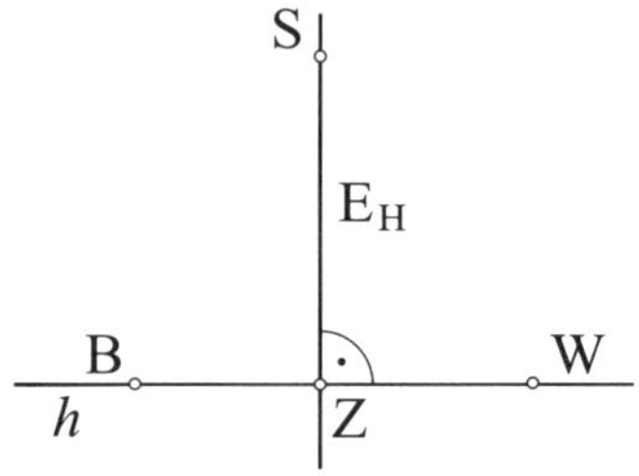

Setzt man den Ortsvektor von S und den Normalenvektor $\vec{n}_{\mathrm{E_H}}$ in die Normalenform $(\vec{x} - \vec{s}) \cdot \vec{n}_{\mathrm{E_H}} = 0$ ein, erhält man eine Koordinatengleichung von $\mathrm{E_H}$:

$$\mathrm{E_H}\colon \left(\begin{pmatrix} x_1 \\ x_2 \\ x_3 \end{pmatrix} - \begin{pmatrix} -10 \\ 4 \\ 10 \end{pmatrix} \right) \cdot \begin{pmatrix} -7 \\ 7 \\ 2,4 \end{pmatrix} = 0$$

$$\mathrm{E_H}\colon (x_1 + 10) \cdot (-7) + (x_2 - 4) \cdot 7 + (x_3 - 10) \cdot 2,4 = 0$$

$$\mathrm{E_H}\colon -7x_1 + 7x_2 + 2,4x_3 = 122$$

Den Schnittpunkt Z von h mit $\mathrm{E_H}$ erhält man, indem man einen allgemeinen Punkt $\mathrm{P}_t\,(-7t \mid 8 + 7t \mid 5 + 2,4t)$ von h in die Koordinatengleichung von $\mathrm{E_H}$ einsetzt:

$$-7 \cdot (-7t) + 7 \cdot (8 + 7t) + 2,4 \cdot (5 + 2,4t) = 122 \;\Rightarrow\; t \approx 0,52$$

Setzt man $t \approx 0,52$ in h ein, ergibt sich:

$$\vec{z} \approx \begin{pmatrix} 0 \\ 8 \\ 5 \end{pmatrix} + 0,52 \cdot \begin{pmatrix} -7 \\ 7 \\ 2,4 \end{pmatrix} \approx \begin{pmatrix} -3,64 \\ 11,64 \\ 6,25 \end{pmatrix} \;\Rightarrow\; \mathrm{Z}(-3,64 \mid 11,64 \mid 6,25)$$

Der Punkt Z hat etwa die Koordinaten Z$(-3,64 \mid 11,64 \mid 6,25)$.

12 Geometrie – Glas

Gegeben sind die Punkte $A\,(0,3 \mid 3,7 \mid 4,85)$, $B\,(-0,15 \mid 3,7 \mid 5,3)$ und $C\,(-0,3 \mid 4,3 \mid 5,15)$ sowie $S\,(-0,3 \mid 3,85 \mid 4,7)$.

a) • Die Ebene E, in der die Punkte A, B und C liegen, hat z.B. den Stützpunkt A und die Spannvektoren $\overrightarrow{AB} = \begin{pmatrix} -0,45 \\ 0 \\ 0,45 \end{pmatrix} = 0,45 \cdot \begin{pmatrix} -1 \\ 0 \\ 1 \end{pmatrix}$ und

$\overrightarrow{AC} = \begin{pmatrix} -0,6 \\ 0,6 \\ 0,3 \end{pmatrix} = 0,3 \cdot \begin{pmatrix} -2 \\ 2 \\ 1 \end{pmatrix}$.

Damit hat E die Parametergleichung:

$$E\colon \vec{x} = \begin{pmatrix} 0,3 \\ 3,7 \\ 4,85 \end{pmatrix} + s \cdot \begin{pmatrix} -1 \\ 0 \\ 1 \end{pmatrix} + t \cdot \begin{pmatrix} -2 \\ 2 \\ 1 \end{pmatrix};\ s,t \in \mathbb{R}$$

Einen Normalenvektor $\vec{n}$ von E erhält man mithilfe des Vektorprodukts (siehe Seite 36) der beiden Spannvektoren:

frv.tv/cg

$$\begin{pmatrix} -1 \\ 0 \\ 1 \end{pmatrix} \times \begin{pmatrix} -2 \\ 2 \\ 1 \end{pmatrix} = \begin{pmatrix} -2 \\ -1 \\ -2 \end{pmatrix} = -1 \cdot \begin{pmatrix} 2 \\ 1 \\ 2 \end{pmatrix} \Rightarrow \vec{n} = \begin{pmatrix} 2 \\ 1 \\ 2 \end{pmatrix}$$

Damit ergibt sich ein Normalenvektor $\vec{n} = \begin{pmatrix} 2 \\ 1 \\ 2 \end{pmatrix}$ der Ebene E.

Setzt man den Ortsvektor von A und den Normalenvektor $\vec{n}$ in die Normalenform $(\vec{x} - \vec{a}) \cdot \vec{n} = 0$ ein, erhält man:

$$E\colon \left(\begin{pmatrix} x_1 \\ x_2 \\ x_3 \end{pmatrix} - \begin{pmatrix} 0,3 \\ 3,7 \\ 4,85 \end{pmatrix} \right) \cdot \begin{pmatrix} 2 \\ 1 \\ 2 \end{pmatrix} = 0$$

$$E\colon (x_1 - 0,3) \cdot 2 + (x_2 - 3,7) \cdot 1 + (x_3 - 4,85) \cdot 2 = 0$$

$$E\colon 2x_1 - 0,6 + x_2 - 3,7 + 2x_3 - 9,7 = 0$$

$$E\colon 2x_1 + x_2 + 2x_3 = 14$$

• Den Schnittwinkel α zwischen der Ebene E und der Bodenebene, die parallel zur x_1x_2-Ebene ist, erhält man mithilfe der Formel $\cos\alpha = \frac{|\vec{n}_1 \cdot \vec{n}_2|}{|\vec{n}_1| \cdot |\vec{n}_2|}$. Dabei ist $\vec{n}_1 = \begin{pmatrix} 2 \\ 1 \\ 2 \end{pmatrix}$

ein Normalenvektor der Ebene E und $\vec{n}_2 = \begin{pmatrix} 0 \\ 0 \\ 1 \end{pmatrix}$ ein Normalenvektor der Bodenebene. Damit ergibt sich:

$$\cos\alpha = \frac{|\vec{n}_1 \cdot \vec{n}_2|}{|\vec{n}_1| \cdot |\vec{n}_2|} = \frac{\left|\begin{pmatrix} 2 \\ 1 \\ 2 \end{pmatrix} \cdot \begin{pmatrix} 0 \\ 0 \\ 1 \end{pmatrix}\right|}{\left|\begin{pmatrix} 2 \\ 1 \\ 2 \end{pmatrix}\right| \cdot \left|\begin{pmatrix} 0 \\ 0 \\ 1 \end{pmatrix}\right|}$$

$$= \frac{|2 \cdot 0 + 1 \cdot 0 + 2 \cdot 1|}{\sqrt{2^2 + 1^2 + 2^2} \cdot \sqrt{0^2 + 0^2 + 1^2}}$$

$$= \frac{2}{3 \cdot 1} \quad \Rightarrow \quad \alpha \approx 48,19^\circ$$

Der Schnittwinkel beträgt etwa $48,19^\circ$.

- Den Abstand d des Punktes $S(-0,3 \mid 3,85 \mid 4,7)$ von $E: 2x_1 + x_2 + 2x_3 = 14$ erhält man mit der Abstandsformel:

$$d = \frac{|2 \cdot (-0,3) + 3,85 + 2 \cdot 4,7 - 14|}{\sqrt{2^2 + 1^2 + 2^2}} = \frac{|-1,35|}{3} = 0,45$$

Der Abstand von S zu E beträgt 0,45 m.

b)
- Das Lot von S auf die Ebene E erhält man, indem man die Gleichung einer Geraden l aufstellt, die durch S geht und als Richtungsvektor den Normalenvektor $\vec{n}$ von E hat:

$$l: \vec{x} = \begin{pmatrix} -0,3 \\ 3,85 \\ 4,7 \end{pmatrix} + t \cdot \begin{pmatrix} 2 \\ 1 \\ 2 \end{pmatrix}$$

Den Lotfußpunkt erhält man, indem man l mit E schneidet. Setzt man den allgemeinen Punkt $P_t(-0,3 + 2t \mid 3,85 + t \mid 4,7 + 2t)$ in die Koordinatenform von E ein, ergibt sich:

$$2 \cdot (-0,3 + 2t) + 3,85 + t + 2 \cdot (4,7 + 2t) = 14 \Rightarrow t = 0,15$$

Setzt man $t = 0,15$ in P_t ein, erhält man den Lotfußpunkt $M(0 \mid 4 \mid 5)$.
Um zu zeigen, dass M der Mittelpunkt des Glasrandkreises ist, berechnet man die Abstände von M zu A, B und C. Hierzu berechnet man die Beträge der entsprechen-

den Verbindungsvektoren:

$$\overline{AM} = \left|\overrightarrow{AM}\right| = \left|\begin{pmatrix} -0,3 \\ 0,3 \\ 0,15 \end{pmatrix}\right| = \sqrt{(-0,3)^2 + 0,3^2 + 0,15^2} = \sqrt{0,2025} = 0,45$$

$$\overline{BM} = \left|\overrightarrow{BM}\right| = \left|\begin{pmatrix} 0,15 \\ 0,3 \\ -0,3 \end{pmatrix}\right| = \sqrt{0,15^2 + 0,3^2 + (-0,3)^2} = \sqrt{0,2025} = 0,45$$

$$\overline{CM} = \left|\overrightarrow{CM}\right| = \left|\begin{pmatrix} 0,3 \\ -0,3 \\ -0,15 \end{pmatrix}\right| = \sqrt{0,3^2 + (-0,3)^2 + (-0,15)^2} = \sqrt{0,2025} = 0,45$$

Wegen $\overline{AM} = \overline{BM} = \overline{CM}$ ist M der Mittelpunkt des Glasrandkreises.
Der Radius r des Glasrandkreises ist beispielsweise der Abstand von M zu A:

$$r = \overline{AM} = 0,45$$

Der Radius des Glasrandkreises beträgt 0,45 m.

- Die Koordinaten des Fußpunktes F des 1 m langen Glasmodellstiels, der in Richtung der Verlängerung der Strecke $\overline{MS}$ verläuft, erhält man, indem man eine Vektorkette aufstellt. Hierzu normiert man den Vektor $\overrightarrow{MS}$ auf Länge 1, indem man ihn durch seinen Betrag teilt. Damit ergibt sich:

$$\overrightarrow{OF} = \overrightarrow{OS} + 1 \cdot \frac{\overrightarrow{MS}}{\left|\overrightarrow{MS}\right|}$$

$$= \begin{pmatrix} -0,3 \\ 3,85 \\ 4,7 \end{pmatrix} + 1 \cdot \frac{\begin{pmatrix} -0,3 \\ -0,15 \\ -0,3 \end{pmatrix}}{\sqrt{(-0,3)^2 + (-0,15)^2 + (-0,3)^2}}$$

$$= \begin{pmatrix} -0,3 \\ 3,85 \\ 4,7 \end{pmatrix} + \frac{1}{0,45} \cdot \begin{pmatrix} -0,3 \\ -0,15 \\ -0,3 \end{pmatrix}$$

$$= \begin{pmatrix} -\frac{29}{30} \\ \frac{211}{60} \\ \frac{121}{30} \end{pmatrix}$$

Damit hat der Punkt F die Koordinaten $F\left(-\frac{29}{30} \mid \frac{211}{60} \mid \frac{121}{30}\right)$.

c) Um nachzuweisen, dass für den Punkt B $(-0,15 \mid 3,7 \mid 5,3)$ des Glasmodells ein Sicherheitsabstand zur Lichterkette, die auf der Geraden $g\colon \vec{x} = \begin{pmatrix} 4,7 \\ 4,6 \\ 5 \end{pmatrix} + s \cdot \begin{pmatrix} 3,7 \\ 2,6 \\ 0 \end{pmatrix}$ liegt, von mindestens 2 m eingehalten wird, berechnet man den Abstand d von B zu g.

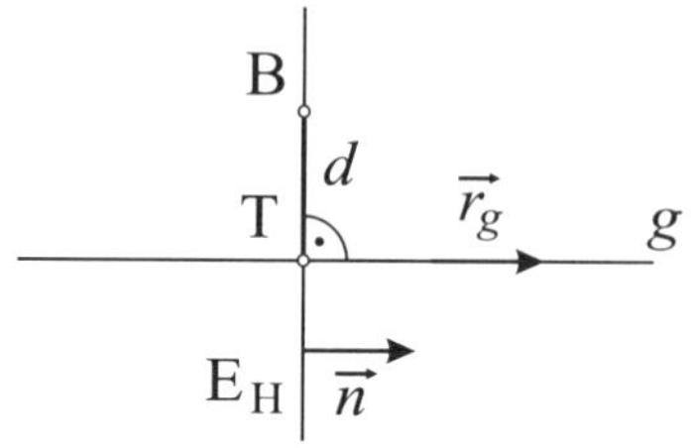

Hierzu stellt man eine Hilfsebene E_H orthogonal zur Geraden g durch den Punkt B auf, d.h. der Normalenvektor der Ebene E_H ist der Richtungsvektor der Geraden g:

$$E_H: \left(\vec{x} - \begin{pmatrix} -0,15 \\ 3,7 \\ 5,3 \end{pmatrix}\right) \cdot \begin{pmatrix} 3,7 \\ 2,6 \\ 0 \end{pmatrix} = 0$$

$$E_H\colon (x_1 + 0,15) \cdot 3,7 + (x_2 - 3,7) \cdot 2,6 + (x_3 - 5,3) \cdot 0 = 0$$

$$E_H\colon 3,7x_1 + 0,555 + 2,6x_2 - 9,62 = 0$$

$$E_H\colon 3,7x_1 + 2,6x_2 = 9,065$$

Den Schnittpunkt T von g mit E_H erhält man, indem man einen allgemeinen Punkt $P_s(4,7 + 3,7s \mid 4,6 + 2,6s \mid 5)$ von g in die Koordinatengleichung von E_H einsetzt:

$$3,7 \cdot (4,7 + 3,7s) + 2,6 \cdot (4,6 + 2,6s) = 9,065 \Rightarrow s \approx -0,99$$

Setzt man $s \approx -0,99$ in P_s ein, so erhält man den Schnittpunkt T $(1,037 \mid 2,026 \mid 5)$.
Der Abstand d von B zu g ist damit der Abstand von B zu T:

$$\mathrm{d} = \overline{\mathrm{BT}} = |\overrightarrow{\mathrm{BT}}| = \left|\begin{pmatrix} 1,187 \\ -1,674 \\ -0,3 \end{pmatrix}\right| = \sqrt{1,187^2 + (-1,674)^2 + (-0,3)^2} \approx 2,07.$$

Wegen $d = 2,07 > 2$ wird der Sicherheitsabstand eingehalten.

13 Geometrie – Geradenschar

a) Um die Gleichung von g zu bestimmen, benötigt man zwei Punkte, z.B. $C_0\,(0\mid 0\mid 4)$ und $C_1\,(0\mid 1\mid 4)$:

$$g\colon\ \vec{x}=\begin{pmatrix}0\\0\\4\end{pmatrix}+t\cdot\begin{pmatrix}0\\1\\0\end{pmatrix};\ t\in\mathbb{R}.$$

Diese Gerade ist parallel zur x_2-Achse.

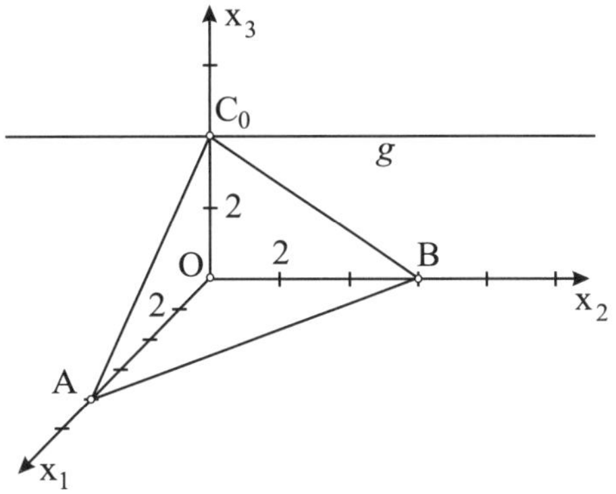

Fasst man die Punkte $A\,(8\mid 0\mid 0)$, $B\,(0\mid 6\mid 0)$ und $C_0\,(0\mid 0\mid 4)$ als Spurpunkte der Ebene E: $ax_1+bx_2+cx_3-d=0$ auf, so erhält man durch Einsetzen:

$$\begin{array}{lccccccccl} \text{I} & a\cdot 8 & + & b\cdot 0 & + & c\cdot 0 & - & d= & 0 & \\ \text{II} & a\cdot 0 & + & b\cdot 6 & + & c\cdot 0 & - & d= & 0 & \Rightarrow 8a=6b=4c \\ \text{III} & a\cdot 0 & + & b\cdot 0 & + & c\cdot 4 & - & d= & 0 & \end{array}$$

Dies wird erfüllt durch z.B. $a=3 \Rightarrow b=4 \Rightarrow c=6 \Rightarrow d=24$.

Somit erhält man: E: $3x_1+4x_2+6x_3-24=0$.

Alternativ berechnet man mithilfe des Vektorprodukts (siehe Seite 36 bzw. mithilfe des Taschenrechners) zweier Verbindungsvektoren der drei Punkte $A\,(8\mid 0\mid 0)$, $B\,(0\mid 6\mid 0)$ und $C_0\,(0\mid 0\mid 4)$ einen Normalenvektor:

frv.tv/cg

$$\overrightarrow{AB}\times\overrightarrow{AC_0}=\begin{pmatrix}-8\\6\\0\end{pmatrix}\times\begin{pmatrix}-8\\0\\4\end{pmatrix}=\begin{pmatrix}24\\32\\48\end{pmatrix}=8\cdot\begin{pmatrix}3\\4\\6\end{pmatrix}\Rightarrow\vec{n}=\begin{pmatrix}3\\4\\6\end{pmatrix}$$

man A und $\vec{n}$ in die Normalenform E: $(\vec{x}-\vec{a})\cdot\vec{n}=0$ ein, so ergibt sich für E:

$$\left(\vec{x}-\begin{pmatrix}8\\0\\0\end{pmatrix}\right)\cdot\begin{pmatrix}3\\4\\6\end{pmatrix}=0\ \Rightarrow\ \text{E}\colon 3x_1+4x_2+6x_3-24=0$$

Den Abstand d vom Ursprung $O\ (0\mid 0\mid 0)$ zur Ebene E berechnet man mithilfe der Hesseschen Normalenform:

$$d=\frac{|\,3\cdot 0+4\cdot 0+6\cdot 0-24\,|}{\left|\begin{pmatrix}3\\4\\6\end{pmatrix}\right|}=\frac{|-24|}{\sqrt{3^2+4^2+6^2}}=\frac{24}{\sqrt{61}}\approx 3{,}07\,\text{LE}$$

b) Das Volumen der Pyramide $OABC_0$ berechnet man mit der Formel $V = \frac{1}{3} \cdot G \cdot h$.
Die Grundfläche G ist der Flächeninhalt des rechtwinkligen Dreiecks OAB:

$$G = \frac{1}{2} \cdot \overline{OA} \cdot \overline{OB} = \frac{1}{2} \cdot 8 \cdot 6 = 24$$

Die Höhe h ist die Länge der Strecke OC_0: $h = 4$.
Somit gilt: $V = \frac{1}{3} \cdot 24 \cdot 4 = 32$ VE.

Da alle Punkte C_t auf der Geraden g liegen, welche parallel zur x_2-Achse ist, ändert sich die Höhe h der Pyramide nicht, so dass die Pyramide $OABC_t$ für alle t dasselbe Volumen wie die Pyramide $OABC_0$ hat.

Damit das Dreieck ABC_t rechtwinklig ist, muss das Skalarprodukt von je zwei Verbindungsvektoren Null sein:

$$\overrightarrow{AB} \cdot \overrightarrow{AC_t} = 0 \Rightarrow \begin{pmatrix} -8 \\ 6 \\ 0 \end{pmatrix} \cdot \begin{pmatrix} -8 \\ t \\ 4 \end{pmatrix} = 64 + 6t = 0 \Rightarrow t = -\tfrac{32}{3}.$$

$$\overrightarrow{AB} \cdot \overrightarrow{BC_t} = 0 \Rightarrow \begin{pmatrix} -8 \\ 6 \\ 0 \end{pmatrix} \cdot \begin{pmatrix} 0 \\ t-6 \\ 4 \end{pmatrix} = 6t - 36 = 0 \Rightarrow t = 6.$$

$$\overrightarrow{AC_t} \cdot \overrightarrow{BC_t} = 0 \Rightarrow \begin{pmatrix} -8 \\ t \\ 4 \end{pmatrix} \cdot \begin{pmatrix} 0 \\ t-6 \\ 4 \end{pmatrix} = t^2 - 6t + 16 = 0 \Rightarrow \text{keine reelle Lösung.}$$

Somit ist das Dreieck ABC_t für $t_1 = -\frac{32}{3}$ und $t_2 = 6$ rechtwinklig.
Der Flächeninhalt des Dreiecks ABC_6 lässt sich einfach bestimmen, da für $t = 6$ beim Punkt B ein rechter Winkel ist:

$$A = \frac{1}{2} \cdot \overline{AB} \cdot \overline{BC_6} = \frac{1}{2} \cdot \left| \begin{pmatrix} -8 \\ 6 \\ 0 \end{pmatrix} \right| \cdot \left| \begin{pmatrix} 0 \\ 0 \\ 4 \end{pmatrix} \right| = \frac{1}{2} \cdot 10 \cdot 4 = 20$$

Das Dreieck ABC_6 hat einen Flächeninhalt von 20 FE.

c) Alle Punkte C_t liegen auf der Geraden g. Der Punkt A ist nicht in g enthalten. Somit liegen alle Geraden der Geradenschar h_t in einer Ebene, die den Punkt A und die Gerade g enthält.

Die Geradenschar h_t hat die Gleichung: $h_t\colon\ \vec{x} = \begin{pmatrix} 8 \\ 0 \\ 0 \end{pmatrix} + s \cdot \begin{pmatrix} -8 \\ t \\ 4 \end{pmatrix};\ s \in \mathbb{R}.$

Die Gerade h_{10} hat demzufolge die Gleichung: $h_{10}\colon\ \vec{x} = \begin{pmatrix} 8 \\ 0 \\ 0 \end{pmatrix} + s \cdot \begin{pmatrix} -8 \\ 10 \\ 4 \end{pmatrix}$; $s \in \mathbb{R}$.

Damit eine der Geraden h_t auf der Geraden h_{10} senkrecht steht, muss das Skalarprodukt der beiden Richtungsvektoren Null sein:

$$\begin{pmatrix} -8 \\ 10 \\ 4 \end{pmatrix} \cdot \begin{pmatrix} -8 \\ t \\ 4 \end{pmatrix} = 0 \text{ führt zu } 64 + 10t + 16 = 0 \Rightarrow t = -8.$$

Somit steht die Gerade h_{-8} senkrecht auf h_{10}.

Wenn zwei beliebige Geraden h_{t_1} und h_{t_2} senkrecht aufeinander stehen, muss das Skalarprodukt der Richtungsvektoren ebenfalls Null sein:

$$\begin{pmatrix} -8 \\ t_1 \\ 4 \end{pmatrix} \cdot \begin{pmatrix} -8 \\ t_2 \\ 4 \end{pmatrix} = 0 \text{ führt zu } 64 + t_1 \cdot t_2 + 16 = 0 \Rightarrow t_1 \cdot t_2 = -80.$$

Somit muss das Produkt der beiden Parameter -80 sein.

14 Geometrie – Gebäude

Gegeben sind die Punkte A (12,5 | 3 | 0), B (2,5 | 6 | 0) und C (0 | 3 | 0), D (10 | 0 | 0), E (12,5 | 3 | 7), F (2,5 | 6 | 3), G (0 | 3 | 7) und H (10 | 0 | 11).

a) • Um die Situation zu verdeutlichen, kann man das Parallelogramm skizzieren:

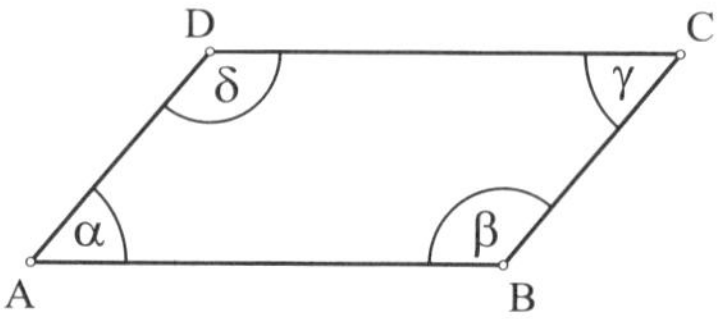

Um zu zeigen, dass die Bodenfläche ABCD des Gebäudes ein Parallelogramm ist, bestimmt man die Verbindungsvektoren der Eckpunkte:

$$\overrightarrow{AB} = \begin{pmatrix} -10 \\ 3 \\ 0 \end{pmatrix}, \overrightarrow{BC} = \begin{pmatrix} -2{,}5 \\ -3 \\ 0 \end{pmatrix}, \overrightarrow{DC} = \begin{pmatrix} -10 \\ 3 \\ 0 \end{pmatrix} \text{ und } \overrightarrow{AD} = \begin{pmatrix} -2{,}5 \\ -3 \\ 0 \end{pmatrix}$$

Wegen $\overrightarrow{AB} = \overrightarrow{DC}$ und $\overrightarrow{BC} = \overrightarrow{AD}$ ist das Viereck ABCD ein Parallelogramm.
Den Innenwinkel α des Parallelogramms erhält man mit der Formel $\cos\alpha = \frac{\overrightarrow{AB}\cdot\overrightarrow{AD}}{|\overrightarrow{AB}|\cdot|\overrightarrow{AD}|}$ für den Winkel zwischen zwei Vektoren:

frv.tv/ch

$$\cos\alpha = \frac{\overrightarrow{AB}\cdot\overrightarrow{AD}}{\left|\overrightarrow{AB}\right|\cdot\left|\overrightarrow{AD}\right|} = \frac{\begin{pmatrix} -10 \\ 3 \\ 0 \end{pmatrix}\cdot\begin{pmatrix} -2{,}5 \\ -3 \\ 0 \end{pmatrix}}{\left|\begin{pmatrix} -10 \\ 3 \\ 0 \end{pmatrix}\right|\cdot\left|\begin{pmatrix} -2{,}5 \\ -3 \\ 0 \end{pmatrix}\right|}$$

$$= \frac{-10\cdot(-2{,}5)+3\cdot(-3)+0\cdot 0}{\sqrt{(-10)^2+3^2+0^2}\cdot\sqrt{(-2{,}5)^2+(-3)^2+0^2}}$$

$$= \frac{16}{\sqrt{109}\cdot\sqrt{15{,}25}} \quad \Rightarrow \alpha \approx 66{,}89^\circ$$

Aufgrund der Symmetrie des Parallelogramms gilt: $\gamma = \alpha = 66{,}89^\circ$ und $\beta = \delta$.
Die Winkelsumme im Viereck beträgt 360°. Damit gilt: $\alpha+\beta+\gamma+\delta = 360^\circ$.
Wegen $\alpha = \gamma$ und $\beta = \delta$ erhält man:

$$\alpha+\beta+\alpha+\beta = 360^\circ \Rightarrow \beta = \frac{360^\circ - 2\alpha}{2} = \frac{360^\circ - 2\cdot 66{,}89^\circ}{2} = 113{,}11^\circ$$

Die Innenwinkel des Parallelogramms sind $\gamma = \alpha = 66{,}89^\circ$ und $\beta = \delta = 113{,}11^\circ$.

- Den Inhalt A der Bodenfläche erhält man mithilfe des Vektorprodukts (Siehe S. 36): frv.tv/cg

$$A = \left|\overrightarrow{AB} \times \overrightarrow{AD}\right|$$
$$= \left|\begin{pmatrix}-10\\3\\0\end{pmatrix} \times \begin{pmatrix}-2{,}5\\-3\\0\end{pmatrix}\right| = \left|\begin{pmatrix}0\\0\\37{,}5\end{pmatrix}\right| = 37{,}5$$

Der Inhalt der Bodenfläche beträgt $37{,}5\,\mathrm{m}^2$.

b) - Die Ebene E_1, in der die Punkte E, F, G und H liegen, hat z.B. den Stützpunkt E und die Spannvektoren $\overrightarrow{EF} = \begin{pmatrix}-10\\3\\-4\end{pmatrix}$ und $\overrightarrow{EG} = \begin{pmatrix}-12{,}5\\0\\0\end{pmatrix} = -12{,}5 \cdot \begin{pmatrix}1\\0\\0\end{pmatrix}$.

Damit hat E die Parametergleichung:

$$E_1 : \vec{x} = \begin{pmatrix}12{,}5\\3\\7\end{pmatrix} + s \cdot \begin{pmatrix}-10\\3\\-4\end{pmatrix} + t \cdot \begin{pmatrix}1\\0\\0\end{pmatrix}; \quad s,t \in \mathbb{R}$$

Einen Normalenvektor $\vec{n}$ der Ebene E_1 erhält man mithilfe des Vektorprodukts (siehe Seite 36) der beiden Spannvektoren: frv.tv/cg

$$\begin{pmatrix}-10\\3\\-4\end{pmatrix} \times \begin{pmatrix}1\\0\\0\end{pmatrix} = \begin{pmatrix}0\\-4\\-3\end{pmatrix} = -1 \cdot \begin{pmatrix}0\\4\\3\end{pmatrix} \Rightarrow \vec{n} = \begin{pmatrix}0\\4\\3\end{pmatrix}$$

Damit ergibt sich ein Normalenvektor $\vec{n} = \begin{pmatrix}0\\4\\3\end{pmatrix}$ der Ebene E_1.

Setzt man den Ortsvektor von E und den Normalenvektor $\vec{n}$ in die Normalenform $(\vec{x} - \vec{e}) \cdot \vec{n} = 0$ ein, erhält man:

$$E_1 : \left(\begin{pmatrix}x_1\\x_2\\x_3\end{pmatrix} - \begin{pmatrix}12{,}5\\3\\7\end{pmatrix}\right) \cdot \begin{pmatrix}0\\4\\3\end{pmatrix} = 0$$
$$E_1 : (x_1 - 12{,}5) \cdot 0 + (x_2 - 3) \cdot 4 + (x_3 - 7) \cdot 3 = 0$$
$$E_1 : 4x_2 - 12 + 3x_3 - 21 = 0$$
$$E_1 : 4x_2 + 3x_3 = 33$$

- Um nachzuweisen, dass die Dachfläche EFGH ein Rechteck ist, bestimmt man die Verbindungsvektoren der Eckpunkte und zeigt mithilfe des Skalarprodukts, dass ein rechter Winkel vorhanden ist:

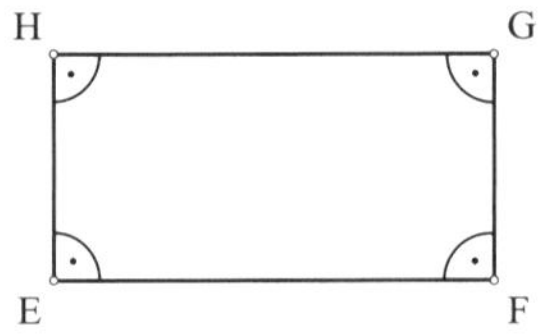

$$\overrightarrow{EF} = \begin{pmatrix} -10 \\ 3 \\ -4 \end{pmatrix}, \overrightarrow{FG} = \begin{pmatrix} -2,5 \\ -3 \\ 4 \end{pmatrix}, \overrightarrow{HG} = \begin{pmatrix} -10 \\ 3 \\ -4 \end{pmatrix} \text{ und } \overrightarrow{EH} = \begin{pmatrix} -2,5 \\ -3 \\ 4 \end{pmatrix}$$

Wegen $\overrightarrow{EF} = \overrightarrow{HG}$ und $\overrightarrow{FG} = \overrightarrow{EH}$ ist das Viereck EFGH ein Parallelogramm.
Wegen

$$\overrightarrow{EF} \cdot \overrightarrow{EH} = \begin{pmatrix} -10 \\ 3 \\ -4 \end{pmatrix} \cdot \begin{pmatrix} -2,5 \\ -3 \\ 4 \end{pmatrix} = (-10)\cdot(-2,5) + 3\cdot(-3) + (-4)\cdot 4 = 0$$

ist bei E ein rechter Winkel.
Somit ist das Parallelogramm EFGH ein Rechteck.

c) Gegeben sind die Punkte $P(6,25 \mid 3 \mid 7)$ und $S_a(a \mid 3 \mid 9)$ mit $a \in [0;\ 12,5]$.

- Den Schnittwinkel α zwischen der Ebene E_1 und der Geraden g_a, die durch die Punkte P und S_a verläuft, erhält man mit der Formel $\sin\alpha = \frac{|\vec{n}\cdot\vec{r}_a|}{|\vec{n}|\cdot|\vec{r}_a|}$. Dabei ist $\vec{n} = \begin{pmatrix} 0 \\ 4 \\ 3 \end{pmatrix}$ ein Normalenvektor der Ebene E und $\vec{r}_a = \begin{pmatrix} a-6,25 \\ 0 \\ 2 \end{pmatrix}$ ein Richtungsvektor der Geraden. Damit ergibt sich:

$$\sin\alpha = \frac{|\vec{n}\cdot\vec{r}_a|}{|\vec{n}|\cdot|\vec{r}_a|} = \frac{\left|\begin{pmatrix} 0 \\ 4 \\ 3 \end{pmatrix} \cdot \begin{pmatrix} a-6,25 \\ 0 \\ 2 \end{pmatrix}\right|}{\left|\begin{pmatrix} 0 \\ 4 \\ 3 \end{pmatrix}\right| \cdot \left|\begin{pmatrix} a-6,25 \\ 0 \\ 2 \end{pmatrix}\right|}$$

$$\sin\alpha = \frac{|0\cdot(a-6,25)+4\cdot 0+3\cdot 2|}{\sqrt{0^2+4^2+3^2}\cdot\sqrt{(a-6,25)^2+0^2+2^2}}$$

$$\sin\alpha = \frac{6}{5\cdot\sqrt{a^2-12,5a+43,0625}}$$

Um den Parameter a so zu bestimmen, dass der Winkel zwischen E_1 und der Geraden

30° beträgt, setzt man $\alpha = 30°$ in obige Gleichung ein und löst die Gleichung durch Quadrieren nach a auf:

$$\begin{aligned}
\sin 30° &= \frac{6}{5 \cdot \sqrt{a^2 - 12{,}5a + 43{,}0625}} \\
0{,}5 &= \frac{6}{5 \cdot \sqrt{a^2 - 12{,}5a + 43{,}0625}} \\
\sqrt{a^2 - 12{,}5a + 43{,}0625} &= 2{,}4 \\
a^2 - 12{,}5a + 43{,}0625 &= 2{,}4^2 \\
a^2 - 12{,}5a + 37{,}3025 &= 0
\end{aligned}$$

Mithilfe des Taschenrechners erhält man die Lösungen $a_1 \approx 7{,}58$ und $a_2 \approx 4{,}92$. Für $a_1 \approx 7{,}58$ und $a_2 \approx 4{,}92$ beträgt der Winkel zwischen E_1 und der Geraden 30°.

frv.tv/ca

- Den Punkt Q der Ebene E_1, der den kürzesten Abstand zur Spitze $S_{6,5}\,(6{,}5 \mid 3 \mid 9)$ des Stabes hat, erhält man, indem man die Gleichung einer Lotgeraden l aufstellt, die durch $S_{6,5}$ geht und orthogonal zu E_1 ist.

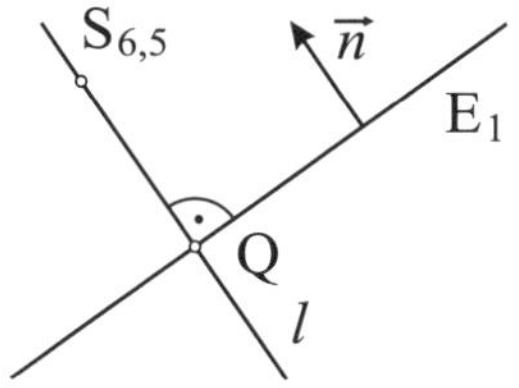

Als Richtungsvektor von l kann man den Normalenvektor von E_1 verwenden. Anschließend schneidet man l mit E_1. Die Gerade l hat die Gleichung:

$$l\colon \vec{x} = \begin{pmatrix} 6{,}5 \\ 3 \\ 9 \end{pmatrix} + t \cdot \begin{pmatrix} 0 \\ 4 \\ 3 \end{pmatrix}$$

Den Schnittpunkt Q von l und E_1 erhält man, indem man den allgemeinen Punkt $P_t(6{,}5 \mid 3+4t \mid 9+3t)$ von l in die Koordinatenform $E_1\colon 4x_2 + 3x_3 = 33$ einsetzt:

$$4 \cdot (3+4t) + 3 \cdot (9+3t) = 33 \;\Rightarrow\; t = -0{,}24$$

Setzt man $t = -0{,}24$ in P_t ein, erhält man die Koordinaten des gesuchten Punktes: $Q(6{,}5 \mid 2{,}04 \mid 8{,}28)$.

Den Abstand d von $S_{6,5}\,(6{,}5 \mid 3 \mid 9)$ zu E_1 erhält man mit der Abstandsformel:

$$d = \frac{|4 \cdot 3 + 3 \cdot 9 - 33|}{\sqrt{0^2 + 4^2 + 3^2}} = \frac{6}{\sqrt{25}} = 1{,}2$$

Die Spitze des Stabes hat zu E_1 einen Abstand von $1{,}2\,\text{m}$.

Wenn der Punkt Q innerhalb des Rechtecks EFGH liegt, muss gelten:

$$\overrightarrow{OQ} = \overrightarrow{OE} + s \cdot \overrightarrow{EF} + t \cdot \overrightarrow{EH} \text{ mit } 0 < s < 1 \text{ und } 0 < t < 1$$

Dies führt zu:

$$\begin{pmatrix} 6{,}5 \\ 2{,}04 \\ 8{,}28 \end{pmatrix} = \begin{pmatrix} 12{,}5 \\ 3 \\ 7 \end{pmatrix} + s \cdot \begin{pmatrix} -10 \\ 3 \\ -4 \end{pmatrix} + t \cdot \begin{pmatrix} -2{,}5 \\ -3 \\ 4 \end{pmatrix}$$

Daraus ergibt sich folgendes Gleichungssystem:

$$\begin{array}{llcllll} \text{I} & 6{,}5 & = & 12{,}5 & - & 10s & - & 2{,}5t \\ \text{II} & 2{,}04 & = & 3 & + & 3s & - & 3t \\ \text{III} & 8{,}28 & = & 7 & - & 4s & + & 4t \end{array}$$

bzw.

$$\begin{array}{lrclll} \text{I} & -6 & = & - & 10s & - & 2{,}5t \\ \text{II} & -0{,}96 & = & & 3s & - & 3t \\ \text{III} & 1{,}28 & = & - & 4s & + & 4t \end{array}$$

frv.tv/cd

Mithilfe des Taschenrechners erhält man $t = 0{,}736$ und $s = 0{,}416$.
Wegen $0 < s < 1$ und $0 < t < 1$ liegt der Punkt Q innerhalb des Rechtecks EFGH.

Stochastik

15 Stochastik – Zugverspätung

a) • Bezeichnet man mit A: Zug fährt nach A, mit $\overline{A}$: Zug fährt nach B, mit V: Zug hat Verspätung und mit $\overline{V}$: Zug ist pünktlich, so erhält man folgendes Baumdiagramm:

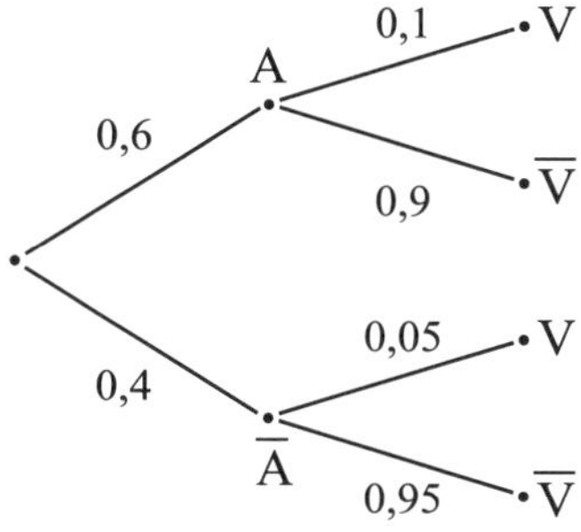

Die vier Pfadwahrscheinlichkeiten erhält man mithilfe der 1. Pfadregel (Produktregel):

$$P(A\cap V)=0,6\cdot 0,1=0,06$$
$$P\left(A\cap \overline{V}\right)=0,6\cdot 0,9=0,54$$
$$P\left(\overline{A}\cap V\right)=0,4\cdot 0,05=0,02$$
$$P\left(\overline{A}\cap \overline{V}\right)=0,4\cdot 0,95=0,38$$

• Die Wahrscheinlichkeit, dass ein aus den pünktlichen Zügen zufällig auszuwählender Zug die Stadt A als Ziel hat, erhält man mithilfe der bedingten Wahrscheinlichkeit:

$$P_{\overline{V}}(A)=\frac{P\left(A\cap\overline{V}\right)}{P\left(\overline{V}\right)}=\frac{P\left(A\cap\overline{V}\right)}{P\left(A\cap\overline{V}\right)+P\left(\overline{A}\cap\overline{V}\right)}=\frac{0,54}{0,54+0,38}=\frac{0,54}{0,92}\approx 0,5870=58,7\%$$

Die Wahrscheinlichkeit, dass ein pünktlicher Zug nach A fährt, beträgt etwa $58,7\,\%$.

b) • Legt man X als Zufallsvariable für die Anzahl der Verspätungen unter 100 Zügen fest, so ist X in diesem Falle binomialverteilt mit den Parametern $n=100$ und $p=0,2$.

Die Wahrscheinlichkeit, dass unter 100 Zügen genau 20 Züge Verspätung haben, erhält man mithilfe der Binomialverteilung unter Verwendung des Taschenrechners:

frv.tv/ci

$$P(X=20)\approx 0,0993=9,93\%$$

Die Wahrscheinlichkeit, dass unter 100 Zügen genau 20 Züge Verspätung haben, beträgt etwa $9,93\,\%$.

• Legt man Y als Zufallsvariable für die Anzahl der Verspätungen unter 10 Zügen fest, so ist Y in diesem Falle binomialverteilt mit den Parametern $n = 10$ und $p = 0,2$.

Die Wahrscheinlichkeit, dass unter 10 Zügen mehr als 2 Züge Verspätung haben, erhält man mithilfe der kumulierten Binomialverteilung und der Wahrscheinlichkeit des Gegenereignisses unter Verwendung des Taschenrechners:

frv.tv/ck

$$P(Y > 2) = 1 - P(Y \leqslant 2) \approx 1 - 0,6778 = 0,3222 = 32,22\%$$

Die Wahrscheinlichkeit, dass unter 10 Zügen mehr als 2 Züge Verspätung haben, beträgt etwa 32,22 %.

c)

- Da die Bahngesellschaft Rapid behauptet, die Pünktlichkeit der Züge habe sich durch die Einführung neuer Triebwagen so verbessert, dass sich jetzt weniger als 10 % aller Züge verspäten werden, kann man die Verneinung als Nullhypothese formulieren: «Es verspäten sich mindestens 10 % aller Züge». Also ist H_0: $p \geqslant 0,1$ und die zugehörige Alternativhypothese lautet: $H_1 : p < 0,1$.
  Legt man X als Zufallsvariable für die Anzahl der verspäteten Züge fest, so ist X in diesem Falle binomialverteilt mit den Parametern $n = 1150$ und $p = 0,1$.
  Wegen $H_1 : p < 0,1$ handelt es sich um einen linksseitigen Test mit Signifikanzniveau $\alpha = 0,5\%$. Deshalb ist ein maximales $k \in \mathbb{N}$ und damit ein Ablehnungsbereich $\overline{A} = \{0, ..., k\}$ der Nullhypothese so zu bestimmen, dass gilt:

$$P(X \in \overline{A}) \leqslant \alpha$$
$$P(X \leqslant k) \leqslant 0,005$$

frv.tv/cl

  Mithilfe des Taschenrechners erhält man: $k = 89$.
  Also ist $k = 89$ das maximale $k \in \mathbb{N}$ der Nullhypothese und man erhält damit den Ablehnungsbereich:
$$\overline{A} = \{0, ..., 89\}$$
  Die Entscheidungsregel lautet dann folgendermaßen:
  Wenn bei einem Stichprobenumfang von 1150 Zügen höchstens 89 Züge Verspätung haben, kann man der Behauptung der Bahngesellschaft Rapid mit einer Irrtumswahrscheinlichkeit von 0,5 % zustimmen, dass sich die Pünktlichkeit der Züge so verbessert hat, dass sich jetzt weniger als 10 % aller Züge verspäten werden.
- Ein Fehler 2. Art bedeutet, dass die Nullhypothese nicht abgelehnt wird, obwohl sie in Wirklichkeit falsch ist. Wenn sich bei diesem Test von 1150 Zügen mehr als 88 Züge verspäten, würde man annehmen, dass sich mindestens 10 % aller Züge verspäten. In Wirklichkeit kommen allerdings weniger als 10 % der Züge der Bahngesellschaft Rapid zu spät.
- Wenn die tatsächliche Wahrscheinlichkeit für eine Verspätung nur 8 % beträgt, kann

man den Fehler 2. Art bestimmen, indem man die Wahrscheinlichkeit des zuvor erhaltenen Annahmebereichs $A = \{90, ..., 1150\}$ berechnet.
Legt man Y als Zufallsvariable für die Anzahl der verspäteten Züge fest, so ist Y in diesem Falle binomialverteilt mit den Parametern $n = 1150$ und $p = 0,08$.
Mithilfe der kumulierten Binomialverteilung und der Wahrscheinlichkeit des Gegenereignisses unter Verwendung des Taschenrechners gilt:

frv.tv/ck

$$P(Y \in A) = P(Y \geqslant 90) = 1 - P(Y \leqslant 89) \approx 1 - 0,3983 = 0,6016 = 60,1\%$$

Der Fehler 2. Art beträgt etwa 60, 1 %.

16 Stochastik – Handys

a) Da bei den Handys nur die Ausfälle «fehlerhaft» und «fehlerfrei» unterschieden werden, kann die Ziehung eines Handys als Bernoulli-Experiment angesehen werden. Ferner handelt es sich um Massenproduktion, so dass sich die Wahrscheinlichkeit beim Ziehen ohne Zurücklegen nur unwesentlich ändert. Somit kann mit einer binomialverteilten Zufallsgröße der Kettenlänge $n = 100$ mit der Trefferwahrscheinlichkeit $p = 0,1$ für «Handy ist fehlerhaft» gerechnet werden; die Zufallsvariable X gebe also die Anzahl der fehlerhaften Handys an.

frv.tv/ck

Es ergeben sich mithilfe der (kumulierten) Binomialverteilung unter Verwendung des Taschenrechners für die gesuchten Ereignisse folgende Wahrscheinlichkeiten:
$P(A) = P(\text{weniger als 5 fehlerhafte Handys}) = P(X \leqslant 4) = 0,0237 = 2,37\,\%$.

frv.tv/ci

$P(B) = P(\text{genau 3 fehlerhafte Handys})$
$= P(X = 3) = 0,0059 = 0,59\,\%$.
$P(C) = P(\text{mindestens 90 Handys funktionieren}) = P(\text{höchstens 10 fehlerhafte Handys})$
$= P(X \leqslant 10) = 0,5832 = 58,32\,\%$.

b) Legt man Y als Zufallsvariable für die Anzahl der fehlerhaften Handys fest so ist Y binomialverteilt mit den Parametern $p = 0,1$ und unbekanntem n. Um die Anzahl n der Handys zu bestimmen, die entnommen werden müssen, so dass mit einer Wahrscheinlichkeit von mehr als 99 % wenigstens ein fehlerhaftes dabei ist löst man folgende Gleichung mithilfe des Gegenereignisses:

$$P(Y \geqslant 1) > 0,99$$
$$1 - P(Y = 0) > 0,99$$
$$0,01 > P(Y = 0)$$

frv.tv/ci

Durch Ausprobieren erhält man mithilfe der Binomialverteilung und des Taschenrechners:

$$n = 43: \; P(Y = 0) \approx 0,0108$$
$$n = 44: \; P(Y = 0) \approx 0,0097$$

Es müssen also mindestens 44 Handys entnommen werden, um mit einer Wahrscheinlichkeit von mehr als 99 % mindestens ein fehlerhaftes Handy zu erhalten.

c) Es sei F: Handy fehlerhaft und A: Handy ausgesondert.
Es gelten entsprechend der gegebenen Daten folgende Wahrscheinlichkeiten:
$P(F) = 0,1$ und $P(\overline{F} \cap A) = 0,04$ sowie $P(\overline{A}) = 0,93$.
Hieraus folgt: $P(\overline{F}) = 1 - P(F) = 1 - 0,1 = 0,9$ und $P(A) = 1 - P(\overline{A}) = 1 - 0,93 = 0,07$.

Trägt man diese Wahrscheinlichkeiten in eine Vierfeldertafel ein und ergänzt diese, so ergibt sich:

	A	$\overline{A}$	
F	0,03	0,07	0,1
$\overline{F}$	0,04	0,86	0,9
	0,07	0,93	1

Die Wahrscheinlichkeit, dass ein Handy fehlerhaft ist und ausgesondert wird, kann aus der Vierfeldertafel abgelesen werden: $P(F \cap A) = 0,03 = 3\,\%$.
Der Anteil der fehlerhaften und ausgesonderten Handys im Verhältnis zu allen fehlerhaften Handys ist: $\frac{0,03}{0,1} = 30\,\%$.

d) Die Nullhypothese lautet: H_0: $p \leqslant 0,04$ bei Treffer «Handy fehlerhaft» und $n = 100$.
Die Alternativhypothese lautet: $H_1 : p > 0,04$.
Legt man X als Zufallsvariable für die Anzahl der fehlerhaften Handys fest, so ist X binomialverteilt mit den Parametern $n = 100$ und $p = 0,04$. Wegen $H_1 : p > 0,04$ handelt es sich um einen rechtsseitigen Test mit der Irrtumswahrscheinlichkeit $\alpha = 5\,\%$. Deshalb ist ein minimales $k \in \mathbb{N}$ und damit ein Ablehnungsbereich $\overline{A} = \{k, ..., 100\}$ der Nullhypothese so zu bestimmen, dass gilt:

$$
\begin{aligned}
P(X \in \overline{A}) &\leqslant \alpha \\
P(X \geqslant k) &\leqslant 0,05 \\
1 - P(X \leqslant k-1) &\leqslant 0,05 \\
0,95 &\leqslant P(X \leqslant k-1)
\end{aligned}
$$

Mithilfe des Taschenrechners erhält man: $k - 1 = 7 \Rightarrow k = 8$.
Also ist $k = 8$ das minimale $k \in \mathbb{N}$ der Nullhypothese und man erhält damit den Ablehnungsbereich:

frv.tv/cl

$$\overline{A} = \{8, ..., 100\}$$

Da 7 nicht im Ablehnungsbereich liegt, kann der Großhändler nicht schließen, dass die Firma Noko eine falsche Angabe gemacht hat.

17 Stochastik – Tischtennis

a) • Anhand der gegebenen Daten kann eine Vierfeldertafel erstellt und durch Summen- und Differenzbildung vervollständigt werden. Bezeichnet man mit V das Ereignis «Ball hat starke Verformung» und mit N das Ereignis «Ball hat Nahtfehler», so kann man folgende Wahrscheinlichkeiten bestimmen:
Da 5 % der Bälle starke Verformungen zeigen, gilt:

$$P(V) = 0,05 \Rightarrow P\left(\overline{V}\right) = 1 - P(V) = 1 - 0,05 = 0,95$$

Da 7 % der Bälle defekte Nahtstellen aufweisen, gilt:

$$P(N) = 0,07 \Rightarrow P\left(\overline{N}\right) = 1 - P(N) = 1 - 0,07 = 0,93$$

Da 2 % aller Bälle beide Fehler zeigen, gilt:

$$P(V \cap N) = 0,02$$

Durch Differenzen- und Summenbildung erhält man folgende Vierfeldertafel:

	N	$\overline{N}$	
V	**0,02**	0,03	**0,05**
$\overline{V}$	0,05	0,90	0,95
	0,07	0,93	1

V: Ball hat starke Verformung
$\overline{V}$: Ball hat keine Verformung
N: Ball hat Nahtfehler
$\overline{N}$: Ball hat keinen Nahtfehler

Um zu zeigen, dass 10 % der Trainingsbälle völlig unbrauchbar sind, addiert man die entsprechenden Wahrscheinlichkeiten:

$$P(V \cup N) = P(V) + P(N) - P(V \cap N) = 0,05 + 0,07 - 0,02 = 0,1 = 10\%$$

Alternativ kann man auch folgendermaßen rechnen:

$$P(V \cup N) = P(V \cap N) + P\left(V \cap \overline{N}\right) + P\left(N \cap \overline{V}\right) = 0,02 + 0,03 + 0,05 = 0,1 = 10\%$$

• Die Wahrscheinlichkeit, dass ein zufällig zu entnehmender Tischtennisball mit Nahtfehlern Verformungen hat, erhält man mithilfe der bedingten Wahrscheinlichkeit:

$$P_N(V) = \frac{P(N \cap V)}{P(N)} = \frac{0,02}{0,07} \approx 0,2857 = 28,57\%$$

Die gesuchte Wahrscheinlichkeit beträgt etwa 28,57 %.

b) • Da 10 % der Trainingsbälle der Firma «Ping und Pong» völlig unbrauchbar sind, gilt für die Trefferwahrscheinlichkeit des Ereignisses «Ball ist völlig unbrauchbar»: $p = 0,1$. Da in einer Großpackung 100 Bälle sind, gilt: $n = 100$.
Legt man X als Zufallsvariable für die Anzahl der völlig unbrauchbaren Bälle fest, so ist X in diesem Falle binomialverteilt mit den Parametern $n = 100$ und $p = 0,1$.
Die Wahrscheinlichkeit, dass man in einer Großpackung zu 100 Stück mehr als 11, aber höchstens 14 völlig unbrauchbare Bälle findet, erhält man mithilfe der kumulierten Binomialverteilung unter Verwendung des Taschenrechners:

frv.tv/ck

$$P(11 < X \leqslant 14) = P(X \leqslant 14) - P(X \leqslant 11) \approx 0,9274 - 0,7030 = 0,2244 = 22,44\%$$

Die gesuchte Wahrscheinlichkeit beträgt etwa 22,44 %.

• Legt man Y als Zufallsvariable für die Anzahl der unbrauchbaren unter 6 zu entnehmenden Bällen fest, so ist Y in diesem Falle hypergeometrisch verteilt mit den Parametern $N = 12$, $M = 3$ und $n = 6$, da sich in einer 12-er Packung genau 3 völlig unbrauchbare Bälle befinden und 6 Bälle daraus entnommen werden.
Die Wahrscheinlichkeit, dass sich unter 6 daraus zu entnehmenden Bällen genau 2 völlig unbrauchbare befinden, erhält man mithilfe der Formel $P(Y = k) = \frac{\binom{M}{k} \cdot \binom{N-M}{n-k}}{\binom{N}{n}}$.
Damit ergibt sich:

$$P(Y = 2) = \frac{\binom{3}{2} \cdot \binom{9}{4}}{\binom{12}{6}} \approx 0,4091 = 40,91\%$$

Die gesuchte Wahrscheinlichkeit beträgt etwa 40,91 %.

• Legt man Z als Zufallsvariable für die Anzahl der völlig unbrauchbaren Bälle unter n Bällen fest, so ist Z in diesem Falle binomialverteilt mit den Parametern $p = 0,1$ und unbekanntem n.
Um die Zahl n der Trainingsbälle, die man der Produktion mindestens entnehmen müsste, um mit einer Wahrscheinlichkeit von mehr als 95 % mindestens einen völlig unbrauchbaren Ball zu erhalten, löst man folgende Gleichung mithilfe des Gegenereignisses:

$$\begin{aligned} P(Z \geqslant 1) &> 0,95 \\ 1 - P(Z = 0) &> 0,95 \\ 0,05 &> P(Z = 0) \end{aligned}$$

Durch Ausprobieren erhält man mithilfe der Binomialverteilung und des Taschen-

frv.tv/ci

rechners:

$$n = 28: \ P(Z = 0) \approx 0,0523$$
$$n = 29: \ P(Z = 0) \approx 0,0471$$

Somit müsste man der Produktion mindestens 29 Bälle entnehmen.

c) Die Trefferwahrscheinlichkeit für einen einwandfreien Turnierball beträgt $p = 0,92$.
Da 1000 «3-Stern-Bälle» geordert werden, gilt: $n = 1000$.
Legt man X als Zufallsvariable für die Anzahl der einwandfreien Turnierbälle unter 1000 Turnierbällen fest, so ist X in diesem Falle binomialverteilt mit den Parametern $p = 0,92$ und $n = 1000$.
Damit erhält man die größte Zahl k, so dass die Wahrscheinlichkeit, mit dieser Lieferung mindestens k einwandfreie Turnierbälle zu erhalten, größer als 98 % ist, mithilfe des Gegenereignisses unter Verwendung des Taschenrechners:

frv.tv/cl

$$\begin{aligned} P(X \geqslant k) &> 0,98 \\ 1 - P(X \leqslant k-1) &> 0,98 \\ 0,02 &> P(X \leqslant k-1) \\ 901 &\leqslant k-1 \\ 902 &\leqslant k \end{aligned}$$

Damit erhält man mit obiger Bedingung höchstens $k = 902$ einwandfreie Turnierbälle.

18 Stochastik – Spielautomat

Die Anzeigewahrscheinlichkeit für jede Walze beträgt bei jedem Spiel für Apfel 10%, für Birne 30% und für Zitrone 60%.

a) Die Wahrscheinlichkeit, dass bei der rechten Walze Apfel erscheint, beträgt $p = 10\% = 0,1$.
Legt man X als Zufallsvariable für die Anzahl der Ereignisse, bei denen Apfel angezeigt wird, fest, so ist X binomialverteilt mit den Parametern $n = 20$ und $p = 0,1$.
Die Wahrscheinlichkeit für das Ereignis A: «Die rechte Walze zeigt genau siebenmal Apfel an.» erhält man mithilfe der Binomialverteilung unter Verwendung des Taschenrechners:

$$P(A) = P(X = 7) \approx 0,0020 = 0,2\%$$

frv.tv/ci

Die Wahrscheinlichkeit für das Ereignis B: «Die rechte Walze zeigt mehr als zweimal Apfel an.» erhält man mithilfe der Wahrscheinlichkeit des Gegenereignisses und der kumulierten Binomialverteilung unter Verwendung des Taschenrechners:

$$P(B) = P(X > 2) = 1 - P(X \leqslant 2) \approx 1 - 0,6769 = 0,3231 = 32,31\%$$

frv.tv/ck

Die Wahrscheinlichkeit für das Ereignis C: «Die rechte Walze zeigt genau doppelt so oft wie erwartet Apfel an.» erhält man ebenfalls mit der Binomialverteilung oder der Bernoulli-Formel. Bei 20 Spielen beträgt der Erwartungswert für «Apfel»: $\mu = n \cdot p = 20 \cdot 0,1 = 2$. Damit ist die Wahrscheinlichkeit gesucht, dass die rechte Walze genau viermal Apfel (das Doppelte des Erwartungswerts) anzeigt. Mithilfe des Taschenrechners ergibt sich:

$$P(C) = P(X = 4) \approx 0,0898 = 8,98\%$$

frv.tv/ci

b) • Bezeichnet man mit A: Apfel, mit B: Birne und mit Z: Zitrone, so erhält man das auf der nächsten Seite abgebildete Baumdiagramm.
Die Wahrscheinlichkeit, dass ein Gewinn ausgezahlt wird, also dass beide Walzen die gleiche Frucht anzeigen, erhält man mithilfe der 1. und 2. Pfadregel (Produkt- und Summenregel):

$$\begin{aligned} P(\text{Gewinn}) &= P(AA) + P(BB) + P(ZZ) \\ &= 0,1 \cdot 0,1 + 0,3 \cdot 0,3 + 0,6 \cdot 0,6 \\ &= 0,46 \end{aligned}$$

Somit ist die Gewinnwahrscheinlichkeit kleiner als 0,5.

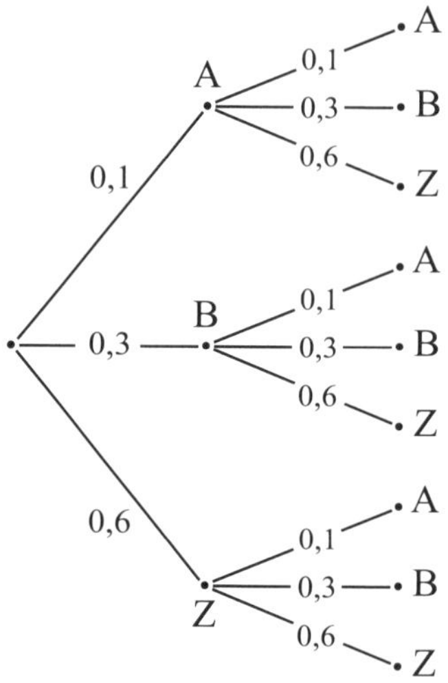

- Legt man X als Zufallsvariable für die Anzahl der Doppelzitronen bei n Spielen fest, so ist X binomialverteilt mit den Parametern n und $p = P(ZZ) = 0,6 \cdot 0,6 = 0,36$. Um zu berechnen, wie viele Spiele (n) mindestens gespielt werden müssten, damit die Wahrscheinlichkeit dafür, dass mindestens einmal beide Walzen eine Zitrone anzeigen («Doppelzitrone»), größer als 90% ist, löst man folgende Ungleichung:

$$\begin{aligned} P(X \geqslant 1) &> 0,9 \\ 1 - P(X = 0) &> 0,9 \\ 0,1 &> P(X = 0) \end{aligned}$$

frv.tv/ci

Durch Ausprobieren erhält man mithilfe der Binomialverteilung und des Taschenrechners:

$$\begin{aligned} n = 5: \ P(X = 0) &\approx 0,1074 \\ n = 6: \ P(X = 0) &\approx 0,0687 \end{aligned}$$

Somit müssen mindestens 6 Spiele gespielt werden, damit die Wahrscheinlichkeit, dass mindestens einmal Doppelzitrone auftritt, größer als 90% ist.

c) Die Wahrscheinlichkeit für «Doppelapfel» beträgt $P(AA) = 0,1 \cdot 0,1 = 0,01$.
Die Wahrscheinlichkeit für «Doppelbirne» beträgt $P(BB) = 0,3 \cdot 0,3 = 0,09$.
Die Wahrscheinlichkeit für «Doppelzitrone» beträgt $P(ZZ) = 0,6 \cdot 0,6 = 0,36$.
Man legt X als Zufallsvariable für den Gewinn eines Spielers und x als Auszahlungsbetrag für «Doppelzitrone» fest. Wenn der Einsatz bei einem Spiel 20 ct beträgt und der Gewinn beim Eintreffen von «Doppelbirne» viermal so hoch ist wie beim Eintreffen von

«Doppelzitrone», so gilt für den Erwartungswert E von X:

$$E(X) = 200ct \cdot 0,01 + 4x \cdot 0,09 + x \cdot 0,36 - 20ct$$

Da das Spiel fair sein soll, muss gelten:

$$E(X) = 0$$

Dies führt zu:

$$\begin{aligned} 200ct \cdot 0,01 + 4x \cdot 0,09 + x \cdot 0,36 - 20ct &= 0 \\ x \cdot (4 \cdot 0,09 + 0,36) &= 18ct \\ x &= 25ct \end{aligned}$$

Somit beträgt der Auszahlungsbetrag für das Ereignis «Doppelzitrone» 25ct und für das Ereignis «Doppelbirne» 100ct.

Abitur 2014

Tipps ab Seite 117, Lösungen ab Seite 122

Landesabitur 2014 Mathematik (WTR) Grundkurs
Analysis Vorschlag A1

1. Zum Zeitpunkt $t = 0$ werden einmalig 20 mg eines Medikaments direkt in die Blutbahn eines Patienten gespritzt. Die im Blut vorhandene Medikamentenmenge (in mg) kann näherungsweise durch die Exponentialfunktion f mit $f(t) = 20 \cdot e^{-0,1054 \cdot t}$ beschrieben werden (t misst die Zeit in Minuten nach der Injektion).

1.1 Geben Sie die fehlenden Werte in der Tabelle (Material 1) an. Zeichnen Sie anschließend anhand der ermittelten Punkte den Graphen von f in ein geeignetes Koordinatensystem.

(7 BE)

1.2 Berechnen Sie die Zeit, nach der sich nur noch die Hälfte der anfänglichen Medikamentenmenge im Blut des Patienten befindet.

(4 BE)

2. Unter der medizinischen Wirkung $w(\mathrm{T})$ eines Medikaments bis zum Zeitpunkt T (in Minuten) versteht man den Ausdruck $w(\mathrm{T}) = \int_0^{\mathrm{T}} f(t)\,\mathrm{d}t$, wobei die Funktion f die Menge des Medikamentes im Blut in Abhängigkeit von der Zeit (t in Minuten) beschreibt.

2.1 Bestimmen Sie die medizinische Wirkung des Medikamentes aus Aufgabe 1 für $\mathrm{T} = 30$ unter Angabe einer Stammfunktion.

(6 BE)

2.2 Erläutern Sie die Zeilen (I) bis (III) im Kasten und deuten Sie das Ergebnis im Sachzusammenhang.

(6 BE)

(I) $\int_0^{35} f(t)\mathrm{d}t \approx 185,01$

(II) $\lim\limits_{\mathrm{T}\to\infty} w(\mathrm{T}) = \lim\limits_{\mathrm{T}\to\infty} \int_0^{\mathrm{T}} f(t)\mathrm{d}t \approx 189,75$

(III) $\frac{185,01}{189,75} \approx 0,98 = 98\,\%$

3. Das Medikament kann auch über eine Tropfinfusion verabreicht werden. Dabei gelangt jede Minute eine gleichbleibende Menge von $c = 3\,\text{mg}$ des Medikaments in den Blutkreislauf, wobei über die Nieren in jeder Minute $k = 10\,\%$ des im Blut vorhandenen Medikamentes abgebaut werden.
Für eine im Blut befindliche Menge h des Medikamentes in Abhängigkeit von der Zeit t in Minuten gilt allgemein (mit den obigen Bezeichnungen): $h(t) = \frac{c}{k} \cdot \left(1 - e^{-kt}\right)$.

3.1 Geben Sie die Funktionsgleichung $h(t)$ für die im Blut befindliche Medikamentenmenge bei einer Tropfinfusion an. Begründen Sie dann, welcher der drei Graphen (Material 2) die Funktion h korrekt beschreibt.

(6 BE)

3.2 Zeigen Sie, dass H mit $\mathrm{H}(t) = 30 \cdot \left(t + 10 \cdot e^{-0{,}1 \cdot t}\right)$ eine Stammfunktion von h ist. Berechnen Sie die medizinische Wirkung (siehe Aufgabe 2) der Tropfinfusion nach 30 Minuten.

(6 BE)

4. Diskutieren Sie die Einsatzmöglichkeiten der beiden Darreichungsformen «Spritze» und «Tropfinfusion» anhand der betrachteten Graphen.

(5 BE)

Material 1

t	0	5	10	15	20	25	30
$f(t)$	20	11,8	6,97	$\approx 4{,}12$	2,4	1,4	$\approx 0{,}85$

Material 2

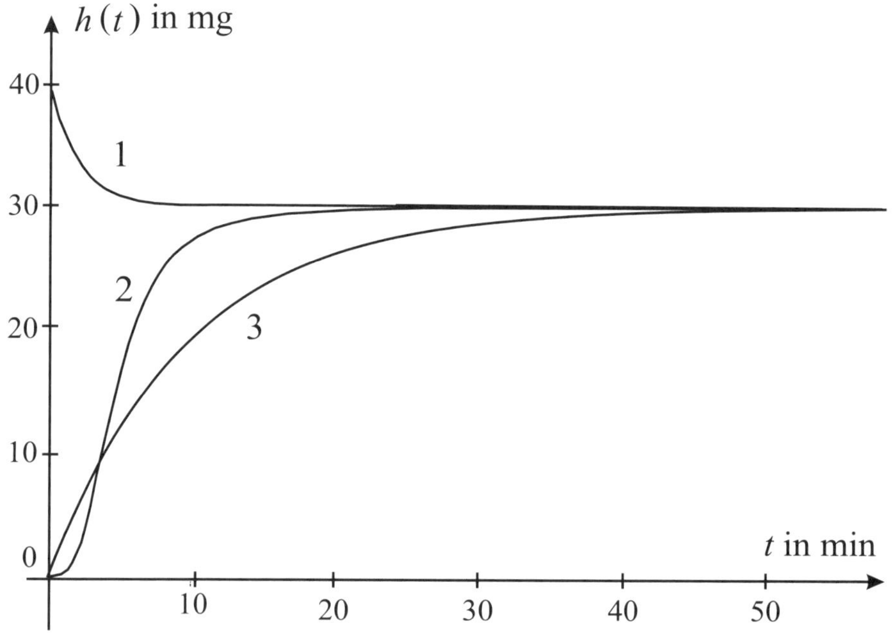

Tipps ab Seite117, Lösungen ab Seite 125

Landesabitur 2014 Mathematik (WTR/GTR) Grundkurs
Analysis Vorschlag A2

Ein Goldschmied möchte eine neue Schmuckform in seine Kollektion aufnehmen. Ein Entwurf zeigt die Designvorlage für eine Brosche (Material 1).
Die Trennlinie, die den Kreis in zwei gleich große Teile teilt, kann durch eine Funktion dritten Grades beschrieben werden (Angaben in Zentimetern).

1. Berechnen Sie die Funktion f dritten Grades mithilfe von Material 1. Erläutern Sie Ihren Ansatz.
   [zur Kontrolle: $f(x) = \frac{2}{9}x^3 - \frac{8}{9}x$] **(9 BE)**

2. Der schraffierte Bereich in Material 1 soll mit einer Schichtdicke von $0{,}001\,\text{cm}$ vergoldet werden. $1\,\text{cm}^3$ der verwendeten Legierung hat eine Masse von $12\,\text{g}$.
   Berechnen Sie die für eine Brosche benötigte Masse der Legierung. **(10 BE)**

3. Bei einer zweiten Variante der Brosche wird zusätzlich zu der durch f gegebenen Linie eine zweite Linie angebracht, die durch eine Funktion g mit $g(x) = a \cdot f(x)$, $a \geqslant 1$ beschrieben werden kann (Material 2).

3.1 Beschreiben Sie, wie der Graph von g aus dem Graphen von f hervorgeht. Nehmen Sie dabei auch Bezug auf die Lage der Nullstellen und Extrempunkte. **(5 BE)**

3.2 Bestimmen Sie den Faktor a so, dass der schraffierte Flächeninhalt $1{,}6\,\text{cm}^2$ beträgt. **(9 BE)**

3.3 k ist die Kreisfunktion, die den oberen halbkreisförmigen Rand der Brosche im Intervall $[-2;2]$ beschreibt.
Erläutern Sie die Zeilen (1) bis (3) im nebenstehenden Kasten und deuten Sie das Ergebnis im Sachzusammenhang.

(1) $k(x) = g(x)$

(2) Lösung: $x_1 = -2, x_2 = 2,$

$x_{3,4} = -\frac{\sqrt{8a \pm 2\sqrt{16a^2-81}}}{2\sqrt{a}}$

(3) $16a^2 - 81 \geqslant 0 \Rightarrow a \geqslant 2{,}25$

(7 BE)

Material 1

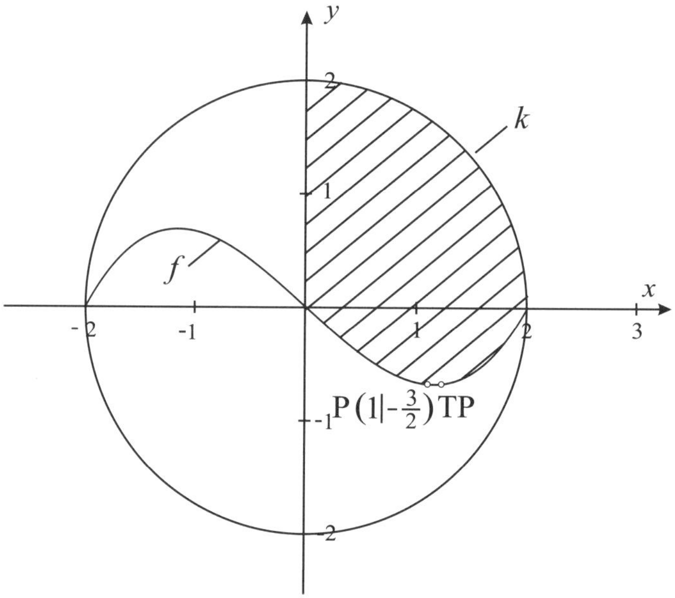

Hinweis: Die Angabe des Tiefpunktes (TP) dient nur zur Orientierung.

Material 2

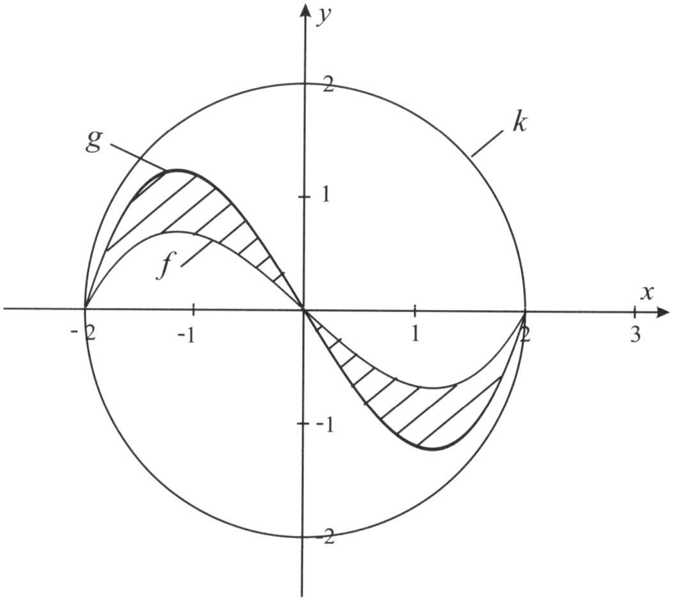

Tipps ab Seite118, Lösungen ab Seite 128

Landesabitur 2014 Mathematik (WTR/GTR/CAS) Grundkurs
Lineare Algebra/Analytische Geometrie Vorschlag B1

Anlässlich der documenta 6 wurde 1977 in Kassel ein Laserkunstwerk errichtet, das historisch markante Punkte der Stadt durch deutlich sichtbare geradlinig verlaufende Laserstrahlen verbindet. In einer anderen Stadt soll ein ähnliches Kunstwerk installiert werden. Die drei geplanten Laserstrahlen verbinden wichtige Punkte der Stadt (Angaben in Metern):

Laserfarbe	Ausgangspunkt	Zielpunkt
Rot	Museum M (0 | 0 | 0)	Bahnhof B (200 | 500 | 30)
Grün	Funkturm F (1400 | 1200 | 230)	Schloss S (800 | 400 | 130)
Blau	Funkturm F (1400 | 1200 | 230)	Bahnhof B (200 | 500 | 30)

1. Ermitteln Sie, ob die Punkte M, B, F und S in einer Ebene liegen. **(6 BE)**

2. Zur Finanzierung des Kunstwerkes soll, wie damals in Kassel, die Länge des längsten Laserstrahles in einzelnen Meterabschnitten für jeweils 10 € an Kunstfreunde «verkauft» werden.

2.1 Berechnen Sie die Einnahmen unter der Annahme, dass für alle vollen Meterabschnitte des längsten Strahles Käufer gefunden werden. **(4 BE)**

2.2 Zeichnen Sie die Laserstrahlen in einen Grundriss der Stadt im Maßstab 1 : 20000 ein. Hierbei liegt die Grundfläche der Stadt in der xy-Ebene und die z-Achse zeigt senkrecht zur xy-Ebene in Richtung des Betrachters.
Begründen Sie, warum nicht allein anhand des Grundrisses der längste Strahl ermittelt werden kann. **(5 BE)**

3. Die blaue Laserlichtquelle im Funkturm kann stufenlos so gedreht werden, dass sie nicht mehr zum Bahnhof, sondern zum Schloss leuchtet. Schwenkt man sehr schnell, nimmt der Beobachter diese Strahlen als Teil einer Ebene wahr.

3.1 Bestimmen Sie die Gleichung dieser Ebene in Parameter- und Koordinatenform. **(7 BE)**

3.2 Berechnen Sie den Winkel, um den die blauen Laserstrahlen im Funkturm schwenken. **(3 BE)**

3.3 Im Punkt (900 | 700 | 90) steht ein 50 Meter hoher Kirchturm. Ein künstlerischer Berater des Projekts befürchtet, dass der Kirchturm beim Schwenken die blauen Laserstrahlen unterbricht und die Wirkung des Kunstwerks stört.
Untersuchen Sie, ob der Kirchturm im Schwenkbereich der Laserstrahlen steht. **(5 BE)**

Tipps ab Seite 119, Lösungen ab Seite 133

Landesabitur 2014 Mathematik (WTR/GTR/CAS) Grundkurs
Lineare Algebra/Analytische Geometrie Vorschlag B2

Auf dem Rasen eines Fussballstadions soll eine Bühne für eine Kundgebung aufgebaut werden. Der verantwortliche Architekt legt für die Planung ein dreidimensionales kartesisches Koordinatensystem an. Die Rasenfläche liegt in der x_1x_2-Ebene. Die x_3-Achse zeigt senkrecht zur x_1x_2-Ebene in Richtung des Betrachters. Im grau unterlegten Bereich wird ein Bühnenboden errichtet, der sich 1 m über dem Rasen befindet (Material 1).
Alle in der Skizze eingetragenen Zahlenwerte sind in der Einheit Meter angegeben.

1. Um leichter auf den Bühnenboden zu gelangen, soll eine 3 m breite Rampe mit rechteckigem Grundriss gebaut und in $R_2\,(35 \mid -5 \mid 0)$ und $R_3\,(25 \mid -5 \mid 1)$ verankert werden.

1.1 Geben Sie die Koordinaten der Eckpunkte R_1 und R_4 an und berechnen Sie die Länge der Rampe.

(5 BE)

1.2 Nach DIN 18024-1 darf der Steigungswinkel einer barrierefreien Rampe maximal $3{,}4°$ betragen.
Berechnen Sie den Steigungswinkel der Rampe und entscheiden Sie, ob diese die DIN erfüllt.

(4 BE)

Mit Seilen soll über dem Fussballplatz eine dreieckige Fläche aus Segeltuch gespannt werden. Zwei der drei Eckpunkte dieses Dreiecks liegen in $A\,(5 \mid 26 \mid 25)$ und $B\,(2 \mid 30 \mid 18)$.

2. Der dritte Eckpunkt C ist ein variabler Punkt auf dem Seil, welches von A zur Spitze des Flutlichtmastes $P\,(35 \mid 66 \mid 35)$ gespannt wird.

2.1 Zeigen Sie, dass im Dreieck ABP bei A ein rechter Winkel vorliegt.
Erläutern Sie, dass das Dreieck ABC immer rechtwinklig ist - egal, wo sich der Punkt C auf dem Seil zwischen A und P befindet.

(5 BE)

2.2 Das Segeltuch, mit dem das Dreieck ABC bespannt werden soll, darf aus Gewichtsgründen höchstens $100\,\text{m}^2$ groß sein. Bestimmen Sie die Koordinaten des Punktes C auf dem Seil, für den die Dreiecksfläche die zugelassene Maximalgröße hat.

(6 BE)

3. Das Segeltuch wird bei $C(17 \mid 42 \mid 29)$ fixiert und straff gespannt. Zu einer gewissen Uhrzeit fallen Sonnenstrahlen in Richtung $\vec{v} = \begin{pmatrix} -1 \\ -5 \\ -3 \end{pmatrix}$ ein, so dass das Segeltuch einen dreieckigen Schatten auf den geplanten Bühnenboden wirft.
Die Schattenpunkte der Punkte B und C liegen bei $B_S\left(-3\frac{2}{3} \mid 1\frac{2}{3} \mid 1\right)$ und $C_S\left(7\frac{2}{3} \mid -4\frac{2}{3} \mid 1\right)$.

3.1 Berechnen Sie die Koordinaten des Schattenpunktes A_S auf dem Bühnenboden. **(5 BE)**

3.2 Im Punkt $M(0 \mid 0 \mid 1)$ soll ein Mikrofon aufgestellt werden.
Zeichnen Sie unter Angabe einer geeigneten Skalierung der Achsen den Schatten des Segeltuchs in das Koordinatensystem in Material 2 ein.
Prüfen Sie zeichnerisch, ob der Fußpunkt M des Mikrofonstativs im Schatten liegt.
Sollten Sie Aufgabe 3.1 nicht gelöst haben, verwenden Sie den Ersatzpunkt $A'_S(-2 \mid -15 \mid 1)$. **(5 BE)**

Material 1

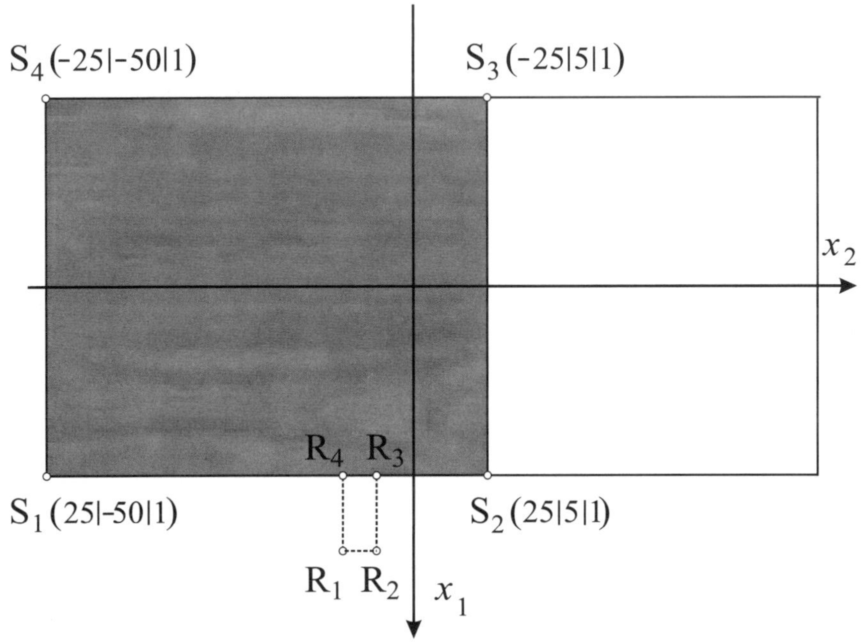

Material 2

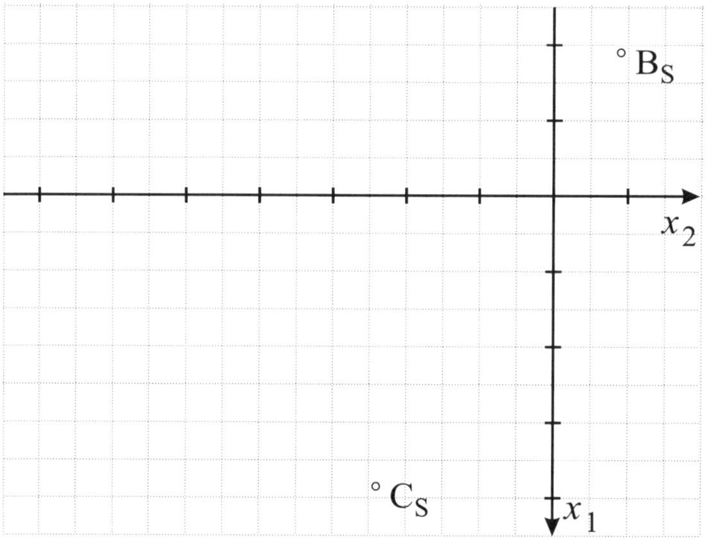

Tipps ab Seite 119, Lösungen ab Seite 136

Landesabitur 2014 Mathematik (WTR/GTR/CAS) Grundkurs
Stochastik Vorschlag C1

Zur Fussballweltmeisterschaft 2014 bietet ein Schokoladenhersteller zusätzlich zu jeder Tafel Schokolade ein (von außen nicht erkennbares) Sammelbild an. Die Bilder zeigen Spieler aller beteiligten Nationen. Besonders beliebt sind die Sammelbilder mit deutschen Nationalspielern. Nach Angaben des Herstellers enthält jede fünfte Tafel ein Bild eines Spielers der deutschen Nationalmannschaft. Die Bilder werden zufällig in die Verpackungen gelegt.

1. Peter kauft im Supermarkt 20 Tafeln Schokolade. Es sollen folgende Ereignisse betrachtet werden:

   A: Er findet genau vier Bilder deutscher Nationalspieler.

   B: Es sind mindestens sechs Bilder deutscher Nationalspieler dabei.

   C: Peter findet in der letzten geöffneten Verpackung zum ersten Mal das Bild eines deutschen Nationalspielers.

   Begründen Sie, dass man die Zufallsexperimente A und B als Bernoulli-Kette auffassen kann, und geben Sie deren Parameter an.
   Bestimmen Sie die Wahrscheinlichkeiten der oben genannten Ereignisse.

   (8 BE)

2. Inga möchte unbedingt ein Bild irgendeines deutschen Nationalspielers bekommen. Bestimmen Sie die Anzahl der Schokoladentafeln, die sie mindestens kaufen muss, um mit einer Wahrscheinlichkeit von mehr als 99 % mindestens ein solches Bild zu erhalten.

   (5 BE)

3. Die Filialleiterin eines Supermarktes führt eine Werbeaktion durch. Sie verspricht jedem Kunden, der einen Karton mit 20 Schokoladentafeln kauft und dabei nicht mindestens zwei Bilder eines deutschen Nationalspielers bekommt, die Auszahlung von 10 Euro. An einem Karton mit 20 Tafeln Schokolade macht sie außerhalb der Werbeaktion einen Gewinn von 5 Euro.
   Bestimmen Sie den zu erwartenden Gewinn pro verkauftem Karton während der Werbeaktion.

   (6 BE)

4. Die Filialleiterin hat nach einiger Zeit den Verdacht, dass der Anteil der Bilder deutscher Nationalspieler unter 20 % liegt. Sie untersucht 100 Schokoladentafeln und wird dem Hersteller weiterhin vertrauen, wenn sie mehr als 15 Bilder deutscher Nationalspieler findet.

4.1 Bestimmen Sie unter diesen Voraussetzungen die Wahrscheinlichkeit, mit der die Filialleiterin den Hersteller zu Unrecht verdächtigen wird.

(6 BE)

4.2 Erklären Sie, unter welcher Voraussetzung man die Wahrscheinlichkeit berechnen könnte, mit der die Filialleiterin dem Hersteller fälschlicherweise glaubt, und leiten Sie eine Formel zur Berechnung her.

(5 BE)

Tipps ab Seite 121, Lösungen ab Seite 139

Landesabitur 2014 Mathematik (WTR/GTR/CAS) Grundkurs
Stochastik Vorschlag C2

Zahl der Woche Nr. 042 vom 21.10.2008
137 000 Migrantenkinder ohne [allgemeinen] Schulabschluss

WIESBADEN- Kinder von Migranten tun sich schwer im deutschen Schulsystem. Das Statistische Bundesamt hat anhand von Zahlen aus dem Jahr 2007 den Schulerfolg von «Menschen mit Migrationshintergrund» untersucht, die ihre schulische Ausbildung ausschließlich in Deutschland erhalten haben. Dazu mussten diese entweder in Deutschland geboren oder beim Zuzug höchstens fünf Jahre alt gewesen sein.

Von den 2,0 Millionen Menschen mit Migrationshintergrund, die [...] das deutsche Schulsystem [...] durchlaufen haben, haben 137 000 keinen allgemeinen Schulabschluss erreicht [...].

Zu den «Menschen mit Migrationshintergrund» zählen alle seit 1950 Zugewanderten und ihre Nachkommen.

[Unter den Personen ohne Migrationshintergrund] gab es im Übrigen 847 000 Menschen ohne [allgemeinen] Schulabschluss, das sind 1,5 % [aller Personen dieser Personengruppe].

Statistisches Bundesamt
www.destatis.de/jetspeed/portal/cms/Sites/destatis/Internet/DE/Presse/pm/zdw/2008/PD08__042__p002.psml

Hinweis: Im obigen Artikel sowie im Nachfolgenden werden ausschließlich Personen betrachtet, die das deutsche Schulsystem durchlaufen haben.

Aufgaben

1.1 Geben Sie mithilfe der Daten aus dem Text des Statistischen Bundesamtes die fehlenden Werte in folgender Tabelle an; runden Sie die Zahlen dabei sinnvoll.

Personen	mit allg.Schulabschl.	ohne allg.Schulabschl.	Summe
mit Migrationshintergrund			
ohne Migrationshintergrund			
Summe			

(6 BE)

1.2 Berechnen Sie die relative Häufigkeit, dass es sich bei einer Person mit allgemeinem Schulabschluss um jemanden mit Migrationshintergrund handelt.

(3 BE)

2. Wegen verstärkter Integrationsbemühungen geht man davon aus, dass unter den Personen mit Migrationshintergrund der Anteil derer, die keinen allgemeinen Schulabschluss erreichen, im Jahr 2014 auf 5 % gesunken sein wird.
Bestimmen Sie unter diesen Voraussetzungen die Wahrscheinlichkeiten der folgenden Ereignisse:

E_1: Im Jahr 2014 erreichen von 50 zufällig ausgewählten Personen mit Migrationshintergrund genau 2 keinen allgemeinen Schulabschluss.

E_2: Im Jahr 2014 erreichen von 100 zufällig ausgewählten Personen mit Migrationshintergrund mindestens 90 einen allgemeinen Schulabschluss.

Begründen Sie Ihren mathematischen Ansatz zur Bestimmung der Wahrscheinlichkeiten.

(9 BE)

3. Laut Statistischem Bundesamt soll die Quote der Schulabgänger mit allgemeiner Hochschulreife von derzeit 31 % auf rund 35 % bis ins Jahr 2015 gesteigert werden. Im Wahlkampf verspricht die Partei A, die Quote für das Jahr 2015 auf über 40 % zu steigern.

3.1 Im Jahr 2015 werden 100 Schulabgänger zufällig ausgewählt und nach ihrem Schulabschluss gefragt. Entwickeln Sie einen geeigneten Hypothesentest und geben Sie eine Entscheidungsregel auf der Basis von $\alpha \leqslant 5\,\%$ an, mit der die Partei A überprüfen kann, ob sie ihr Wahlversprechen gehalten hat.

(8 BE)

3.2 Stellen Sie dar, welche Fehler auftreten können, und diskutieren Sie jeweils deren Bedeutung im Sachzusammenhang.

(4 BE)

Tipps

Aufgabe A1 (WTR)

1.1 Die fehlenden Werte in der Tabelle berechnen Sie mithilfe des Taschenrechners, indem Sie den jeweiligen t-Wert in $f(t)$ einsetzen.

1.2 Die Zeit, nach der sich nur noch die Hälfte der anfänglichen Medikamentenmenge im Blut des Patienten befindet, erhalten Sie, indem Sie die Gleichung $f(t) = \frac{20}{2}$ durch Logarithmieren nach t auflösen.

2.1 Die medizinische Wirkung des Medikamentes aus Aufgabe 1 für $\mathrm{T} = 30$ erhalten Sie, indem Sie $\mathrm{T} = 30$ in $w(\mathrm{T})$ einsetzen. Eine Stammfunktion erhalten Sie durch lineare Integration («äußere Stammfunktion geteilt durch innere Ableitung»).

2.2 Beachten Sie, dass mithilfe des Integrals die medizinische Wirkung berechnet wird und dass der Grenzwert von $w(\mathrm{T})$ für $\mathrm{T} \to \infty$ einen Extremwert annimmt.
Überlegen Sie für Zeile III, was 100 % entspricht.

3.1 Setzen Sie $c = 3$ und $k = 10\,\% = 0{,}1$ in $h(t)$ ein.
Setzen Sie beispielsweise $t = 0$ und $t = 10$ in $h(t)$ ein und vergleichen Sie die erhaltenen Funktionswerte mit den y-Werten der gegebenen Graphen.

3.2 Um zu zeigen, dass $\mathrm{H}(t)$ eine Stammfunktion von h ist, bestimmen Sie die 1. Ableitung von H mithilfe der Kettenregel. Zur Berechnung der medizinischen Wirkung der Tropfinfusion nach 30 Minuten verwenden Sie wieder ein Integral (siehe Aufgabe 2) sowie die Stammfunktion H.

4. Überlegen Sie, wie groß die Medikamentenmenge zu Beginn und im Laufe der Zeit ist und beachten Sie die medizinische Wirkung.

Aufgabe A2 (WTR GTR)

1. Bestimmen Sie die Nullstellen von f und verwenden Sie den «Nullstellenansatz» $f(x) = a \cdot (x - x_1) \cdot (x - x_2) \cdot (x - x_2)$. Setzen Sie die Nullstellen x_1, x_2 und x_3 sowie den gegebenen Punkt P in diesen Ansatz ein. Alternativ können Sie aufgrund der Punktsymmetrie zum Ursprung den Ansatz $f(x) = ax^3 + bx$ wählen. Setzen Sie die Koordinaten von $\mathrm{P}\left(1 \mid -\frac{2}{3}\right)$ und $\mathrm{Q}(2 \mid 0)$ in diesen Ansatz ein und lösen Sie das zugehörige lineare Gleichungssystem mithilfe des Taschenrechners.

2. Den Flächeninhalt A des schraffierten Bereichs in Material 1 erhalten Sie als Summe des Viertelkreises A_1 und der Fläche A_2 zwischen dem Graphen von f und der x-Achse. Bestimmen Sie den Radius des Viertelkreises und verwenden Sie die Kreisflächenformel $\mathrm{A}_{\mathrm{Kreis}} = \pi \cdot r^2$. Den Flächeninhalt A_2 erhalten Sie mithilfe eines Integrals. Bestimmen Sie die Integrationsgrenzen und beachten Sie, dass der Graph von f unterhalb der x-Achse verläuft. Das Volumen V der vergoldeten Schicht mit Schichtdicke d erhalten Sie durch $\mathrm{V} = \mathrm{A} \cdot d$. Die Masse der Legierung erhalten Sie, indem Sie das Volumen der vergoldeten Schicht mit der Dichte von $12\,\frac{\mathrm{g}}{\mathrm{cm}^3}$ multiplizieren.

3.1 Überlegen Sie, in welche Richtung der Graph von f gestreckt wird. Bei einer Streckung in y-Richtung werden alle y-Werte mit dem Streckfaktor multipliziert. Überlegen Sie, wie sich dies auf Nullstellen und Extrempunkte auswirkt.

3.2 Den Flächeninhalt A^* der schraffierten Fläche in Material 2 erhalten Sie mithilfe eines Integrals und der berechneten Fläche A_2 aus Aufgabe 2. Aus Symmetriegründen genügt es, eine Teilfläche zu bestimmen. Beachten Sie, dass der Graph von f im Intervall $[0;2]$ oberhalb des Graphen von g verläuft. Alternativ können Sie das Integral auch ausführlich berechnen (ohne Verwendung von A_2). Da der schraffierte Flächeninhalt $1{,}6\,\text{cm}^2$ betragen soll, lösen Sie die Gleichung $A^* = 1{,}6$ nach a auf.

3.3 Überlegen Sie, was mithilfe der Gleichung $k(x) = g(x)$ berechnet werden soll. Beachten Sie, dass zwei Lösungen der Gleichung vom Parameter a abhängen. Überlegen Sie, welche Bedeutung es für die Anzahl der Lösungen hat, wenn der Radikand $16a^2 - 81 \geqslant 0$ ist. Geben Sie die Anzahl der Schnittstellen in Abhängigkeit von a an und überlegen Sie, für welche Werte von a eine Brosche möglich ist.

Aufgabe B1 (WTR GTR CAS)

1. Stellen Sie zuerst eine Parametergleichung der Ebene auf, in der die Punkte M, B und F enthalten sind. Anschließend prüfen Sie, ob der Punkt S auch in dieser Ebene liegt, indem Sie das zugehörige lineare Gleichungssystem lösen. Falls ein Widerspruch entsteht, liegt S nicht in der Ebene.

2.1 Berechnen Sie die Länge der einzelnen Laserstrahlen, indem Sie jeweils den Betrag der entsprechenden Verbindungsvektoren bestimmen. Multiplizieren Sie das ganzzahlige Ergebnis des längsten Strahls mit 10€.

2.2 «Grundriss» bedeutet, dass nur die x- und die y-Koordinate gezeichnet werden.
Überlegen Sie, ob für die Berechnung der Länge eines Strahles auch die Höhendifferenz vom Anfangs- zum Endpunkt eine Rolle spielt und ob diese im Grundriss sichtbar wird.

3.1 Beachten Sie, dass die Ebene E, in der sich die blauen Laserstrahlen befinden, die Punkte F, B und S enthält. Verwenden Sie F als Stützpunkt und die Vektoren $\overrightarrow{FB}$ und $\overrightarrow{FS}$ als zugehörige Spannvektoren. Einen Normalenvektor $\vec{n}$ von E erhalten Sie mithilfe des Vektorprodukts (siehe Seite 36) der Spannvektoren.
Alternativ können Sie $\vec{n}$ auch mithilfe des Skalarprodukts bestimmen; da $\vec{n}$ sowohl auf $\overrightarrow{FB}$ als auch auf $\overrightarrow{FS}$ senkrecht steht, muss gelten: $\vec{n} \cdot \overrightarrow{FB} = 0$ und $\vec{n} \cdot \overrightarrow{FS} = 0$. Lösen Sie das zugehörige lineare Gleichungssystem.
Die Koordinatengleichung von E erhalten Sie dann, indem Sie $\vec{n}$ und die Koordinaten von F in die Ebenengleichung $n_x x + n_y y + n_z z = d$ einsetzen und d bestimmen.
Alternativ können Sie auch die Normalenform $\left(\vec{x} - \vec{f}\right) \cdot \vec{n} = 0$ verwenden.

3.2 Den Winkel α, um den die blauen Laserstrahlen im Funkturm schwenken, erhalten Sie, indem Sie den Winkel zwischen den Vektoren $\overrightarrow{FB}$ und $\overrightarrow{FS}$ mithilfe der Formel
$\cos\alpha = \frac{\overrightarrow{FB} \cdot \overrightarrow{FS}}{\left|\overrightarrow{FB}\right| \cdot \left|\overrightarrow{FB}\right|}$ bestimmen.

3.3 Überlegen Sie, welche Koordinaten die Kirchturmspitze K hat. Stellen Sie die Gleichung der Geraden g auf, auf der der Kirchturm liegt und schneiden Sie diese mit der Ebene E (siehe Aufgabe 3.1). Überlegen Sie, ob der Punkt K unterhalb des Schnittpunkts von g und E liegt.

Aufgabe B2 (WTR GTR CAS)

1.1 Beachten Sie, dass die Rampe 3 m breit und rechteckig sein soll.
Die Länge l der Rampe erhalten Sie, indem Sie den Betrag des Verbindungsvektors von R_2 zu R_3 bestimmen.

1.2 Den Steigungswinkel α der Rampe erhalten Sie, indem Sie den Winkel zwischen der Geraden durch R_2 und R_3 mit Richtungsvektor $\vec{r}$ und der x_1x_2-Ebene mit Normalenvektor $\vec{n}$ berechnen. Verwenden Sie die Formel $\sin\alpha = \frac{|\vec{r}\cdot\vec{n}|}{|\vec{r}|\cdot|\vec{n}|}$. Alternativ können Sie den Winkel α auch mithilfe der Trigonometrie im rechtwinkligen Dreieck bestimmen. Vergleichen Sie α mit dem maximal zulässigen Winkel.

2.1 Berechnen Sie das Skalarprodukt der Vektoren $\overrightarrow{AB}$ und $\overrightarrow{AP}$. Falls das Ergebnis Null ist, liegt bei A ein rechter Winkel vor. Skizzieren Sie das Dreieck ABP und ein beliebiges Dreieck ABC. Beachten Sie, dass der Vektor $\overrightarrow{AC}$ die gleiche Richtung hat wie der Vektor $\overrightarrow{AP}$.

2.2 Den Flächeninhalt A des rechtwinkligen Dreiecks ABC erhalten Sie mit der Formel $A = \frac{1}{2}\cdot g\cdot h$. Als Grundlinie g des Dreiecks verwenden Sie die Strecke AB, deren Länge Sie mithilfe des Betrags des zugehörigen Verbindungsvektors bestimmen. Als zugehörige Höhe h des Dreiecks verwenden Sie die Strecke AC. Beachten Sie, dass diese ein «Vielfaches» der Strecke AP ist, da $\overrightarrow{AC} = r\cdot\overrightarrow{AP}$. Bestimmen Sie damit die Höhe und den Flächeninhalt des Dreiecks ABC in Abhängigkeit von r. Da das Segeltuch höchstens $100\,\text{m}^2$ groß sein soll, lösen Sie die Gleichung $A = 100$ nach r auf. Die Koordinaten des Punktes C erhalten Sie mit einer geeigneten Vektorkette.

3.1 Bestimmen Sie die Gleichung der Ebene E, in welcher der Bühnenboden liegt. Die Koordinaten des Schattenpunktes A_S auf dem Bühnenboden erhalten Sie, indem Sie die Gerade g, die durch A geht und den Richtungsvektor $\vec{v}$ hat, mit E schneiden. Dazu setzen Sie den allgemeinen Punkt P_t von g in E ein, lösen die Gleichung nach t auf und setzen den erhaltenen t-Wert in P_t ein.

3.2 Prüfen Sie anhand Ihrer Zeichnung, ob der Punkt M innerhalb des Schattendreiecks liegt.

Aufgabe C1 (WTR GTR CAS)

1. Überlegen Sie, welche beiden Versuchsausgänge es beim Kauf einer Tafel Schokolade gibt und ob die einzelnen Käufe («Ziehungen») unabhängig voneinander sind. Legen Sie X als binomialverteilte Zufallsvariable für die Anzahl der Bilder deutscher Nationalspieler fest und bestimmen Sie die zugehörigen Parameter n und p.

Die Wahrscheinlichkeit für das Ereignis A erhalten Sie mithilfe der Binomialverteilung und des Taschenrechners.
Die Wahrscheinlichkeit für das Ereignis B erhalten Sie mithilfe der Wahrscheinlichkeit des Gegenereignisses sowie der kumulierten Binomialverteilung und des Taschenrechners. Die Wahrscheinlichkeit für das Ereignis C erhalten Sie mithilfe der 1. Pfadregel (Produktregel) für ein 20-stufiges Experiment.

2. Legen Sie X als binomialverteilte Zufallsvariable für die Anzahl der Bilder deutscher Nationalspieler mit der Trefferwahrscheinlichkeit p und unbekanntem n fest. Die Anzahl n der Schokoladentafeln, die Inga mindestens kaufen muss, um mit einer Wahrscheinlichkeit von mehr als 99 % mindestens ein Bild eines deutschen Nationalspielers zu erhalten, erhalten Sie durch Lösen der Ungleichung $P(X \geqslant 1) > 0{,}99$. Verwenden Sie die Wahrscheinlichkeit des Gegenereignisses und lösen Sie die Ungleicchung durch Ausprobieren mit der Binomialverteilung des Taschenrechners.

3. Bestimmen Sie die Wahrscheinlichkeit, dass in einem Karton mit 20 Schokoladentafeln nicht mindestens zwei Bilder, also höchstens ein Bild eines deutschen Nationalspielers ist mithilfe der kumulierten Binomialverteilung und des Taschenrechners. Den zu erwartenden Gewinn G pro verkauftem Karton während der Werbeaktion erhalten Sie, indem Sie vom normalen Gewinn von 5 Euro den durchschnittlichen Auszahlungsbetrag subtrahieren; dieser ergibt sich, indem Sie 10 Euro mit der berechneten Wahrscheinlichkeit multiplizieren.

4.1 Legen Sie X als binomialverteilte Zufallsvariable für die Anzahl der Schokoladetafeln mit dem Bild eines deutschen Nationalspielers mit den Parametern n und p fest.
Formulieren Sie die Nullhypothese: $H_0: p = ...$ und die zugehörige Alternativhypothese $H_1: p < ...$.Beachten Sie, dass es sich wegen $H_1: p < ...$ um einen linksseitigen Hypothesentest handelt.
Geben Sie den Annahmebereich A und den Ablehnungsbereich $\overline{A}$ der Aussage an. Die Wahrscheinlichkeit, mit der die Filialleiterin den Hersteller zu Unrecht verdächtigen wird (Fehler 1. Art), erhalten Sie, indem Sie die Wahrscheinlichkeit bestimmen, mit der X im Ablehnungsbereich liegt: $P\left(X \in \overline{A}\right)$. Verwenden Sie die kumulierte Binomialverteilung und den Taschenrechner.

4.2 Beachten Sie, dass als Voraussetzung die Wahrscheinlichkeit $p_1 < 0{,}2$ bekannt sein müsste, mit welcher der Hersteller tatsächlich die Bilder deutscher Nationalspieler in die Schokoladentafeln mischt. Legen Sie Y als binomialverteilte Zufallsvariable für die Anzahl der Bilder deutscher Nationalspieler mit den Parametern n und p fest. Geben Sie den Annahmebereich der Nullhypothese $H_0: p = p_1$ entsprechend den Aussagen der Filialleiterin an. Die Wahrscheinlichkeit, dass die Filialleiterin dem Hersteller fälschlicherweise glaubt (Fehler 2. Art), erhalten Sie, indem Sie die Wahrscheinlichkeit berechnen, dass sich Y im Annahmebereich A befindet: $P(Y \in A)$.

Aufgabe C2 (WTR GTR CAS)

1.1 Drei Zahlen können Sie direkt in die Tabelle eintragen. Beachten Sie, dass $1,5\,\%$ der Prozentwert der Zahl 847 000 entspricht, so dass Sie damit den Grundwert, also die Anzahl der Menschen ohne Migrationshintergrund, berechnen können. Runden Sie sinnvollerweise auf volle Tausend. Die übrigen Zahlen erhalten Sie durch Summen- bzw. Differenzbildung.

1.2 Zur Bestimmung der relativen Häufigkeit h, dass es sich bei einer Person mit allgemeinem Schulabschluss um jemanden mit Migrationshintergrund handelt, überlegen Sie, welche beiden Zahlen sie durcheinander teilen müssen.

2. Überlegen Sie, welche beiden Ausgänge es bei den Ereignissen E_1 und E_2 gibt und ob die Trefferwahrscheinlichkeit p aufgrund der Stichprobengröße als konstant angesehen werden kann.
Legen Sie X für das Ereignis E_1 als binomialverteilte Zufallsvariable für die Anzahl der Personen ohne allgemeinen Schulabschluss unter 50 zufällig ausgewählten Personen mit Migrationshintergrund fest und bestimmen Sie die Parameter p und n. Die Wahrscheinlichkeit für das Ereignis E_1 erhalten Sie mithilfe der Binomialverteilung und des Taschenrechners. Legen Sie Y für das Ereignis E_2 als binomialverteilte Zufallsvariable für die Anzahl der Personen ohne allgemeinen Schulabschluss unter 100 zufällig ausgewählten Personen mit Migrationshintergrund fest und bestimmen Sie die Parameter n und p. Formulieren Sie das Ereignis E_2 so um, dass die Wahrscheinlichkeit für die Anzahl der Personen ohne Schulabschluss berechnet werden muss. Die Wahrscheinlichkeit für das Ereignis E_2 erhalten Sie mithilfe der kumulierten Binomialverteilung und des Taschenrechners.

3.1 Formulieren Sie für den Hypothesentest die Nullhypothese $H_0: p \leqslant ...$ sowie die zugehörige Alternativhypothese $H_1: p > ....$ Legen Sie X als binomialverteilte Zufallsvariable für die Anzahl der Personen mit allgemeinem Hochschulabschluss mit den Parametern n und p fest. Beachten Sie, dass es sich wegen $H_1: p > ...$ um einen rechtsseitigen Test mit dem Ablehnungsbereich $\overline{A} = \{k, ..., 100\}$ und dem Signifikanzniveau $\alpha \leqslant 5\,\%$ handelt. Bestimmen Sie mithilfe der kumulierten Binomialverteilung und des Taschenrechners ein minimales $k \in \mathbb{N}$ so, dass die Wahrscheinlichkeit, dass X einen Wert zwischen k und 100 annimmt, kleiner als α ist, d.h. dass gilt: $P\left(X \in \overline{A}\right) \leqslant \alpha$ bzw. $P(X \geqslant k) \leqslant \alpha$. Verwenden Sie die Wahrscheinlichkeit des Gegenereignisses $P(X \geqslant k) = 1 - P(X \leqslant k-1)$. Bestimmen Sie damit den Ablehnungsbereich $\overline{A}$ und formulieren Sie die Entscheidungsregel.

3.2 Beachten Sie, dass bei einem Fehler 1. Art die Nullhypothese $H_0: p \leqslant ...$ fälschlicherweise abgelehnt wird, obwohl sie richtig ist.
Bei einem Fehler 2. Art wird die Nullhypothese $H_0: p \leqslant ...$ fälschlicherweise beibehalten, obwohl sie falsch ist.

Lösungen

Aufgabe A1 (WTR)

1. Es ist $f(t) = 20 \cdot e^{-0,1054 \cdot t}$ (t in Minuten, $f(t)$ in mg).

1.1 Die fehlenden Werte in der Tabelle berechnet man mithilfe des Taschenrechners, indem man den jeweiligen t-Wert in $f(t)$ einsetzt. Es ergibt sich:

frv.tv/cf

$$f(5) = 20 \cdot e^{-0,1054 \cdot 5} \approx 11,81$$
$$f(10) = 20 \cdot e^{-0,1054 \cdot 10} \approx 6,97$$
$$f(20) = 20 \cdot e^{-0,1054 \cdot 20} \approx 2,43$$
$$f(25) = 20 \cdot e^{-0,1054 \cdot 25} \approx 1,43$$

t	0	5	10	15	20	25	30
$f(t)$	20	$\approx 11,81$	$\approx 6,97$	$\approx 4,12$	$\approx 2,43$	$\approx 1,43$	$\approx 0,85$

Damit hat der Graph von f das folgende Aussehen:

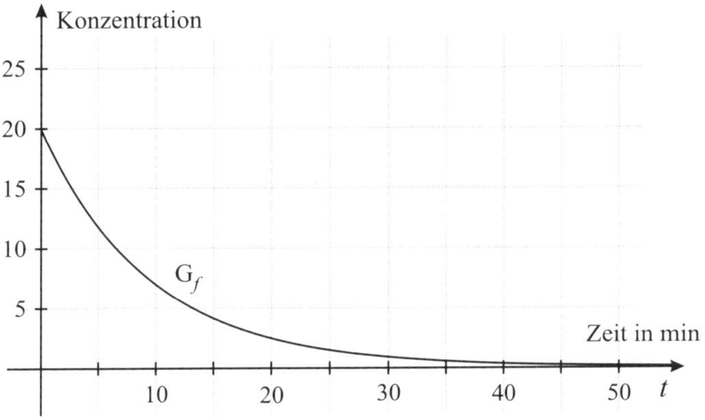

1.2 Die Zeit, nach der sich nur noch die Hälfte der anfänglichen Medikamentenmenge im Blut des Patienten befindet, erhält man, indem man die Gleichung $f(t) = \frac{20}{2}$ durch Logarithmieren nach t auflöst:

$$f(t) = \frac{20}{2}$$
$$20 \cdot e^{-0,1054 \cdot t} = 10$$
$$e^{-0,1054 \cdot t} = 0,5$$
$$-0,1054 \cdot t = \ln(0,5)$$
$$t = \frac{\ln(0,5)}{-0,1054} \approx 6,58$$

Nach etwa sechseinhalb Minuten befindet sich nur noch die Hälfte der anfänglichen Medikamentenmenge im Blut des Patienten.

2.1 Die medizinische Wirkung des Medikamentes aus Aufgabe 1 für $T = 30$ erhält man, indem man $T = 30$ in $w(T)$ einsetzt. Eine Stammfunktion erhält man durch lineare Integration:

$$\begin{aligned} w(30) &= \int_0^{30} f(t)\,dt \\ w(30) &= \int_0^{30} 20 \cdot e^{-0,1054 \cdot t}\,dt \\ &= \left[\frac{20}{-0,1054} \cdot e^{-0,1054 \cdot t}\right]_0^{30} \\ &= \left(\frac{20}{-0,1054} \cdot e^{-0,1054 \cdot 30}\right) - \left(\frac{20}{-0,1054} \cdot e^{-0,1054 \cdot 0}\right) \\ &\approx 181,72 \end{aligned}$$

Die medizinische Wirkung beträgt etwa $181,72$.

2.2 Durch Zeile (I) $\int_0^{35} f(t)dt \approx 185,01$wird die medizinische Wirkung bis zum Zeitpunkt $T = 35$ Minuten berechnet. Sie beträgt etwa $185,01$.

Durch Zeile (II) $\lim\limits_{T \to \infty} w(T) = \lim\limits_{T \to \infty} \int_0^{T} f(t)dt \approx 189,75$ wird der Grenzwert der medizinischen Wirkung für $T \to \infty$, also die maximal mögliche medizinische Wirkung bestimmt.

Durch Zeile (III) $\frac{185,01}{189,75} \approx 0,98 = 98\,\%$wird der Prozentsatz der medizinischen Wirkung nach 35 Minuten zur maximal möglichen medizinischen Wirkung ermittelt. Also werden nach 35 Minuten etwa 98 % der maximal möglichen medizinischen Wirkung erzielt.

3.1 Setzt man $c = 3$ und $k = 10\,\% = 0,1$ in $h(t) = \frac{c}{k} \cdot \left(1 - e^{-kt}\right)$ ein, erhält man:

$$h(t) = \frac{3}{0,1} \cdot \left(1 - e^{-0,1 \cdot t}\right) = 30 \cdot \left(1 - e^{-0,1 \cdot t}\right)$$

Setzt man $t = 0$ und $t = 10$ in $h(t)$ ein, ergibt sich:

$$\begin{aligned} h(0) &= 30 \cdot \left(1 - e^{-0,1 \cdot 0}\right) = 0 \\ h(10) &= 30 \cdot \left(1 - e^{-0,1 \cdot 10}\right) \approx 19 \end{aligned}$$

Aufgrund der berechneten Werte beschreibt nur Graph 3 die Funktion h korrekt.

3.2 Um zu zeigen, dass $H(t) = 30 \cdot \left(t + 10 \cdot e^{-0,1 \cdot t}\right)$ eine Stammfunktion von h ist, bestimmt man die 1. Ableitung von H mithilfe der Kettenregel:

$$H'(t) = 30 \cdot \left(1 + 10 \cdot e^{-0,1 \cdot t} \cdot (-0,1)\right) = 30 \cdot \left(1 - e^{-0,1 \cdot t}\right) = h(t)$$

Wegen $\mathrm{H}'(t) = h(t)$ ist H eine Stammfunktion von h.

Die medizinische Wirkung der Tropfinfusion nach 30 Minuten erhält man mithilfe eines Integrals (siehe Aufgabe 2). Verwendet man die angegebene Stammfunktion H, ergibt sich:

$$w(30) = \int_0^{30} h(t)\,\mathrm{d}t$$

$$\begin{aligned} w(30) &= \int_0^{30} 30 \cdot \left(1 - e^{-0,1 \cdot t}\right)\,\mathrm{d}t \\ &= \left[30 \cdot \left(t + 10 \cdot e^{-0,1 \cdot t}\right)\right]_0^{30} \\ &= \left(30 \cdot \left(30 + 10 \cdot e^{-0,1 \cdot 30}\right)\right) - \left(30 \cdot \left(0 + 10 \cdot e^{-0,1 \cdot 0}\right)\right) \\ &\approx 614,94 \end{aligned}$$

Die medizinische Wirkung beträgt etwa $614,94$.

4. Bei der Darreichungsform «Spritze» steht das Medikament sofort zur Verfügung, wird allerdings sehr schnell wieder abgebaut. Fast die gesamte medizinische Wirkung ist schon kurz nach Verabreichung vorhanden.
   Bei der Darreichungsform «Tropfinfusion» steigt die Medikamentenmenge anfangs fast linear an und ist nach relativ kurzer Zeit fast gleichbleibend, also konstant. Somit kann das Medikament über einen längeren Zeitraum medizinisch wirken.

Aufgabe A2 (WTR GTR)

1. Anhand von Material 1 kann man erkennen, dass der Graph der Funktion f dritten Grades die drei Nullstellen $x_1 = -2$, $x_2 = 0$ und $x_3 = 2$ hat und durch den Punkt $P\left(1 \mid -\frac{2}{3}\right)$ geht. Als «Nullstellenansatz» kann man daher

$$f(x) = a \cdot (x - (-2)) \cdot (x - 0) \cdot (x - 2) = a \cdot x \cdot (x + 2) \cdot (x - 2)$$

wählen. Setzt man die Koordinaten von P in diesen Ansatz ein, ergibt sich:

$$-\frac{2}{3} = a \cdot 1 \cdot (1 + 2) \cdot (1 - 2) \Rightarrow -\frac{2}{3} = -3a \Rightarrow a = \frac{2}{9}$$

Damit ergibt sich:

$$f(x) = \frac{2}{9} \cdot x \cdot (x + 2) \cdot (x - 2) = \frac{2}{9} \cdot x \cdot \left(x^2 - 4\right) = \frac{2}{9}x^3 - \frac{8}{9}x$$

Alternativ kann man aufgrund der Punktsymmetrie zum Ursprung den Ansatz $f(x) = ax^3 + bx$ wählen. Setzt man die Koordinaten von $P\left(1 \mid -\frac{2}{3}\right)$ und $Q(2 \mid 0)$ in diesen Ansatz ein, erhält man ein lineares Gleichungssystem:

$$\begin{array}{llcccc} \text{I} & -\frac{2}{3} & = & a \cdot 1^3 & + & b \cdot 1 \\ \text{II} & 0 & = & a \cdot 2^3 & + & b \cdot 2 \end{array}$$

bzw.

$$\begin{array}{llcccc} \text{I} & -\frac{2}{3} & = & a & + & b \\ \text{II} & 0 & = & 8a & + & 2b \end{array}$$

Mithilfe des Taschenrechners erhält man $a = \frac{2}{9}$ und $b = -\frac{8}{9}$.
Somit hat die Funktion f die Gleichung $f(x) = \frac{2}{9}x^3 - \frac{8}{9}x$.

2. Den Flächeninhalt A des schraffierten Bereichs in Material 1 erhält man als Summe des Viertelkreises A_1 und der Fläche A_2 zwischen der x-Achse und dem Graphen von f:

$$A = A_1 + A_2$$

Der Viertelkreis hat den Radius $r = 2$, damit gilt:

$$A_1 = \frac{1}{4} \cdot \pi \cdot r^2 = \frac{1}{4} \cdot \pi \cdot 2^2 = \pi$$

Den Flächeninhalt A_2 erhält man mithilfe eines Integrals mit den Integrationsgrenzen $x_1 = 0$ und $x_2 = 2$. Da der Graph von f unterhalb der x-Achse verläuft, gilt:

$$\begin{aligned} A_2 &= \int_0^2 (0 - f(x))\,\mathrm{d}x = \int_0^2 \left(-\frac{2}{9}x^3 + \frac{8}{9}x\right)\mathrm{d}x \\ &= \left[-\frac{1}{18}x^4 + \frac{4}{9}x^2\right]_0^2 \end{aligned}$$

$$= \left(-\frac{1}{18}\cdot 2^4+\frac{4}{9}\cdot 2^2\right)-\left(-\frac{1}{18}\cdot 0^4+\frac{4}{9}\cdot 0^2\right)$$
$$= \frac{8}{9}$$

Damit ergibt sich:

$$\mathrm{A} = \mathrm{A}_1 + \mathrm{A}_2 = \pi + \frac{8}{9} \approx 4,03$$

Der schraffierte Flächeninhalt beträgt etwa $4,03\,\mathrm{cm}^2$.

Da diese Fläche mit einer Schichtdicke von $d = 0,001\,\mathrm{cm}$ vergoldet werden soll, erhält man das Volumen V der vergoldeten Schicht durch

$$\mathrm{V} = \mathrm{A}\cdot d = 4,03\,\mathrm{cm}^2 \cdot 0,001\,\mathrm{cm} = 0,00403\,\mathrm{cm}^3$$

Weil $1\,\mathrm{cm}^3$ der verwendeten Legierung eine Masse von $12\,\mathrm{g}$ hat, erhält man die Masse m der Legierung, indem man das Volumen V mit der Dichte von $12\,\frac{\mathrm{g}}{\mathrm{cm}^3}$ multipliziert:

$$m = 0,00403\,\mathrm{cm}^3 \cdot 12\,\frac{\mathrm{g}}{\mathrm{cm}^3} = 0,04836$$

Die Masse der Legierung beträgt etwa $0,048\,\mathrm{g}$.

3.1 Wegen $g(x) = a\cdot f(x)$, $a \geqslant 1$ entsteht der Graph von g aus dem Graphen von f durch Streckung mit Faktor a in y-Richtung. Die Nullstellen und Extremstellen auf der x-Achse ändern sich dabei nicht, die y-Werte der Extrempunkte werden mit dem Faktor a multipliziert.

3.2 Den Flächeninhalt A^* der schraffierten Fläche in Material 2 erhält man mithilfe der berechneten Fläche A_2 aus Aufgabe 2. Aus Symmetriegründen genügt es, eine Teilfläche zu bestimmen. Da der Graph von f im Intervall $[0;2]$ oberhalb des Graphen von g verläuft, gilt:

$$\begin{aligned}
\mathrm{A}^* &= 2\cdot\int_0^2 (f(x)-g(x))\,\mathrm{d}x\\
&= 2\cdot\int_0^2 (f(x)-a\cdot f(x))\,\mathrm{d}x\\
&= 2\cdot\int_0^2 ((1-a)\cdot f(x))\,\mathrm{d}x\\
&= 2\cdot(1-a)\cdot\int_0^2 f(x)\mathrm{d}x\\
&= 2\cdot(1-a)\cdot(-1)\cdot\int_0^2 (-f(x))\,\mathrm{d}x\\
&= (2a-2)\cdot \mathrm{A}_2
\end{aligned}$$

$$
\begin{aligned}
&= (2a-2)\cdot\frac{8}{9}\\
&= \frac{16}{9}a - \frac{16}{9}
\end{aligned}
$$

Alternativ kann man das Integral auch ausführlich berechnen:

$$
\begin{aligned}
\mathrm{A}^* &= 2\cdot\int_0^2 (f(x)-g(x))\,\mathrm{d}x\\
&= 2\cdot\int_0^2 (f(x)-a\cdot f(x))\,\mathrm{d}x\\
&= 2\cdot\int_0^2 \left(\frac{2}{9}x^3-\frac{8}{9}x-a\cdot\left(\frac{2}{9}x^3-\frac{8}{9}x\right)\right)\mathrm{d}x\\
&= 2\cdot\int_0^2 \left(\frac{2}{9}x^3-\frac{8}{9}x-\frac{2}{9}ax^3+\frac{8}{9}ax\right)\mathrm{d}x\\
&= 2\cdot\left[\frac{1}{18}x^4-\frac{4}{9}x^2-\frac{1}{18}ax^4+\frac{4}{9}ax^2\right]_0^2\\
&= 2\cdot\left(\left(\frac{1}{18}\cdot 2^4-\frac{4}{9}\cdot 2^2-\frac{1}{18}a\cdot 2^4+\frac{4}{9}a\cdot 2^2\right)-\left(\frac{1}{18}\cdot 0^4-\frac{4}{9}\cdot 0^2-\frac{1}{18}a\cdot 0^4+\frac{4}{9}a\cdot 0^2\right)\right)\\
&= 2\cdot\left(\frac{8}{9}-\frac{16}{9}-\frac{8}{9}a+\frac{16}{9}a\right)\\
&= -\frac{16}{9}+\frac{16}{9}a
\end{aligned}
$$

Da der schraffierte Flächeninhalt $1,6\,\mathrm{cm}^2$ betragen soll, löst man die Gleichung $\mathrm{A}^* = 1,6$ nach a auf:

$$-\frac{16}{9}+\frac{16}{9}a = 1,6 \Rightarrow a = 1,9$$

Für $a = 1,9$ beträgt der schraffierte Flächeninhalt $1,6\,\mathrm{cm}^2$.

3.3 In Zeile (1) $k(x) = g(x)$ wird die Kreisfunktion k mit der Funktion g gleichgesetzt, um die Schnittstellen der Graphen der beiden Funktionen zu bestimmen.
In Zeile (2) werden die vier möglichen Schnittstellen der Graphen von k und g angegeben. Zwei dieser Schnittstellen sind abhängig vom Parameter a.
In Zeile (3) wird die Bedingung aufgestellt, für die es insgesamt mindestens 3 Schnittstellen gibt, da der Radikand $16a^2-81 \geqslant 0$ ist. Dies ist für $a \geqslant 2,25$ der Fall.
Für $a = 2,25$ gibt es genau 3 Schnittstellen, d.h. der Graph von g berührt den Rand der Brosche. Für $a > 2,25$ gibt es vier Schnittstellen, d.h. der Graph von g verläuft teilweise außerhalb der Brosche. Somit ist für $a > 2,25$ keine derartige Brosche möglich.

Aufgabe B1 (WTR GTR CAS)

Gegeben sind die Punkte M(0 | 0 | 0), B(200 | 500 | 30), F(1400 | 1200 | 230) und S(800 | 400 | 130).

1. Um zu ermitteln, ob die Punkte M, B, F und S in einer Ebene liegen, stellt man zuerst eine Parametergleichung der Ebene E_{MBF} auf, in der die Punkte M, B und F enthalten sind. Anschließend prüft man, ob der Punkt S auch in dieser Ebene liegt.
   Die Ebene E_{MBF} hat beispielsweise den Stützpunkt M und die beiden Spannvektoren $\overrightarrow{MB} = \begin{pmatrix} 200 \\ 500 \\ 30 \end{pmatrix}$ und $\overrightarrow{MF} = \begin{pmatrix} 1400 \\ 1200 \\ 230 \end{pmatrix}$. Damit besitzt E_{MBF} die Parametergleichung:

$$E_{MBF}: \vec{x} = s \cdot \begin{pmatrix} 200 \\ 500 \\ 30 \end{pmatrix} + t \cdot \begin{pmatrix} 1400 \\ 1200 \\ 230 \end{pmatrix}$$

   Setzt man die Koordinaten von S in E_{MBF} ein, erhält man folgendes lineares Gleichungssystem:

$$\begin{array}{llcrcr} \text{I} & 800 & = & 200s & + & 1400t \\ \text{II} & 400 & = & 500s & + & 1200t \\ \text{III} & 130 & = & 30s & + & 230t \end{array}$$

   Subtrahiert man das 2-fache von Gleichung II vom 5-fachen von Gleichung I, ergibt sich:

$$3200 = 4600t \Rightarrow t = \frac{16}{23} \approx 0{,}70$$

   Setzt man $t = \frac{16}{23}$ in Gleichung II bzw. Gleichung III ein, erhält man:

$$\begin{array}{llcllcl} \text{II} & 400 & = & 500s + 1200 \cdot \frac{16}{23} & \Rightarrow & s & = -\frac{20}{23} \approx -0{,}87 \\ \text{III} & 130 & = & 30s + 230 \cdot \frac{16}{23} & \Rightarrow & s & = -1 \end{array}$$

   Aufgrund des Widerspruchs hat das lineare Gleichungssystem keine Lösung, also liegt der Punkt S nicht in E_{MBF}.
   Somit liegen die vier Punkte M, B, F und S nicht in einer Ebene.

2.1 Zur Bestimmung des längsten Strahles berechnet man die Länge der einzelnen Laserstrahlen, indem man jeweils den Betrag der entsprechenden Verbindungsvektoren bestimmt:

$$\overline{MB} = \left|\overrightarrow{MB}\right| = \left|\begin{pmatrix} 200 \\ 500 \\ 30 \end{pmatrix}\right| = \sqrt{200^2 + 500^2 + 30^2} \approx 539{,}35$$

$$\overline{FS} = \left|\overrightarrow{FS}\right| = \left|\begin{pmatrix} -600 \\ -800 \\ -100 \end{pmatrix}\right| = \sqrt{(-600)^2 + (-800)^2 + (-100)^2} \approx 1004,99$$

$$\overline{FB} = \left|\overrightarrow{FB}\right| = \left|\begin{pmatrix} -1200 \\ -700 \\ -200 \end{pmatrix}\right| = \sqrt{(-1200)^2 + (-700)^2 + (-200)^2} \approx 1403,57$$

Damit ist der blaue Strahl vom Funkturm zum Bahnhof am längsten.
Wenn für alle vollen Meterabschnitte dieses Strahles Käufer gefunden werden, hat man bei einem Preis von 10€ pro Meter und 1403 m Länge insgesamt Einnahmen von 14 030€.

2.2 Mit dem angegebenen Maßstab ergibt sich folgende Zeichnung:

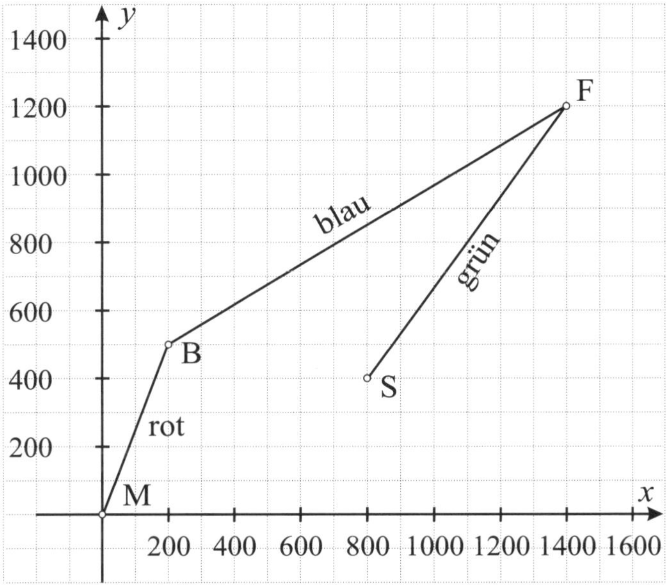

Man kann nicht allein anhand des Grundrisses den längsten Strahl ermitteln, da für die Berechnung der Länge eines Strahles auch die Höhendifferenz vom Anfangs- zum Endpunkt eine Rolle spielt, die aber im Grundriss nicht sichtbar wird, da die z-Achse in Richtung des Betrachters zeigt.

3.1 Die Ebene E, in der sich die blauen Laserstrahlen befinden, enthält die Punkte F, B und S. Sie hat beispielsweise den Stützpunkt F und die Spannvektoren

$$\overrightarrow{FB} = \begin{pmatrix} -1200 \\ -700 \\ -200 \end{pmatrix} = -100 \cdot \begin{pmatrix} 12 \\ 7 \\ 2 \end{pmatrix} \text{ und } \overrightarrow{FS} = \begin{pmatrix} -600 \\ -800 \\ -100 \end{pmatrix} = -100 \cdot \begin{pmatrix} 6 \\ 8 \\ 1 \end{pmatrix}.$$

Damit hat E die Parametergleichung:

$$E\colon \vec{x} = \begin{pmatrix} 1400 \\ 1200 \\ 230 \end{pmatrix} + s \cdot \begin{pmatrix} 12 \\ 7 \\ 2 \end{pmatrix} + t \cdot \begin{pmatrix} 6 \\ 8 \\ 1 \end{pmatrix};\ s,t \in \mathbb{R}$$

frv.tv/cg

Einen Normalenvektor $\vec{n}$ von E erhält man mithilfe des Vektorprodukts (siehe Seite 36 bzw. mithilfe des Taschenrechners)

der Spannvektoren $\begin{pmatrix} 12 \\ 7 \\ 2 \end{pmatrix}$ und $\begin{pmatrix} 6 \\ 8 \\ 1 \end{pmatrix}$.

Damit ergibt sich:

$$\begin{pmatrix} 12 \\ 7 \\ 2 \end{pmatrix} \times \begin{pmatrix} 6 \\ 8 \\ 1 \end{pmatrix} = \begin{pmatrix} -9 \\ 0 \\ 54 \end{pmatrix} = -9 \cdot \begin{pmatrix} 1 \\ 0 \\ -6 \end{pmatrix} \Rightarrow \vec{n} = \begin{pmatrix} 1 \\ 0 \\ -6 \end{pmatrix}$$

Alternativ kann man $\vec{n}$ auch mithilfe des Skalarprodukts bestimmen, da $\vec{n}$ sowohl auf $\begin{pmatrix} 12 \\ 7 \\ 2 \end{pmatrix}$ als auch auf $\begin{pmatrix} 6 \\ 8 \\ 1 \end{pmatrix}$ senkrecht steht, so dass gilt:

$$\vec{n} \cdot \begin{pmatrix} 12 \\ 7 \\ 2 \end{pmatrix} = 0 \Rightarrow \begin{pmatrix} n_x \\ n_y \\ n_z \end{pmatrix} \cdot \begin{pmatrix} 12 \\ 7 \\ 2 \end{pmatrix} = 0 \text{ und } \vec{n} \cdot \begin{pmatrix} 6 \\ 8 \\ 1 \end{pmatrix} = 0 \Rightarrow \begin{pmatrix} n_x \\ n_y \\ n_z \end{pmatrix} \cdot \begin{pmatrix} 6 \\ 8 \\ 1 \end{pmatrix} = 0$$

Daraus erhält man das lineare Gleichungssystem:

$$\begin{array}{lrcrcrcl} \text{I} & 12n_x & + & 7n_y & + & 2n_z & = & 0 \\ \text{II} & 6n_x & + & 8n_y & + & n_z & = & 0 \end{array}$$

Subtrahiert man das 2-fache von Gleichung II von Gleichung I, ergibt sich:

$$\begin{array}{lrcrcrcl} \text{I} & 12n_x & + & 7n_y & + & 2n_z & = & 0 \\ \text{IIa} & & - & 9n_y & & & = & 0 \end{array}$$

Aus Gleichung IIa ergibt sich: $n_y = 0$.

Wählt man in Gleichung I z.B. $n_x = 1$ und setzt $n_y = 0$ ein, erhält man:

$12 \cdot 1 + 7 \cdot 0 + 2n_z = 0 \Rightarrow n_z = -6$.

Damit ergibt sich ein Normalenvektor $\vec{n} = \begin{pmatrix} 1 \\ 0 \\ -6 \end{pmatrix}$.

Die Ebene E hat damit die Form:

$$E\colon x - 6z = d$$

Die Koordinatengleichung von E erhält man, indem man z.B. die Koordinaten des Punktes F in obige Gleichung einsetzt und so die Konstante d bestimmt:

$$\mathrm{E}: 1400 - 6 \cdot 230 = d \Rightarrow d = 20$$

Alternativ kann man auch die Normalenform $\left(\vec{x} - \vec{f}\right) \cdot \vec{n} = 0$ verwenden:

$$\mathrm{E}: \left(\vec{x} - \begin{pmatrix} 1400 \\ 1200 \\ 230 \end{pmatrix}\right) \cdot \begin{pmatrix} 1 \\ 0 \\ -6 \end{pmatrix} = 0$$

$$\mathrm{E}: (x - 1400) \cdot 1 + (y - 1200) \cdot 0 + (z - 230) \cdot (-6) = 0$$

$$\mathrm{E}: x - 1400 - 6z + 1380 = 0$$

$$\mathrm{E}: x - 6z = 20$$

Somit hat E die Koordinatengleichung:

$$\mathrm{E}: x - 6z = 20$$

3.2 Den Winkel α, um den die blauen Laserstrahlen im Funkturm schwenken, erhält man, indem man den Winkel zwischen den Vektoren $\overrightarrow{\mathrm{FB}} = \begin{pmatrix} -1200 \\ -700 \\ -200 \end{pmatrix}$ und $\overrightarrow{\mathrm{FS}} = \begin{pmatrix} -600 \\ -800 \\ -100 \end{pmatrix}$ bestimmt:

frv.tv/ch

$$\cos\alpha = \frac{\overrightarrow{\mathrm{FB}} \cdot \overrightarrow{\mathrm{FS}}}{\left|\overrightarrow{\mathrm{FB}}\right| \cdot \left|\overrightarrow{\mathrm{FB}}\right|}$$

$$= \frac{\begin{pmatrix} -1200 \\ -700 \\ -200 \end{pmatrix} \cdot \begin{pmatrix} -600 \\ -800 \\ -100 \end{pmatrix}}{\left|\begin{pmatrix} -1200 \\ -700 \\ -200 \end{pmatrix}\right| \cdot \left|\begin{pmatrix} -600 \\ -800 \\ -100 \end{pmatrix}\right|}$$

$$= \frac{(-1200) \cdot (-600) + (-700) \cdot (-800) + (-200) \cdot (-100)}{\sqrt{(-1200)^2 + (-700)^2 + (-200)^2} \cdot \sqrt{(-600)^2 + (-800)^2 + (-100)^2}}$$

$$= \frac{1\,300\,000}{\sqrt{1\,970\,000} \cdot \sqrt{1\,010\,000}}$$

$$\Rightarrow \alpha \approx 22{,}84^\circ$$

Der Winkel, um den die blauen Laserstrahlen schwenken, beträgt etwa $22{,}84\,^\circ$.

3.3 Um zu untersuchen, ob der Kirchturm im Schwenkbereich der Laserstrahlen steht, stellt man eine Gleichung der Geraden g auf, auf der der Kirchturm liegt und schneidet diese mit der Ebene E: $x - 6z = 20$, in welcher die blauen Laserstrahlen schwenken.
Der Kirchturm liegt damit auf einer Geraden g mit der Gleichung:

$$g: \vec{x} = \begin{pmatrix} 900 \\ 700 \\ 90 \end{pmatrix} + t \cdot \begin{pmatrix} 0 \\ 0 \\ 1 \end{pmatrix}$$

Den Schnittpunkt Q von g und E erhält man, indem man den allgemeinen Punkt $P_t(900 \mid 700 \mid 90 + t)$ von g in E einsetzt:

$$900 - 6 \cdot (90 + t) = 20 \Rightarrow t = \frac{170}{3}$$

Setzt man $t = \frac{170}{3}$ in P_t ein, ergibt sich der Schnittpunkt $Q(900 \mid 700 \mid 146{,}67)$.
Da im Punkt $(900 \mid 700 \mid 90)$ ein 50 Meter hoher Kirchturm steht, hat die Kirchturmspitze die Koordinaten $K(900 \mid 700 \mid 140)$. Dieser Punkt K liegt unterhalb des Schnittpunkts Q. Somit steht der Kirchturm nicht im Schwenkbereich der Laserstrahlen.

Aufgabe B2 (WTR GTR CAS)

Gegeben sind die Punkte $R_2\,(35 \mid -5 \mid 0)$, $R_3\,(25 \mid -5 \mid 1)$.

1.1 Da die Rampe 3 m breit und rechteckig sein soll, haben die Eckpunkte R_1 und R_4 die Koordinaten $R_1\,(35 \mid -8 \mid 0)$ und $R_4\,(25 \mid -8 \mid 1)$.

Die Länge l der Rampe erhält man, indem man den Betrag des Verbindungsvektors von R_2 zu R_3 bestimmt:

$$l = \overline{R_2R_3} = |\overrightarrow{R_2R_3}| = \left|\begin{pmatrix} -10 \\ 0 \\ 1 \end{pmatrix}\right| = \sqrt{(-10)^2 + 0^2 + 1^2} = \sqrt{101} \approx 10{,}05$$

Die Rampe hat eine Länge von etwa 10,05 m.

1.2 Den Steigungswinkel α der Rampe erhält man, indem man den Winkel zwischen der Geraden durch R_2 und R_3 mit Richtungsvektor $\vec{r} = \begin{pmatrix} -10 \\ 0 \\ 1 \end{pmatrix}$ und der x_1x_2-Ebene mit Normalenvektor $\vec{n} = \begin{pmatrix} 0 \\ 0 \\ 1 \end{pmatrix}$ berechnet:

$$\begin{aligned}
\sin\alpha &= \frac{|\vec{r}\cdot\vec{n}|}{|\vec{r}|\cdot|\vec{n}|} \\
&= \frac{\left|\begin{pmatrix} -10 \\ 0 \\ 1 \end{pmatrix}\cdot\begin{pmatrix} 0 \\ 0 \\ 1 \end{pmatrix}\right|}{\left|\begin{pmatrix} -10 \\ 0 \\ 1 \end{pmatrix}\right|\cdot\left|\begin{pmatrix} 0 \\ 0 \\ 1 \end{pmatrix}\right|} \\
&= \frac{|(-10)\cdot 0 + 0\cdot 0 + 1\cdot 1|}{\sqrt{(-10)^2 + 0^2 + 1^2}\cdot\sqrt{0^2 + 0^2 + 1^2}} \\
&= \frac{1}{\sqrt{101}} \\
\Rightarrow\ \alpha &\approx 5{,}71^\circ > 3{,}4^\circ
\end{aligned}$$

Alternativ erhält man den Winkel α auch mithilfe der Trigonometrie:

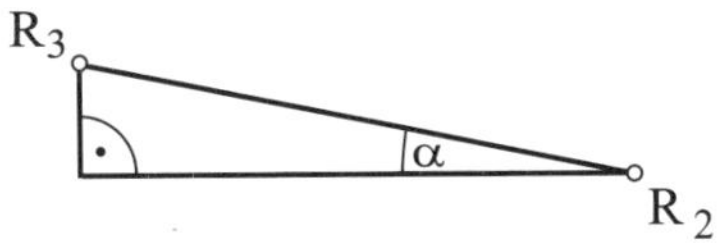

Im rechtwinkligen Dreieck gilt:

$$\tan\alpha = \frac{1}{10} \Rightarrow \alpha \approx 5,71^\circ$$

Wegen $\alpha \approx 5,71^\circ > 3,4^\circ$ erfüllt die Rampe die DIN nicht.

2.1 Um zu zeigen, dass im Dreieck ABP mit den Eckpunkten A(5 | 26 | 25), B(2 | 30 | 18) und P(35 | 66 | 35) bei A ein rechter Winkel vorliegt, berechnet man das Skalarprodukt der Vektoren $\overrightarrow{AB}$ und $\overrightarrow{AP}$:

$$\overrightarrow{AB}\cdot\overrightarrow{AP} = \begin{pmatrix}-3\\4\\-7\end{pmatrix}\cdot\begin{pmatrix}30\\40\\10\end{pmatrix} = (-3)\cdot 30 + 4\cdot 40 + (-7)\cdot 10 = 0$$

Wegen $\overrightarrow{AB}\cdot\overrightarrow{AP} = 0$ sind die Vektoren $\overrightarrow{AB}$ und $\overrightarrow{AP}$ orthogonal zueinander. Somit hat das Dreieck ABP bei A einen rechten Winkel.

Der Vektor $\overrightarrow{AC}$ hat die gleiche Richtung wie $\overrightarrow{AP}$. Damit gilt sowohl $\overrightarrow{AB}\cdot\overrightarrow{AP} = 0$ als auch $\overrightarrow{AB}\cdot\overrightarrow{AC} = 0$. Somit ist das Dreieck ABC immer rechtwinklig, egal, wo sich der Punkt C auf dem Seil zwischen A und P befindet.

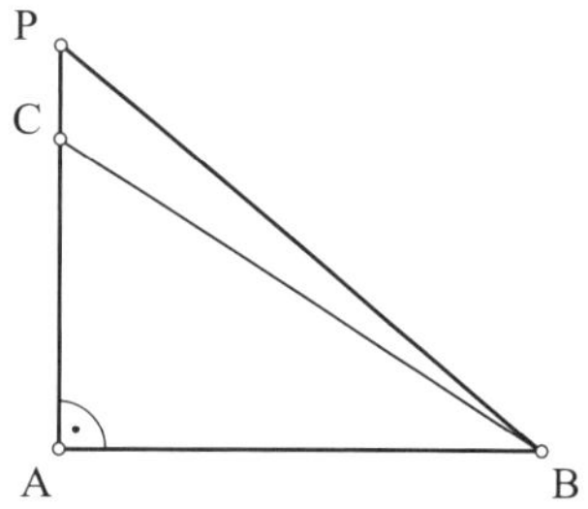

2.2 Den Flächeninhalt A des rechtwinkligen Dreiecks ABC erhält man mit der Formel $A = \frac{1}{2}\cdot g\cdot h$.

Als Grundlinie g des Dreiecks verwendet man die Strecke AB:

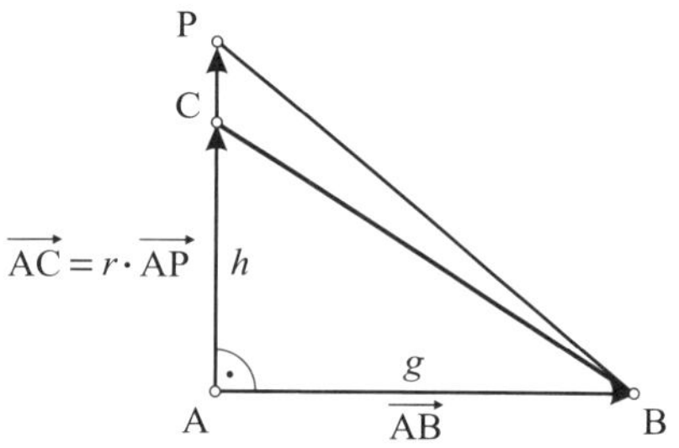

$$g = \overline{AB} = |\overrightarrow{AB}| = \left|\begin{pmatrix}-3\\4\\-7\end{pmatrix}\right| = \sqrt{(-3)^2+4^2+(-7)^2} = \sqrt{74} \approx 8,60$$

Als Höhe h des Dreiecks verwendet man die Strecke AC. Diese ist ein «Vielfaches» der Strecke AP, d.h. $\overrightarrow{AC} = r\cdot\overrightarrow{AP}$. Damit ergibt sich:

$$h = \overline{AC} = r\cdot\overline{AP} = r\cdot|\overrightarrow{AP}| = r\cdot\left|\begin{pmatrix}30\\40\\10\end{pmatrix}\right| = r\cdot\sqrt{30^2+40^2+10^2} = r\cdot\sqrt{2600} \approx r\cdot 50,99$$

Daraus ergibt sich der Flächeninhalt des Dreiecks ABC in Abhängigkeit von r:

$$A = \frac{1}{2}\cdot\overline{AB}\cdot\overline{AC} = \frac{1}{2}\cdot\sqrt{74}\cdot\sqrt{2600}\cdot r$$

Da das Segeltuch höchstens $100\,\text{m}^2$ groß sein soll, löst man die Gleichung $\text{A} = 100$ nach r auf:

$$100 = \frac{1}{2} \cdot \sqrt{74} \cdot \sqrt{2600} \cdot r \;\Rightarrow\; r = \frac{200}{\sqrt{74} \cdot \sqrt{2600}} \approx 0{,}456$$

Nun erhält man die Koordinaten des Punktes C mit einer Vektorkette:

$$\overrightarrow{\text{OC}} = \overrightarrow{\text{OA}} + r \cdot \overrightarrow{\text{AP}} \approx \begin{pmatrix} 5 \\ 26 \\ 25 \end{pmatrix} + 0{,}456 \cdot \begin{pmatrix} 30 \\ 40 \\ 10 \end{pmatrix} = \begin{pmatrix} 18{,}68 \\ 44{,}24 \\ 29{,}56 \end{pmatrix}$$

Der Punkt C, für den das Segeltuch $100\,\text{m}^2$ groß ist, hat näherungsweise die Koordinaten $\text{C}\,(18{,}68 \mid 44{,}24 \mid 29{,}56)$.

3.1 Die Koordinaten des Schattenpunktes A_S auf dem Bühnenboden, der in $\text{E}\colon x_3 = 1$ liegt, erhält man, indem man die Gerade g, die durch A geht und den Richtungsvektor $\vec{v}$ hat, mit E schneidet. Die Gerade g hat die Gleichung:

$$g\colon \vec{x} = \begin{pmatrix} 5 \\ 26 \\ 25 \end{pmatrix} + t \cdot \begin{pmatrix} -1 \\ -5 \\ -3 \end{pmatrix}$$

Den Schnittpunkt A_S von g und E erhält man, indem man den allgemeinen Punkt $\text{P}_t\,(5 - t \mid 26 - 5t \mid 25 - 3t)$ von g in E einsetzt:

$$25 - 3t = 1 \;\Rightarrow\; t = 8$$

Setzt man $t = 8$ in P_t ein, erhält man den Schattenpunkt $\text{A}_\text{S}\,(-3 \mid -14 \mid 1)$.

3.2 Wie man an der Zeichnung erkennen kann, liegt der Punkt $\text{M}\,(0 \mid 0 \mid 1)$ nicht im Schatten des Segeltuchs, sondern außerhalb desselben.

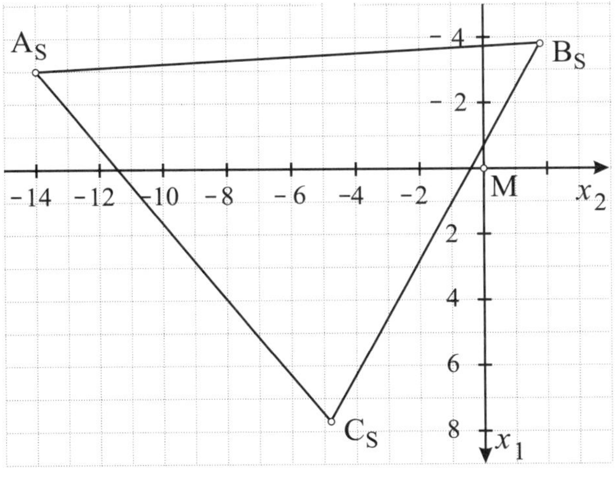

Aufgabe C1 (WTR GTR CAS)

1. In jeder Verpackung gibt es entweder ein Bild eines deutschen Nationalspielers oder eines nicht-deutschen Nationalspielers, also genau zwei mögliche Versuchsausgänge. Damit handelt es sich beim Kauf einer Tafel Schokolade um ein Bernoulli-Experiment. Da die Bilder völlig zufällig in die Verpackungen gelegt werden und die einzelnen Käufe («Ziehungen») unabhängig voneinander sind, handelt es sich um eine Bernoulli-Kette. Legt man X als Zufallsvariable für die Anzahl der Bilder deutscher Nationalspieler fest, so ist X binomialverteilt mit der Trefferwahrscheinlichkeit $p = \frac{1}{5} = 0,2$ und $n = 20$, da 20 Tafeln Schokolade gekauft werden und in jeder fünften Verpackung das Bild eines deutschen Nationalspielers ist.

   Die Wahrscheinlichkeit für das Ereignis A: «Er findet genau vier Bilder deutscher Nationalspieler» erhält man mithilfe der Binomialverteilung unter Verwendung des Taschenrechners:

   frv.tv/ci

   $$P(A) = P(X = 4) \approx 0,2182 = 21,82\,\%$$

   Die Wahrscheinlichkeit für das Ereignis B: »Es sind mindestens sechs Bilder deutscher Nationalspieler dabei» erhält man mithilfe der Wahrscheinlichkeit des Gegenereignisses sowie der kumulierten Binomialverteilung unter Verwendung des Taschenrechners:

   frv.tv/ck

   $$\begin{aligned} P(B) &= P(X \geqslant 6) \\ &= 1 - P(X \leqslant 5) \\ &\approx 1 - 0,8042 \\ &= 0,1958 \\ &= 19,58\,\% \end{aligned}$$

   Die Wahrscheinlichkeit für das Ereignis C: «Peter findet in der letzten geöffneten Verpackung zum ersten Mal das Bild eines deutschen Nationalspielers» erhält man mithilfe der 1. Pfadregel (Produktregel). Die ersten 19 Bilder sind nicht-deutsche Nationalspieler, das 20. Bild ist ein deutscher Nationalspieler. Damit ergibt sich:

   $$P(C) = 0,8^{19} \cdot 0,2^{1} \approx 0,0029 = 0,29\%$$

2. Legt man X als Zufallsvariable für die Anzahl der Bilder deutscher Nationalspieler fest, so ist X binomialverteilt mit der Trefferwahrscheinlichkeit $p = \frac{1}{5} = 0,2$ und unbekanntem n. Die Anzahl n der Schokoladentafeln, die Inga mindestens kaufen muss, um mit einer Wahrscheinlichkeit von mehr als 99 % mindestens ein Bild eines deutschen Nationalspielers zu erhalten, erhält man mithilfe des Gegenereignisses sowie der Binomialverteilung.

$$P(X \geqslant 1) > 0,99$$
$$1 - P(X = 0) > 0,99$$
$$0,01 > P(X = 0)$$

Durch Ausprobieren erhält man mithilfe der Binomialverteilung und des Taschenrechners:

frv.tv/ci

$$n = 20: \; P(X = 0) \approx 0,0115$$
$$n = 21: \; P(X = 0) \approx 0,0922$$

Somit muss Inga mindestens 21 Tafeln kaufen.

3. Die Wahrscheinlichkeit, dass in einem Karton mit 20 Schokoladentafeln nicht mindestens zwei Bilder, also höchstens ein Bild eines deutschen Nationalspielers ist, erhält man mithilfe der kumulierten Binomialverteilung unter Verwendung des Taschenrechners:

frv.tv/ck

$$P(X \leqslant 1) \approx 0,0691$$

Den zu erwartenden Gewinn G pro verkauftem Karton während der Werbeaktion erhält man folgendermaßen: Normalerweise beträgt der Gewinn pro Karton 5 Euro, mit einer Wahrscheinlichkeit von $0,0691$ müssen durchschnittlich aber 10 Euro ausbezahlt werden. Damit ergibt sich:

$$G = 5 - 0,0691 \cdot 10 = 4,308$$

Der zu erwartende Gewinn beträgt etwa $4,31$ Euro.

4.1 Legt man X als Zufallsvariable für die Anzahl der Schokoladetafeln mit dem Bild eines deutschen Nationalspielers fest, so ist X binomialverteilt mit den Parametern $n = 100$ und $p = 0,2$.
Da nach Angaben des Herstellers in jeder fünften Tafel ein Bild eines deutschen Nationalspielers ist, lautet die Nullhypothese: $H_0: \; p = 0,2$.
Da die Filialleiterin den Verdacht hat, dass der Anteil der Bilder deutscher Nationalspieler weniger als 20 % beträgt, lautet die zugehörige Alternativhypothese: $H_1: \; p < 0,2$.
Wegen $H_1: \; p < 0,2$ handelt es sich um einen linksseitigen Hypothesentest der Filialleiterin.
Da sie dem Hersteller weiterhin vertrauen wird, wenn sie unter 100 Tafeln mehr als 15 Bilder deutscher Nationalspieler findet, gilt für den Annahmebereich $A = \{16, ..., 100\}$. Damit ergibt sich der Ablehnungsbereich: $\overline{A} = \{0, ..., 15\}$. Die Wahrscheinlichkeit, mit der die Filialleiterin den Hersteller zu Unrecht verdächtigen wird (Fehler 1. Art), erhält man, indem man die Wahrscheinlichkeit bestimmt, mit der X im Ablehnungsbereich liegt.

frv.tv/ck

Mithilfe der kumulierten Binomialverteilung und des Taschenrechners ergibt sich:

$$P\left(X \in \overline{A}\right) = P(X \leqslant 15) \approx 0,1285$$

Mit einer Wahrscheinlichkeit von etwa 12,85 % wird der Hersteller zu Unrecht verdächtigt.

4.2 Als Voraussetzung, mit der man die Wahrscheinlichkeit berechnen könnte, mit der die Filialleiterin dem Hersteller fälschlicherweise glaubt (Fehler 2. Art), müsste die Wahrscheinlichkeit $p_1 < 0,2$ bekannt sein, mit welcher der Hersteller tatsächlich die Bilder deutscher Nationalspieler in die Schokoladentafeln mischt. Legt man Y als Zufallsvariable für die Anzahl der Bilder deutscher Nationalspieler fest, so ist Y binomialverteilt mit $n = 100$ und $p = p_1$. Für den Annahmebereich der Nullhypothese $H_0: p = p_1$ gilt wiederum: $A = \{16, ..., 100\}$.
Die Wahrscheinlichkeit, dass die Filialleiterin dem Hersteller fälschlicherweise glaubt (Fehler 2. Art), erhält man, indem man die Wahrscheinlichkeit berechnet, dass sich Y im Annahmebereich A befindet:

$$P(Y \in A) = P(Y \geqslant 16) = 1 - P(Y \leqslant 15) = 1 - F(100; p_1; 15)$$

Aufgabe C2 (WTR GTR CAS)

1.1 Mithilfe der Daten aus dem Text des Statistischen Bundesamtes kann man die fehlenden Werte in der Tabelle angeben; dabei rundet man sinnvollerweise auf volle Tausend. Direkt eintragen kann man die Zahlen 2 000 000, 137 000 und 847 000. Da $1,5\,\%$ der Zahl 847 000 entspricht, erhält man als $100\,\%$ die Zahl $\frac{847\,000}{1,5\%} \cdot 100\% \approx 56\,467\,000$. Die übrigen Zahlen erhält man durch Summen- bzw. Differenzbildung.

Personen	mit allg.Schulabschl.	ohne allg.Schulabschl.	Summe
mit Migrationshintergrund	1 863 000	137 000	2 000 000
ohne Migrationshintergrund	55 620 000	847 000	56 467 000
Summe	57 483 000	984 000	58 467 000

1.2 Die relative Häufigkeit h, dass es sich bei einer Person mit allgemeinem Schulabschluss um jemanden mit Migrationshintergrund handelt, erhält man, indem man die Anzahl der Personen mit Migrationshintergrund und allgemeinem Schulabschluss durch die Anzahl aller Personen mit allgemeinem Schulabschluss teilt:

$$h_{\text{Abschluss}}(\text{Migration}) = \frac{1\,863\,000}{57\,483\,000} \approx 0,0324 = 3,24\%$$

Die relative Häufigkeit beträgt etwa $3,24\,\%$.

2. Bei den Ereignissen E_1 und E_2 handelt es sich um Bernoulli-Ketten, da aufgrund der Stichprobengröße die Trefferwahrscheinlichkeit von $p = 5\,\% = 0,05$ für den Anteil der Personen mit Migrationshintergrund, die keinen allgemeinen Schulabschluss erreichen, als konstant angesehen werden kann und es nur die beiden Ausgänge «Person hat allgemeinen Schulabschluss» und «Person hat keinen allgemeinen Schulabschluss» gibt.
Für das Ereignis E_1 legt man X als Zufallsvariable für die Anzahl der Personen ohne allgemeinen Schulabschluss unter 50 zufällig ausgewählten Personen mit Migrationshintergrund fest. X ist binomialverteilt mit den Parametern $p = 0,05$ und $n = 50$. Die Wahrscheinlichkeit für das Ereignis E_1 : »Im Jahr 2014 erreichen von 50 zufällig ausgewählten Personen mit Migrationshintergrund genau 2 keinen allgemeinen Schulabschluss» erhält man mithilfe der Binomialverteilung und des Taschenrechners:

$$P(E_1) = P(X = 2) \approx 0,2611 = 26,11\,\%$$

frv.tv/ci

Für das Ereignis E_2 legt man Y als Zufallsvariable für die Anzahl der Personen ohne allgemeinen Schulabschluss unter 100 zufällig ausgewählten Personen mit Migrationshintergrund fest. Y ist binomialverteilt mit den Parametern $p = 0,05$ und $n = 100$. Das Ereignis E_2: »Im Jahr 2014 erreichen von 100 zufällig ausgewählten Personen mit Migrationshintergrund mindestens 90 einen allgemeinen Schulabschluss.» ist identisch mit dem Ereignis «Im Jahr 2014 erreichen von 100 zufällig ausgewählten Personen mit Migrationshintergrund höchstens 10 keinen allgemeinen Schulabschluss.». Die Wahrscheinlichkeit für das

Ereignis E_2 erhält man mithilfe der kumulierten Binomialverteilung und des Taschenrechners:

frv.tv/ck

$$P(E_2) = P(Y \leqslant 10) \approx 0{,}9885 = 98{,}85\,\%$$

3.1 Da die Partei A verspricht, die Quote der Schulabgänger mit allgemeiner Hochschulreife für das Jahr 2015 auf über 40 % zu steigern, verwendet man für den Hypothesentest als Nullhypothese $H_0: p \leqslant 0{,}4$. Die zugehörige Alternativhypothese lautet: $H_1: p > 0{,}4$. Legt man X als Zufallsvariable für die Anzahl der Personen mit allgemeinem Hochschulabschluss fest, so ist X binomialverteilt mit den Parametern $p = 0{,}4$ und $n = 100$, da 100 Schulabgänger zufällig ausgewählt und nach ihrem Schulabschluss gefragt werden.
Wegen $H_1: p > 0{,}4$ handelt es sich um einen rechtsseitigen Test mit dem Ablehnungsbereich $\overline{A} = \{k, ..., 100\}$ und dem Signifikanzniveau $\alpha \leqslant 5\,\%$. Es ist also ein minimales $k \in \mathbb{N}$ so zu bestimmen, dass die Wahrscheinlichkeit, dass X einen Wert zwischen k und 100 annimmt, kleiner als α ist, d.h. dass gilt: $P\left(X \in \overline{A}\right) \leqslant \alpha$ bzw. $P(X \geqslant k) \leqslant \alpha$. Mithilfe der Wahrscheinlichkeit des Gegenereignisses und der kumulierten Binomialverteilung ergibt sich:

frv.tv/cl

$$\begin{aligned} P(X \geqslant k) &\leqslant \alpha \\ 1 - P(X \leqslant k-1) &\leqslant 0{,}05 \\ 0{,}95 &\leqslant P(X \leqslant k-1) \end{aligned}$$

Es ist:

$$\begin{aligned} P(X \leqslant 47) &\approx 0{,}9362 \\ P(X \leqslant 48) &\approx 0{,}9577 \end{aligned}$$

Somit ist $k - 1 = 48 \Rightarrow k = 49$ das minimale k und man erhält den Ablehnungsbereich der Nullhypothese: $\overline{A} = \{49, ..., 100\}$. Damit ergibt sich folgende Entscheidungsregel: Wenn unter den 100 Schulabgängern mindestens 49 die allgemeine Hochschulreife erlangt haben, so ist die Nullhypothese zu verwerfen, d.h. Quote der Schulabgänger mit allgemeiner Hochschulreife ist höher als 40 % und die Partei A kann mit einer Irrtumswahrscheinlichkeit von höchstens 5 % davon ausgehen, dass sie ihr Wahlversprechen eingehalten hat.

3.2 Bei einem Fehler 1. Art wird die Nullhypothese $H_0: p \leqslant 0{,}4$ fälschlicherweise abgelehnt, obwohl sie richtig ist, d.h. die Partei A geht aufgrund des Testausgangs davon aus, dass die Quote der Schulabgänger mit allgemeiner Hochschulreife höher als 40 % ist, obwohl dies in Wirklichkeit nicht der Fall ist.
Bei einem Fehler 2. Art wird die Nullhypothese $H_0: p \leqslant 0{,}4$ fälschlicherweise beibehalten, obwohl sie falsch ist, d.h. die Partei A geht aufgrund des Testausgangs davon aus, dass die Quote der Schulabgänger mit allgemeiner Hochschulreife niedriger als 40 % ist, obwohl dies in Wirklichkeit nicht der Fall ist.

Abitur 2015

Tipps ab Seite 152, Lösungen ab Seite 157

Landesabitur 2015 Mathematik (WTR/GTR) Grundkurs
Analysis Vorschlag A1

Eine Käferpopulation besteht zu einem bestimmten Anfangszeitpunkt aus 50 000 Exemplaren. Zwar kommen jedes Jahr durch Fortpflanzung neue Käfer hinzu, gleichzeitig wird die Population aber durch neue Feinde dezimiert.
Die Entwicklung der Käferpopulation kann durch die folgende Funktion k beschrieben werden:

$$k(t) = (50 + 25t) \cdot e^{-0,1t} \text{ mit } t \geqslant 0$$

Dabei gilt Folgendes: 1 Einheit der Funktionswerte $\widehat{=}$ 1000 Käfer
1 Einheit der t-Werte $\widehat{=}$ 1 Jahr
Im Material ist der Graph von k abgebildet.

1. Berechnen Sie ohne Bezugnahme auf den Graphen von k die Extrem- und Wendepunkte des Graphen innerhalb des betrachteten Intervalls unter Zuhilfenahme der ersten Ableitung $k'(t) = (20 - 2,5t) \cdot e^{-0,1t}$.
   Begründen Sie das Grenzwertverhalten des Graphen für $t \to \infty$ anhand des Funktionsterms von k.
   (16 BE)

2. Beschreiben Sie unter Verwendung der Begriffe «Populationsgröße» und «Wachstumsgeschwindigkeit» die Entwicklung der Käferpopulation. Deuten Sie dabei sowohl die Extrem- und Wendepunkte als auch den Grenzwert des Graphen aus Aufgabe 1.
   (8 BE)

3. Zeigen Sie, dass K mit $K(t) = (-250t - 3000) \cdot e^{-0,1t}$ eine Stammfunktion von k ist. Berechnen Sie den Wert von $\frac{1000}{30} \cdot \int_{20}^{50} k(t)\,\mathrm{d}t$ und deuten Sie diesen im Sachzusammenhang.
   (8 BE)

4. Die Funktion k beschreibt die Entwicklung der Käferpopulation nur für die ersten 55 Jahre recht gut. Ab dem Zeitpunkt $t = 55$ bleibt bei einer verbesserten Beschreibung die zu diesem Zeitpunkt erreichte Wachstumsgeschwindigkeit konstant, sodass für $t > 55$ ein lineares Wachstum vorliegt.
   Berechnen Sie die momentane Wachstumsgeschwindigkeit bei $t = 55$ und bestimmen Sie mithilfe der Funktionsgleichung, die ab diesem Zeitpunkt die Populationsgröße beschreibt, den voraussichtlichen Zeitpunkt des Aussterbens der Käferpopulation.
   (8 BE)

Material

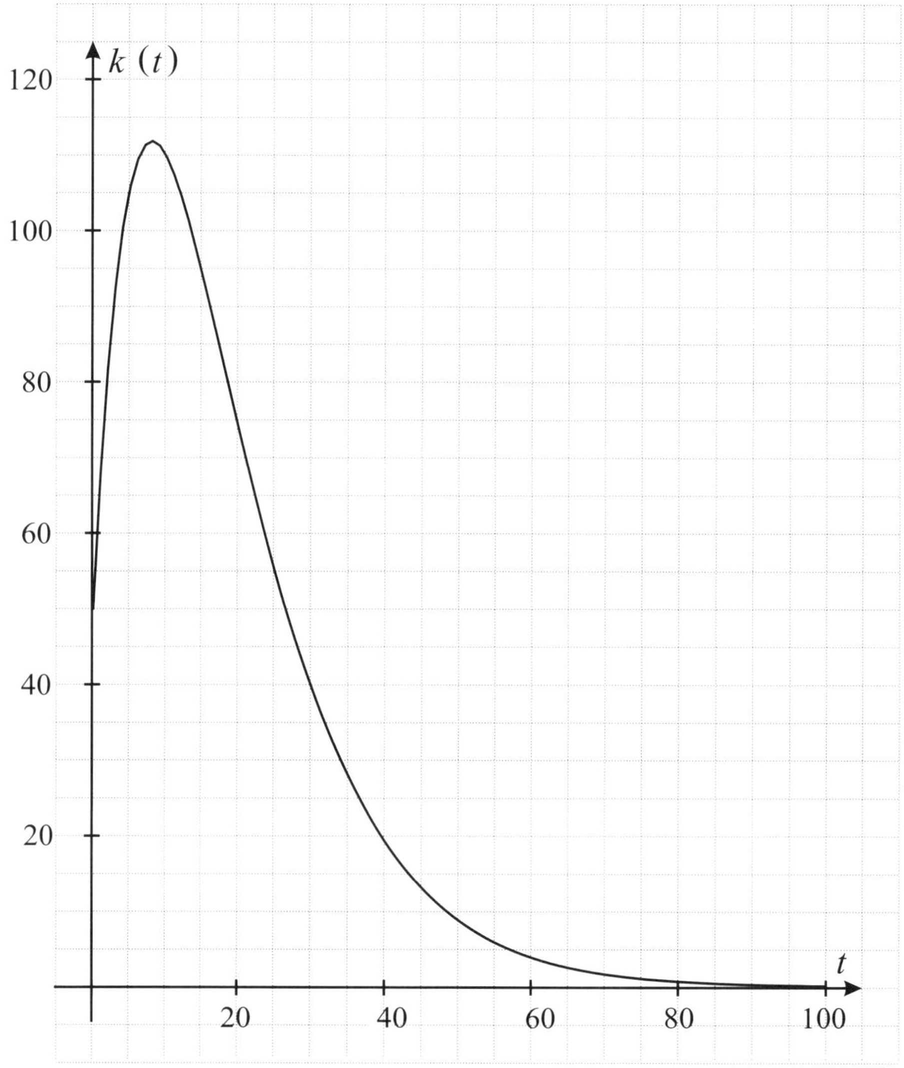

Tipps ab Seite 153, Lösungen ab Seite 160

Landesabitur 2015 Mathematik (WTR/GTR) Grundkurs
Analysis Vorschlag A2

Eine Gärtnerei vertreibt ein tunnelförmiges Foliengewächshaus, dessen Bodenfläche 12 m lang und 7 m breit ist und dessen Höhe 3 m beträgt (Material 1).

1. Ermitteln Sie die Funktionsgleichung einer quadratischen Funktion p, deren Graph die parabelförmige Berandung der vorderen Abschlussfläche des Gewächshauses beschreibt.
[zur Kontrolle: $p(x) = -\frac{12}{49}x^2 + 3$] **(7 BE)**

2.1 Berechnen Sie das gesamte Volumen des Gewächshauses unter der Annahme, dass die vordere und hintere Abschlussfläche senkrecht auf der Bodenfläche stehen. **(8 BE)**

2.2 Um eine geeignete Arbeitshöhe für die Gärtner zu bekommen, wird in einer Hälfte des Gewächshauses in 1 Meter Höhe über die gesamte Länge des Gewächshauses ein Zwischenboden eingefügt (Material 2).
Ermitteln Sie den Flächeninhalt des Zwischenbodens.
Berechnen Sie, um wie viel Prozent der Zwischenboden kleiner ist als die Bodenfläche dieser Gewächshaushälfte. **(7 BE)**

3. Mehrere Kunden reklamieren, dass das Gewächshaus im oberen Bereich zu eng gebaut sei. Die Firma möchte mit einer Halbkreis-Form Abhilfe schaffen (Material 3). Die Höhe und die Länge des Gewächshauses sollen beibehalten werden.

3.1 Bestimmen Sie den Verbrauch an Folie für die neue Bedachung (ohne Vorder- und Rückseite). **(4 BE)**

3.2 Leiten Sie ausgehend von den Informationen in Material 3 die Funktionsgleichung einer Funktion k her, mit deren Graph der Rand der halbförmigen vorderen Abschlussfläche des Gewächshauses beschrieben werden kann.
[zur Kontrolle: $k(x) = \sqrt{9 - x^2}$ für $-3 \leqslant x \leqslant 3$] **(5 BE)**

3.3 Um im hinteren Bereich mehr Breite zu gewinnen, wird der Kreisbogen ab den Punkten $P_1\,(-2{,}5 \mid k(-2{,}5))$ und $P_2\,(2{,}5 \mid k(2{,}5))$ durch Tangenten ersetzt.
Berechnen Sie die neue Breite der Bodenfläche des Gewächshauses.
Hinweis: Sie können einfache geometrische Beziehungen zwischen Kreisradius und Kreistangente nutzen. **(9 BE)**

Material 1

www.hortuna.ch (abgerufen am 1.7.2015)

Material 2

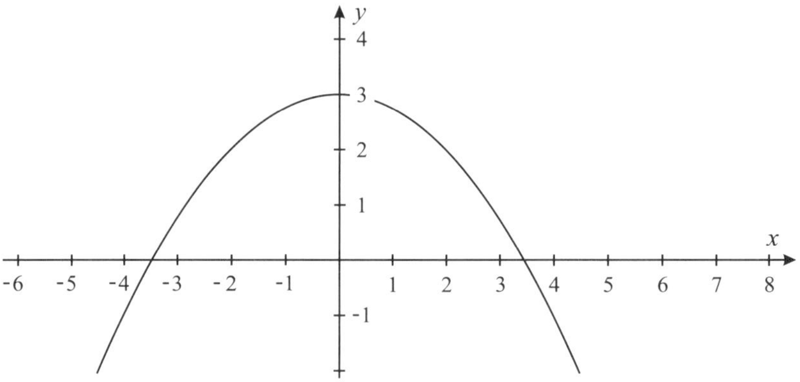

Material 3

Information: Die Gleichung $x^2 + y^2 = r^2$ beschreibt einen Kreis, mit dem Radius r, dessen Mittelpunkt im Nullpunkt des Koordinatensystems liegt.

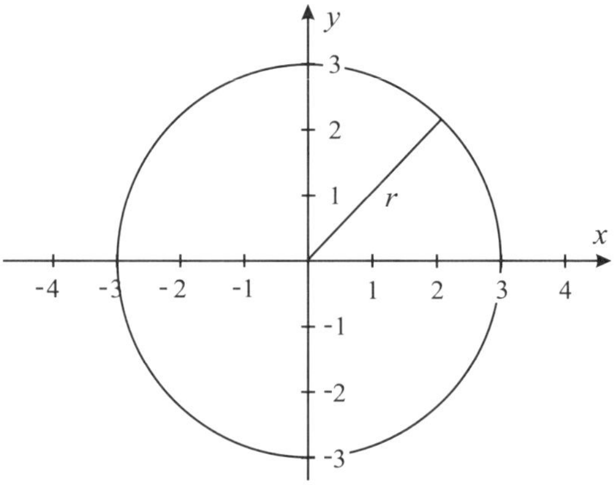

Tipps ab Seite 153, Lösungen ab Seite 164

Landesabitur 2015 Mathematik (WTR) Grundkurs
Lineare Algebra/Analytische Geometrie Vorschlag B1

Gegeben ist das im Material dargestellte quaderförmige Holzgerüst mit quadratischer Grundfläche mit einer Länge und einer Breite von jeweils 3 m und einer Höhe von 2,5 m. Als Sonnen- und Sichtschutz wird ein dreieckiges Sonnensegel in den Punkten $S(3 \mid 2 \mid 2{,}5)$, $T(3 \mid 3 \mid 0{,}5)$ und $U(0 \mid 3 \mid 2)$ befestigt. Der Flächeninhalt des Sonnensegels beträgt $A \approx 3{,}44\,\mathrm{m}^2$.

1.1 Geben Sie die Koordinaten der Eckpunkte des Gerüsts an. Die Pfostendicke bleibt dabei unberücksichtigt. **(4 BE)**

1.2 Zeichnen Sie das Sonnensegel in die Abbildung im Material und berechnen Sie eine Koordinatengleichung der Sonnensegelebene E.
[zur Kontrolle: $E: x + 4y + 2z = 16$] **(7 BE)**

1.3 Durch das Sonnensegel wird die Höhe eingeschränkt. Damit man den Raum noch großzügig nutzen kann, soll die Stehhöhe über dem Punkt $P(2{,}5 \mid 2{,}5 \mid 0)$ noch $h = 2{,}0\,\mathrm{m}$ betragen. Prüfen Sie, ob durch die Befestigung des Sonnensegels die Stehhöhe über dem Punkt P beeinträchtigt wird. **(4 BE)**

1.4 Bestimmen Sie den Winkel zwischen der Sonnensegelebene und der Dachebene DCGH. **(3 BE)**

2. Bei starkem Wind beginnt das Sonnensegel zu flattern. Um die Bewegung des Sonnensegels einzuschränken, wird eine zur Dreiecksfläche orthogonale Verbindung zum Eckpunkt C konzipiert.

2.1 Bestimmen Sie die Länge dieses Verbindungsstücks unter der modellhaften Annahme, dass das Sonnensegel so gespannt wurde, dass es nicht durchhängt.
[zur Kontrolle: $d \approx 0{,}87\,\mathrm{m}$] **(4 BE)**

2.2 Zu künstlerischen Zwecken sollen innerhalb des Holzgerüsts drei weitere dreieckige Tücher gespannt werden, die jeweils eine Seitenkante des vorhandenen Sonnensegels mit dem Eckpunkt C verbinden. Berechnen Sie, wie viel Prozent des Raumes innerhalb des Holzgerüstes der entstehende Körper einnimmt. **(4 BE)**

3. Es beginnt zu regnen. Die Regentropfen fallen dabei modellhaft geradlinig in Richtung $\vec{v} = \begin{pmatrix} 0{,}5 \\ -0{,}25 \\ -1{,}25 \end{pmatrix}$. Durch das Sonnensegel bleibt ein Teil des Bodens trocken. Dieser trockene Teil wird durch die Punkte $S'(4 \mid 1{,}5 \mid 0)$, $T'(3{,}2 \mid 2{,}9 \mid 0)$ und U' begrenzt. Berechnen Sie die Koordinaten von U' und stellen Sie diese Fläche in Ihrer Zeichnung dar. **(4 BE)**

Material

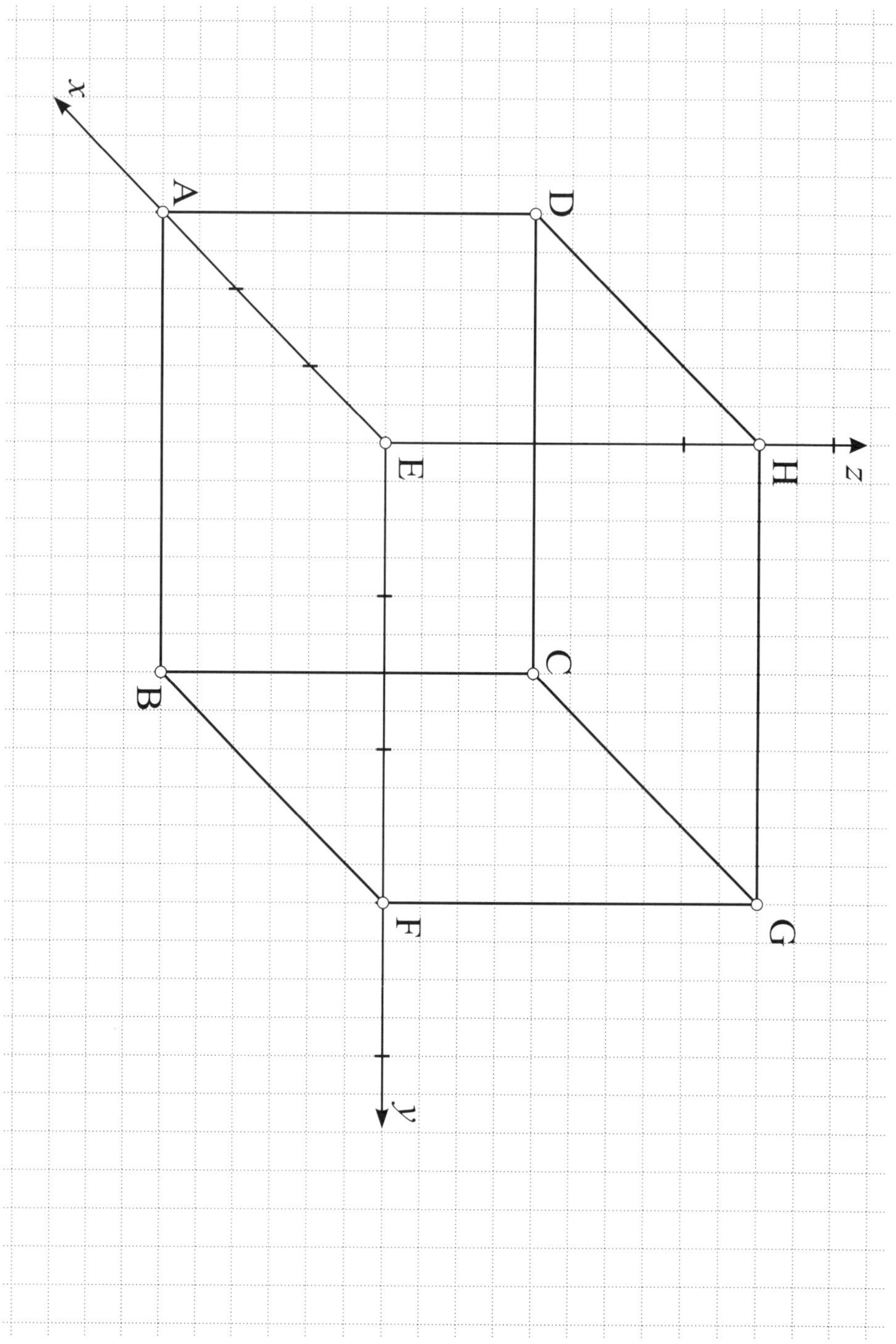

Tipps ab Seite 154, Lösungen ab Seite 168

Landesabitur 2015 Mathematik (WTR/GTR/CAS) Grundkurs
Lineare Algebra/Analytische Geometrie Vorschlag B2

1. Mit einem GPS-Empfänger kann man seine Position auf der Erde metergenau bestimmen. Dies geschieht mithilfe von Satelliten, die ihre Signale in alle Richtungen zur Erde senden. Je mehr Satelliten empfangen werden können, desto sicherer und genauer wird die Positionsbestimmung. Nehmen Sie an, dass sich der Satellit NAVSTAR momentan auf der Position N(0 | 10 | 20203) und der Satellit KOSMOS auf K(4309 | 2801 | 20513) befindet (alle Angaben in km). Ein GPS-Empfänger auf der Erde empfängt die Signale beider Satelliten. Das Signal von NAVSTAR wird aus Richtung des Vektors $\vec{v} = \begin{pmatrix} 25 \\ 37 \\ -1010 \end{pmatrix}$ empfangen und das von KOSMOS aus Richtung des Vektors $\vec{w} = \begin{pmatrix} -13 \\ -7 \\ -70 \end{pmatrix}$.

1.1 Geben Sie eine Gleichung der Geraden an, die von K aus in Richtung des Vektors $\vec{w}$ verläuft, und beschreiben Sie den Aufbau dieser Gleichung.

(3 BE)

1.2 Zeigen Sie, dass sich der GPS-Empfänger auf der Position E(500 | 750 | 3) befindet.

(4 BE)

1.3 Berechnen Sie den Abstand des Satelliten KOSMOS zum Empfänger.

(3 BE)

1.4 Berechnen Sie, in welchem Winkel zueinander die Signale beim Empfänger eintreffen.

(3 BE)

2. Geocaches sind in der Natur versteckte «Schätze», die man mittels GPS-Koordinaten finden kann. Man kann sich diese immer beliebter werdende Freizeitbeschäftigung als eine Art elektronische Schatzsuche vorstellen. Die GPS-Koordinaten zu einem Geocache findet man im Internet.

Ein Schatzsucher steht in $A(2 \mid 0 \mid 0)$ direkt am Fuße einer steil ansteigenden, mit einigen Bäumen bewachsenen Ebene. In der Nähe der Ebene befindet sich ein Geocache in $G(3,1 \mid 6 \mid 1,4)$. Von seiner Position in A aus peilt der Schatzsucher zunächst die beiden in der Ebene liegenden, markanten Punkte $B(1 \mid 3 \mid 1)$ und $C(-5 \mid 6 \mid 3)$ an. 1 LE$\widehat{=}$100 m

2.1 Bestimmen Sie eine Parametergleichung und eine Koordinatengleichung der Ebene E_1, die durch die Punkte A, B und C verläuft.
[zur Kontrolle: $E_1: 3x - 4y + 15z = 6$]

(5 BE)

2.2 Erläutern Sie die folgenden vier Rechenschritte und die Bedeutung der Rechnung im Sachzusammenhang:

1. $E_1: 3x - 4y + 15z = 6 \Rightarrow \vec{n}_1 = \begin{pmatrix} 3 \\ -4 \\ 15 \end{pmatrix}$
2. $E_2: z = 0 \Rightarrow \vec{n}_2 = \begin{pmatrix} 0 \\ 0 \\ 1 \end{pmatrix}$
3. $\cos(\gamma) = \frac{|\vec{n}_1 \cdot \vec{n}_2|}{|\vec{n}_1| \cdot |\vec{n}_2|} = \frac{15}{\sqrt{250}} \Rightarrow \gamma \approx 18,4^\circ$
4. $\tan(\gamma) \approx 33,3\%$

(6 BE)

2.3 Zeichnen Sie die Lage des Geocaches in $G(3,1 \mid 6 \mid 1,4)$ als Punkt im Material ein. Untersuchen Sie rechnerisch, ob der Geocache über, auf oder unter der Erdoberfläche versteckt ist.

(6 BE)

Material

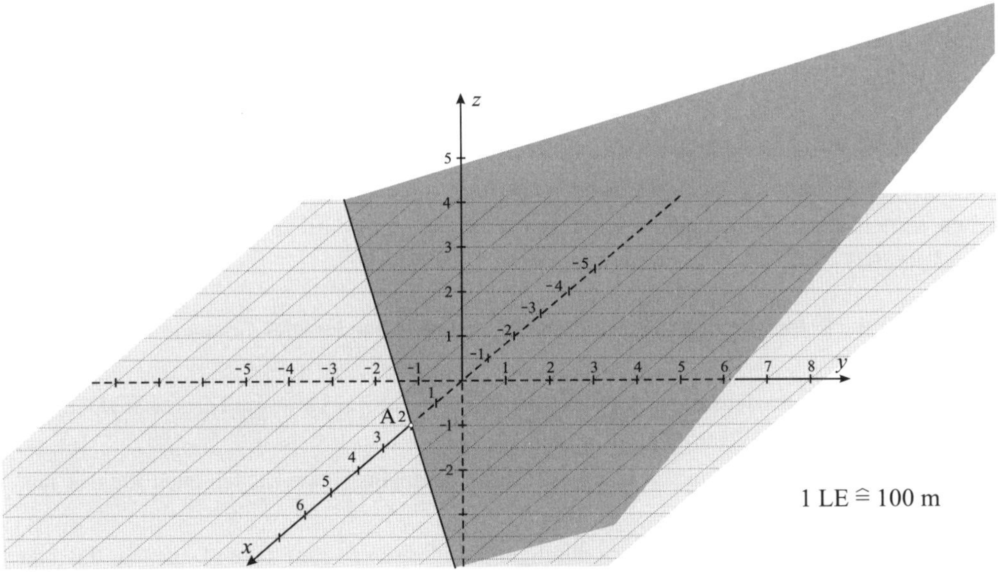

Tipps ab Seite 155, Lösungen ab Seite 173

Landesabitur 2015 Mathematik (WTR/GTR/CAS) Grundkurs
Stochastik Vorschlag C

Jedes Jahr im Frühjahr gibt der DRV (Deutscher Reise Verband e.V.) in einer Broschüre einen Kurzüberblick über die wichtigsten Daten der Tourismusbranche. Sofern nicht anders angegeben, beziehen sich die Zahlen dieser Aufgabe auf die von Deutschen durchgeführten Reisen im Jahr 2012.

1. Für die Reiseziele der Reisen ab fünf Tagen Dauer hat der DRV folgende Zahlen ermittelt:
31% der Reiseziele lagen in Deutschland, 7,2 % der Reisen waren Fernreisen. Der Rest verteilte sich auf Nah- und Mittelstreckenziele.
Gehen Sie im Folgenden davon aus, dass die angegebenen Zahlen auch für das Jahr 2015 gleich bleiben.
Es werden 100 von Deutschen durchgeführte Reisen ab fünf Tagen Dauer für das Jahr 2015 zufällig ausgewählt.

1.1 Bestimmen Sie jeweils unter Angabe einer Zufallsgröße X die Wahrscheinlichkeiten folgender Ereignisse:
Unter den 100 Reisen
- führen genau 31 zu einem Reiseziel innerhalb Deutschlands,
- führen mindestens 31 zu einem Reiseziel innerhalb Deutschlands,
- sind mindestens sechs, aber höchstens acht Fernreisen.

(8 BE)

1.2 Erläutern Sie die Bedeutung der folgenden Gleichung im Sachzusammenhang.

$$P(X=62)=\binom{100}{62}\cdot(0{,}618)^{62}\cdot(0{,}382)^{38}=0{,}0818$$

(3 BE)

2. Der DRV erfasst gesondert Kurzurlaube. Kurzurlaube sind Urlaube, deren Reisedauer unter fünf Tagen liegt.
76% aller Kurzurlaube gingen ins Inland. 42,6 % aller Kurzurlaube ins Inland waren Städtereisen. 8% aller Kurzurlaube waren Städtereisen ins Ausland.

2.1 Stellen Sie den Sachverhalt mithilfe eines Baumdiagramms oder einer Vierfeldertafel dar.

(5 BE)

2.2 Es wurden insgesamt 74,5 Mio. Kurzreisen angetreten. Ermitteln Sie die Gesamtzahl der Städtereisen.

(2 BE)

2.3 Bei den Kurzurlauben geht ein Reiseanbieter davon aus, dass sich das Reiseverhalten der Deutschen in den folgenden Jahren nicht ändert. Die ermittelten Zahlen aus dem Jahr 2012 werden daher übernommen.
Dem Reiseanbieter liegt im Jahr 2015 eine Buchung einer Städtereise vor. Ermitteln Sie die Wahrscheinlichkeit, dass es sich um eine Auslandsreise handelt.

(3 BE)

3. Der DRV stellt in einer Broschüre außerdem fest, dass im Jahr 2012 8 % der Pauschalreisen online gebucht wurden.
Eine Reisebürokette vermutete, dass sich der Anteil der online gebuchten Pauschalreisen im Jahr 2013 erhöht habe. Um dies zu überprüfen, werden 100 von Deutschen durchgeführte Pauschalreisen des Jahres 2013 zufällig ausgewählt und die betroffenen Reisenden nach ihrem Buchungsverhalten befragt.

3.1 Die Reisebürokette testete die Nullhypothese: $H_0: p \leqslant 0{,}08$.
Entwickeln Sie im Sachzusammenhang eine Entscheidungsregel auf einem Signifikanzniveau von 5 %.

(5 BE)

3.2 Sollten Sie in Aufgabe 3.1 zu keiner Lösung gekommen sein, so verwenden Sie als kritische Zahl, d.h. als kleinsten Wert im Ablehnungsbereich der Nullhypothese, $k = 13$.

3.2.1 Erläutern Sie den Fehler 1. Art und den Fehler 2. Art im Sachzusammenhang.

(2 BE)

3.2.2 Im Frühjahr 2014 gab der DRV bekannt, dass 15% der von Deutschen im Jahr 2013 durchgeführten Pauschalreisen online gebucht wurden. Ermitteln Sie die Wahrscheinlichkeit, dass die Reisebürokette bei ihrem Hypothesentest einen Fehler 2. Art beging.

(2 BE)

Tipps

Aufgabe A1 (WTR GTR)

1. Die Koordinaten des Extrempunkts des Graphen von k erhalten Sie mithilfe der 1. und 2. Ableitung von k, die Sie mit der Produkt- und Kettenregel bestimmen. Als notwendige Bedingung lösen Sie die Gleichung $k'(t) = 0$ nach t auf. Setzen Sie den erhaltenen t-Wert in $k''(t)$ ein; falls das Ergebnis kleiner als Null ist, handelt es sich um einen Hochpunkt. Den zugehörigen y-Wert erhalten Sie, indem Sie den erhaltenen t-Wert in $k(t)$ einsetzen.
   Die Koordinaten des Wendepunkts des Graphen von k erhalten Sie mithilfe der 2. und 3. Ableitung von k, die Sie wieder mit der Produkt- und Kettenregel bestimmen. Als notwendige Bedingung lösen Sie die Gleichung $k''(t) = 0$ nach t auf. Setzen Sie den erhaltenen t-Wert in $k'''(t)$ ein; falls $k'''(t)$ ungleich Null ist, handelt es sich um einen Wendepunkt. Den zugehörigen y-Wert erhalten Sie, indem Sie den erhaltenen t-Wert in $k(t)$ einsetzen.
   Schreiben Sie $k(t)$ als Bruch und betrachten Sie das Verhalten des Zählers und des Nenners für $t \longrightarrow \infty$.

2. Überlegen Sie, wie viele Käfer es zu Beginn, wann es am meisten Käfer und wie viele Käfer es langfristig gibt. Beachten Sie, dass die Wachstumsgeschwindigkeit durch die jeweilige Steigung des Graphen beschrieben wird und dass die Steigung im Wendepunkt extrem ist.

3. Um zu zeigen, dass K eine Stammfunktion von k ist, bestimmen Sie die 1. Ableitung von K mithilfe der Produkt- und Kettenregel. Falls $\mathrm{K}'(t) = k(t)$, so ist K eine Stammfunktion von k. Den Wert des angegebenen Integrals erhalten Sie mithilfe des Hauptsatzes der Diffferential- und Integralrechnung: $\int_a^b f(x)\,\mathrm{d}x = \mathrm{F}(b) - \mathrm{F}(a)$, wobei F eine Stammfunktion von f ist. Verwenden Sie die angegebene Stammfunktion oder berechnen Sie das Integral direkt mit dem Taschenrechner. Beachten Sie, dass ein Durchschnittswert berechnet wird.

4. Die momentane Wachstumsgeschwindigkeit bei $t = 55$ erhalten Sie, indem Sie $t = 55$ in die 1. Ableitung von k einsetzen. Da ab diesem Zeitpunkt die Größe der Population durch ein lineares Wachstum beschrieben wird, erhalten Sie die Funktionsgleichung für den weiteren Verlauf, indem Sie die Gleichung der Tangente an der Stelle $t_1 = 55$ aufstellen. Bestimmen Sie den zugehörigen Funktionswert und setzen Sie die Steigung m und die Koordinaten des Punktes in die Punkt-Steigungs-Form $y - y_1 = m \cdot (t - t_1)$ ein. Schneiden Sie die Tangente mit der t-Achse, indem Sie $y = 0$ setzen und die Gleichung nach t auflösen.

Aufgabe A2 (WTR GTR)

1. Als Ansatz für die Funktionsgleichung einer quadratischen Funktion p verwenden Sie $p(x) = ax^2 + bx + c$ mit $p'(x) = 2ax + b$. Legen Sie das Koordinatensystem entsprechend Material 2 und bestimmen Sie mithilfe der Breite und der Höhe des Gewächshauses die Koordinaten der Parabelpunkte Q_1 und Q_2 auf der x-Achse und den Scheitel S. Beachten Sie, dass die Steigung im Scheitel Null beträgt, stellen Sie drei Bedingungen auf und lösen Sie das zugehörige Gleichungssystem.

2.1 Das gesamte Volumen V des Gewächshauses erhalten Sie mit der Formel $V = A \cdot l$, wobei A die Querschnittsfläche der Vorderfläche und l die Länge des Gewächshauses ist. Den Flächeninhalt von A berechnen Sie mithilfe eines Integrals.

2.2 Die Breite des Zwischenbodens erhalten Sie, indem Sie die Gerade mit der Gleichung $y = 1$ mit der Parabel schneiden. Hierzu setzen Sie in der Parabelgleichung $y = 1$ und lösen die entstandene Gleichung mithilfe des Taschenrechners nach x auf. Beachten Sie, dass sich der Zwischenboden nur auf einer Hälfte befindet. Den Flächeninhalt Z des Zwischenbodens erhalten Sie durch «Breite mal Länge».
Bestimmen Sie den Flächeninhalt der Bodenfläche B der Gewächshaushälfte und teilen Sie die Differenz aus B und Z durch B, um den prozentualen Unterschied zwischen beiden Flächen zu bestimmen.

3.1 Bestimmen Sie den Radius r der Halbkreis-Form. Der Folienverbrauch entspricht der Mantelfläche M des Halbzylinders. Diesen erhalten Sie mit der Formel $M = \frac{1}{2} \cdot 2 \cdot \pi \cdot r \cdot l$.

3.2 Die Funktionsgleichung einer Funktion k erhalten Sie, indem Sie die gegebene Gleichung $x^2 + y^2 = r^2$ nach y auflösen. Beachten Sie, dass nur der obere Halbkreis betrachtet wird.

3.3 Die y-Werte der Punkte P_1 und P_2 erhalten Sie, indem Sie die x-Werte in $k(x)$ einsetzen. Die Steigung m zwischen dem Mittelpunkt M des Kreises und P_2 erhalten Sie mit der Steigungsformel $m = \frac{y_2 - y}{x_2 - x_1}$. Beachten Sie, dass die Tangente senkrecht auf dem Kreisradius steht, d.h. die Steigung m_t der Tangente ist der negative Kehrwert der Steigung m. Setzen Sie die Steigung m_t und die Koordinaten von P_2 in die Punkt-Steigungs-Form $y - y_1 = m_t \cdot (x - x_1)$ ein, um die Gleichung der Tangente t zu erhalten. Die Breite b der Bodenfläche erhalten Sie, indem Sie zuerst die Schnittstelle der Tangente t mit der x-Achse berechnen. Hierzu setzen Sie $y = 0$. Beachten Sie die vorhandene Symmetrie.

Aufgabe B1 (WTR)

1.1 Zur Bestimmung der Koordinaten der Eckpunkte des Holzgerüsts beachten Sie, dass es eine quadratische Grundfläche mit einer Länge und einer Breite von jeweils 3 m und eine Höhe von 2,5 m hat.

1.2 Verwenden Sie S als Stützpunkt und die Vektoren $\overrightarrow{ST}$ und $\overrightarrow{SU}$ als zugehörige Spannvektoren. Einen Normalenvektor $\vec{n}$ von E erhalten Sie mithilfe des Vektorprodukts (siehe Seite 36) der Spannvektoren.
Alternativ können Sie $\vec{n}$ auch mithilfe des Skalarprodukts bestimmen. Da $\vec{n}$ sowohl auf $\overrightarrow{ST}$ als auch auf $\overrightarrow{SU}$ senkrecht steht, muss gelten: $\vec{n} \cdot \overrightarrow{ST} = 0$ und $\vec{n} \cdot \overrightarrow{SU} = 0$. Lösen Sie das zugehörige lineare Gleichungssystem.
Die Koordinatengleichung von E erhalten Sie dann, indem Sie $\vec{n}$ und die Koordinaten von S in die Ebenengleichung $n_x x + n_y y + n_z z = d$ einsetzen und d bestimmen.
Alternativ können Sie auch die Normalenform $(\vec{x} - \vec{s}) \cdot \vec{n} = 0$ verwenden.

1.3 Die Stehhöhe über dem Punkt P erhalten Sie, indem Sie die Koordinaten desjenigen Punktes $P'(2,5 \mid 2,5 \mid t)$ bestimmen, welcher genau senkrecht über P auf E liegt. Setzen Sie die Koordinaten von P$'$ in die Koordinatengleichung von E ein, lösen Sie die Gleichung nach t auf und bestimmen Sie damit die tatsächliche Stehhöhe.

1.4 Den Winkel α zwischen der Sonnensegelebene und der Dachebene DCGH erhalten Sie mit der Formel $\cos\alpha = \frac{|\vec{n}_1 \cdot \vec{n}_2|}{|\vec{n}_1| \cdot |\vec{n}_2|}$, wobei $\vec{n}_1$ ein Normalenvektor von E und $\vec{n}_2$ ein Normalenvektor der Dachebene DCGH ist, die parallel zur xy-Ebene ist.

2.1 Die Länge des Verbindungsstücks, welches vom Punkt C orthogonal zu E geht, erhalten Sie, indem Sie den Abstand d von $C(c_x \mid c_y \mid c_z)$ zur Ebene E mit der Abstandsformel $d = \frac{|n_x \cdot c_x + n_y \cdot c_y + n_z \cdot c_z - d|}{\sqrt{n_x^2 + n_y^2 + n_z^2}}$ berechnen.

2.2 Beachten Sie, dass der Tuchkörper mit den Eckpunkten S, T, U und C eine Pyramide ist. Für das Volumen V_P einer Pyramide verwenden Sie die Formel $V_P = \frac{1}{3} \cdot G \cdot h$. Als Grundfläche G der Pyramide wählen Sie das Dreieck STU, dessen Flächeninhalt gegeben ist. Die zugehörige Höhe h ist der Abstand des Punktes C von der Ebene E, welcher in Aufgabe 2.1 berechnet wurde.
Beachten Sie, dass das Holzgerüst ein Quader ist. Für das Volumen V_Q eines Quaders verwenden Sie die Formel: $V_Q = a \cdot b \cdot c$. Teilen Sie V_P durch V_Q und geben Sie das Ergebnis in Prozent an.

3. Die Koordinaten von U$'$ erhalten Sie, indem Sie eine Gerade g durch U mit Richtungsvektor $\vec{v}$ aufstellen und mit der xy-Ebene $(z = 0)$ schneiden. Setzen Sie den allgemeinen Punkt P_t von g in die Koordinatengleichung der xy-Ebene $(z = 0)$ ein und lösen Sie die Gleichung nach t auf. Setzen Sie den erhaltenen t-Wert in P_t ein.

Aufgabe B2 (WTR GTR CAS)

1.1 Verwenden Sie den Punkt K als Stützpunkt und den Vektor $\vec{w}$ als Richtungsvektor der Geraden k. Überlegen Sie, welche Bedeutung $\vec{x}$ und der Parameter einer Geradengleichung haben.

1.2 Weisen Sie nach, dass der Punkt E in beiden Geraden, die von den Satelliten ausgehen, enthalten ist (Punktprobe). Dazu stellen Sie zusätzlich die Gleichung der Geraden n mit Stützpunkt N und Richtungsvektor $\vec{v}$ auf. Setzen Sie die Koordinaten von E in k bzw. in n ein und bestimmen Sie die zugehörigen Parameter.

1.3 Den Abstand des Satelliten KOSMOS zum Empfänger erhalten Sie, indem Sie den Abstand des Punktes K zum Punkt E berechnen. Dazu bestimmen Sie die Länge des entsprechenden Verbindungsvektors.

1.4 Den Winkel α, in welchem die Signale beim Empfänger eintreffen, erhalten Sie, indem Sie den Winkel zwischen den Vektoren $\vec{v}$ und $\vec{w}$ mit der Formel $\cos\alpha = \frac{\vec{v}\cdot\vec{w}}{|\vec{v}|\cdot|\vec{w}|}$ berechnen.

2.1 Verwenden Sie A als Stützpunkt und die Vektoren $\overrightarrow{AB}$ und $\overrightarrow{AC}$ als zugehörige Spannvektoren. Einen Normalenvektor $\vec{n}$ von E_1 erhalten Sie mithilfe des Vektorprodukts (siehe Seite 36) der Spannvektoren.
Alternativ können Sie $\vec{n}$ auch mithilfe des Skalarprodukts bestimmen; da $\vec{n}$ sowohl auf $\overrightarrow{AB}$ als auch auf $\overrightarrow{AC}$ senkrecht steht, muss gelten: $\vec{n}\cdot\overrightarrow{AB} = 0$ und $\vec{n}\cdot\overrightarrow{AC} = 0$. Lösen Sie das zugehörige lineare Gleichungssystem.
Die Koordinatengleichung von E_1 erhalten Sie dann, indem Sie $\vec{n}$ und die Koordinaten von A in die Ebenengleichung $n_x x + n_y y + n_z z = d$ einsetzen und d bestimmen.
Alternativ können Sie auch die Normalenform $(\vec{x} - \vec{a})\cdot\vec{n} = 0$ verwenden.

2.2 Überlegen Sie, welche Bedeutung die Ebene E_2 und der Winkel γ haben. Beachten Sie, dass mit dem Tangens eines Winkels die prozentuale Steigung berechnet wird.

2.3 Prüfen Sie, wie der Punkt G bezüglich der Ebene E_1 liegt. Hierzu stellen Sie eine Lotgerade l auf, die durch G geht und orthogonal zur xy-Ebene verläuft, d.h. Sie können den Normalenvektor $\vec{n}_2$ von E_2 als Richtungsvektor von l wählen. Den Schnittpunkt S von l und E_1 erhalten Sie, indem Sie den allgemeinen Punkt P_t von l in die Koordinatengleichung von E_1 einsetzen. Setzen Sie den erhaltenen t-Wert in P_t ein. Überlegen Sie, ob der Punkt S, der auf E_1 liegt, oberhalb oder unterhalb von G liegt.

Aufgabe C (WTR GTR CAS)

1.1 Für die ersten beiden Ereignisse legen Sie X als binomialverteilte Zufallsgröße für die Anzahl der Reiseziele innerhalb Deutschlands mit den Parametern n und p fest.
Die Wahrscheinlichkeit für das erste Ereignis erhalten Sie mithilfe der Binomialverteilung und des Taschenrechners. Die Wahrscheinlichkeit für das zweite Ereignis erhalten Sie mithilfe der Wahrscheinlichkeit des Gegenereignisses und der kumulierten Binomialverteilung unter Verwendung des Taschenrechners. Für das dritte Ereignis legen Sie Y als binomialverteilte Zufallsgröße für die Anzahl der Fernreisen mit den Parametern n und p fest. Verwenden Sie Differenzen der kumulierten Binomialverteilung und den Taschenrechner.

1.2 Um die Bedeutung der gegebenen Gleichung zu erläutern, legen Sie zuerst die Zufallsvariable X fest, zu der die Trefferwahrscheinlichkeit von $p = 0{,}618 = 61{,}8\%$ gehört. Verwenden Sie hierzu die angegebenen Prozentsätze.

2.1 Zur Erstellung eines Baumdiagramms bezeichnen Sie mit I: Kurzurlaub geht ins Inland, $\overline{I}$: Kurzurlaub geht ins Ausland, S: Kurzurlaub ist eine Städtereise und $\overline{S}$: Kurzurlaub ist keine Städtereise. Anhand der gegebenen Daten können Sie folgende Wahrscheinlichkeiten bestimmen: $P(I)$ und damit $P\left(\overline{I}\right)$, $P_I(S)$ und damit $P_I\left(\overline{S}\right)$ und wegen $P\left(\overline{I} \cap S\right)$ erhalten Sie $P_{\overline{I}}(S) = \frac{P\left(\overline{I} \cap S\right)}{P\left(\overline{I}\right)}$ und damit $P_{\overline{I}}\left(\overline{S}\right)$. Zur Erstellung einer Vierfeldertafel verwenden Sie $P(I)$ und damit $P\left(\overline{I}\right)$ sowie $P\left(\overline{I} \cap S\right)$. Mithilfe von $P(I \cap S)$ können Sie durch Summen-und Differenzenbildung die Vierfeldertafel vervollständigen.

2.2 Die Wahrscheinlichkeit, dass eine Städtereise durchgeführt wurde, erhalten Sie beim Baumdiagramm mithilfe der 1. und 2. Pfadregel: $P(S) = P(I \cap S) + P\left(\overline{I} \cap S\right)$. Diesen Wert können Sie in der Vierfeldertafel direkt ablesen.
Sie erhalten die Gesamtzahl der Städtereisen, indem Sie die Anzahl der Kurzreisen mit der Wahrscheinlichkeit einer Städtereise multiplizieren.

2.3 Die Wahrscheinlichkeit, dass es sich bei einer Städtereise um eine Auslandsreise handelt, erhalten Sie mithilfe der bedingten Wahrscheinlichkeit: $P_S\left(\overline{I}\right) = \frac{P\left(S \cap \overline{I}\right)}{P(S)}$.

3.1 Zum Testen der gegebenen Nullhypothese: $H_0: p \leqslant 0{,}08$ legen Sie X als Zufallsvariable für die Anzahl der online gebuchten Pauschalreisen fest. Formulieren Sie die zugehörige Alternativhypothese $H_1 : p > ....$ Beachten Sie, dass es sich wegen $H_1 : p > ...$ um einen rechtsseitigen Test mit dem Ablehnungsbereich $\overline{A} = \{k, ..., 100\}$ und dem Signifikanzniveau $\alpha \leqslant 5\,\%$ handelt. Bestimmen Sie mit der kumulierten Binomialverteilung und des Taschenrechners ein minimales $k \in \mathbb{N}$ so, dass die Wahrscheinlichkeit, dass X einen Wert zwischen k und 100 annimmt, kleiner als α ist, d.h. dass gilt: $P\left(X \in \overline{A}\right) \leqslant \alpha$ bzw. $P(X \geqslant k) \leqslant \alpha$. Verwenden Sie dafür die Wahrscheinlichkeit des Gegenereignisses $P(X \geqslant k) = 1 - P(X \leqslant k-1)$. Bestimmen Sie damit den Ablehnungsbereich $\overline{A}$ und formulieren Sie die Entscheidungsregel.

3.2.1 Beachten Sie, dass bei einem Fehler 1. Art die Nullhypothese fälschlicherweise abgelehnt wird und bei einem Fehler 2. Art fälschlicherweise beibehalten wird.

3.2.2 Legen Sie Y als binomialverteilte Zufallsvariable für die Anzahl der online gebuchten Pauschalreisen im Jahr 2013 mit den Parametern n und p fest.
Um die Wahrscheinlichkeit, dass die Reisebürokette bei ihrem Hypothesentest einen Fehler 2. Art beging, zu ermitteln, berechnen Sie die Wahrscheinlichkeit, dass Y im Annahmebereich A der Nullhypothese aus Aufgabe 3.1 liegt. Verwenden Sie die kumulierte Binomialverteilung sowie den Taschenrechner.

Lösungen

Aufgabe A1 (WTR GTR)

Es ist $k(t) = (50 + 25t) \cdot e^{-0,1t}$ (t in Jahren, $k(t)$ in 1000 Käfer).

1. Die Koordinaten des Extrempunkts des Graphen von k innerhalb des betrachteten Intervalls erhält man mithilfe der 1. und 2. Ableitung von k, die man mit der Produkt- und Kettenregel bestimmt:

$$\begin{aligned} k'(t) &= (20 - 2,5t) \cdot e^{-0,1t} \\ k''(t) &= -2,5 \cdot e^{-0,1t} + (20 - 2,5t) \cdot e^{-0,1t} \cdot (-0,1) \\ &= (0,25t - 4,5) \cdot e^{-0,1t} \end{aligned}$$

Als notwendige Bedingung löst man die Gleichung $k'(t) = 0$ nach t auf.
Wegen $e^{-0,1t} \neq 0$ ergibt sich mit dem Satz vom Nullprodukt:

$$(20 - 2,5t) \cdot e^{-0,1t} = 0 \Rightarrow 20 - 2,5t = 0 \Rightarrow t = 8$$

Setzt man $t = 8$ in $k''(t)$ ein, erhält man als hinreichende Bedingung:

$$k''(8) = (0,25 \cdot 8 - 4,5) \cdot e^{-0,1 \cdot 8} = -2,5 \cdot e^{-0,8} < 0$$

Wegen $k''(8) < 0$ handelt es sich um einen Hochpunkt.
Den zugehörigen y-Wert erhält man, indem man $t = 8$ in $k(t)$ einsetzt:

$$k(8) = (50 + 25 \cdot 8) \cdot e^{-0,1 \cdot 8} \approx 112$$

Somit hat der Hochpunkt die Koordinaten H(8 | 112).

Die Koordinaten des Wendepunkts des Graphen von k erhält man mithilfe der 2. und 3. Ableitung von k, die man wieder mit der Produkt- und Kettenregel bestimmt:

$$\begin{aligned} k''(t) &= (0,25t - 4,5) \cdot e^{-0,1t} \\ k'''(t) &= 0,25 \cdot e^{-0,1t} + (0,25t - 4,5) \cdot e^{-0,1t} \cdot (-0,1) \\ &= (-0,025t + 0,7) \cdot e^{-0,1t} \end{aligned}$$

Als notwendige Bedingung löst man die Gleichung $k''(t) = 0$ nach t auf.
Wegen $e^{-0,1t} \neq 0$ ergibt sich mit dem Satz vom Nullprodukt:

$$(0,25t - 4,5) \cdot e^{-0,1t} = 0 \Rightarrow 0,25t - 4,5 = 0 \Rightarrow t = 18$$

Setzt man $t = 18$ in $k'''(t)$ ein, erhält man als hinreichende Bedingung:

$$k'''(18) = (-0,025 \cdot 18 + 0,7) \cdot e^{-0,1 \cdot 18} \neq 0$$

Wegen $k'''(18) \neq 0$ handelt es sich um einen Wendepunkt.
Den zugehörigen y-Wert erhält man, indem man $t = 18$ in $k(t)$ einsetzt:

$$k(18) = (50 + 25 \cdot 18) \cdot e^{-0,1 \cdot 18} \approx 83$$

Somit hat der Wendepunkt die Koordinaten $W(18 \mid 83)$.

Für $t \to \infty$ geht der Nenner von $k(t) = (50 + 25t) \cdot e^{-0,1t} = \frac{50+25t}{e^{0,1t}}$ wegen e^{∞} schneller gegen ∞ als der Zähler, also geht $k(t)$ gegen Null. Der Grenzwert von $k(t)$ für $t \to \infty$ ist also Null.

2. Die Populationsgröße beträgt zu Beginn 50 000 Exemplare und nimmt bis zum Hochpunkt beim Zeitpunkt $t = 8$ zu. Dort erreicht sie ihren höchsen Wert von 112 000 Exemplaren. Nach Überschreiten des Hochpunkts nimmt die Käferanzahl wieder ab, langfristig geht sie gegen Null, was durch den berechneten Grenzwert beschrieben wird. Die Wachstumsgeschwindigkeit der Population ist zu Beginn positiv, sinkt aber bis $t = 8$ auf Null und wird anschließend negativ. Im Wendepunkt erreicht die Wachstumsgeschwindigkeit ihren größten negativen Wert, anschließend wird sie wieder größer, bleibt aber stets negativ und geht langfristig gegen Null. Die Käferpopulation stirbt langsam aus.

3. Um zu zeigen, dass K mit $K(t) = (-250t - 3000) \cdot e^{-0,1t}$ eine Stammfunktion von k ist, bestimmt man die 1. Ableitung von K mithilfe der Produkt- und Kettenregel:

$$K'(t) = -250 \cdot e^{-0,1t} + (-250t - 3000) \cdot e^{-0,1t} \cdot (-0,1) = (25t + 50) \cdot e^{-0,1t}$$

Wegen $K'(t) = k(t)$ ist K eine Stammfunktion von k.
Den Wert des Integrals $\frac{1000}{30} \cdot \int_{20}^{50} k(t)\,\mathrm{d}t$ erhält man mithilfe des Hauptsatzes der Differential- und Integralrechnung:

$$\begin{aligned}
\frac{1000}{30} \cdot \int_{20}^{50} k(t)\,\mathrm{d}t &= \frac{1000}{30} \cdot [K(t)]_{20}^{50} \\
&= \frac{1000}{30} \cdot \left[(-250t - 3000) \cdot e^{-0,1t}\right]_{20}^{50} \\
&= \frac{1000}{30} \cdot \left(\left(-250 \cdot 50 - 3000\right) \cdot e^{-0,1 \cdot 50}\right) - \left(\left(-250 \cdot 20 - 3000\right) \cdot e^{-0,1 \cdot 20}\right)\Big) \\
&\approx 32\,600
\end{aligned}$$

Der Wert des obigen Integrals gibt an, dass im Zeitraum von 20 bis 50 Jahren nach dem Anfangszeitpunkt die durchschnitliche Anzahl der Käfer pro Jahr etwa 32 600 betrug.

4. Die momentane Wachstumsgeschwindigkeit bei $t = 55$ erhält man, indem man $t = 55$ in die 1. Ableitung von k einsetzt:

$$k'(55) = (20 - 2{,}5 \cdot 55) \cdot e^{-0{,}1 \cdot 55} \approx -0{,}48$$

Da ab diesem Zeitpunkt die Größe der Population durch ein lineares Wachstum beschrieben wird, erhält man die Funktionsgleichung für den weiteren Verlauf, indem man die Gleichung der Tangente an der Stelle $t_1 = 55$ aufstellt. Der zugehörige Funktionswert ist

$$y_1 = k(55) = (50 + 25 \cdot 55) \cdot e^{-0{,}1 \cdot 55} \approx 5{,}82 \Rightarrow \mathrm{P}(55 \mid 5{,}82)$$

Setzt man die Steigung $m = -0{,}48$ (momentane Wachstumsgeschwindigkeit) und die Koordinaten von $\mathrm{P}(55 \mid 5{,}82)$ in die Punkt-Steigungs-Form $y - y_1 = m \cdot (t - t_1)$ ein, ergibt sich:

$$\begin{aligned} y - 5{,}82 &= -0{,}48 \cdot (t - 55) \\ y &= -0{,}48t + 32{,}22 \end{aligned}$$

Die Tangente an der Stelle $t = 55$ hat die Gleichung $y = -0{,}48t + 32{,}22$.
Den voraussichtlichen Zeitpunkt des Aussterbens der Käferpopulation erhält man, indem man die Tangente mit der t-Achse schneidet. Setzt man $y = 0$, ergibt sich:

$$0 = -0{,}48t + 32{,}22 \Rightarrow t \approx 67$$

Somit ist die Käferpopulation nach etwa 67 Jahren ausgestorben.

Aufgabe A2 (WTR GTR)

1. Als Ansatz für die Funktionsgleichung einer quadratischen Funktion p verwendet man $p(x) = ax^2 + bx + c$ mit $p'(x) = 2ax + b$. Das Koordinatensystem wird sinnvollerweise so wie in Material 2 gelegt. Der Graph von p enthält wegen der Breite 7 m der Bodenfläche die Parabelpunkte $Q_1(-3{,}5 \mid 0)$ und $Q_2(3{,}5 \mid 0)$ und wegen der Höhe 3 m den Scheitel $S(0 \mid 3)$. Da Q_1 und Q_2 auf p liegen, gelten die Bedingungen: $p(-3{,}5) = 0$ und $p(3{,}5) = 0$. Da S auf p liegt, gilt: $p(0) = 3$. Da die Steigung im Scheitel Null beträgt, gilt: $p'(0) = 0$. Zur Bestimmung von a, b und c genügen drei Bedingungen:

$$\begin{array}{lrcl} \text{I} & p(0) & = & 3 \\ \text{II} & p'(0) & = & 0 \\ \text{III} & p(3{,}5) & = & 0 \end{array}$$

bzw.

$$\begin{array}{lccccccc} \text{I} & a\cdot 0^2 & + & b\cdot 0 & + & c & = & 3 \\ \text{II} & 2a\cdot 0 & + & b & & & = & 0 \\ \text{III} & a\cdot 3{,}5^2 & + & b\cdot 3{,}5 & + & c & = & 0 \end{array}$$

Aus Gleichung I ergibt sich: $c = 3$.
Aus Gleichung II erhält man: $b = 0$.
Setzt man $c = 3$ und $b = 0$ in Gleichung III ein, erhält man:

$$a \cdot 3{,}5^2 + 3 = 0 \Rightarrow a = -\frac{12}{49}$$

Somit hat die Parabel die Gleichung $p(x) = -\frac{12}{49}x^2 + 3$.

2.1 Das gesamte Volumen V des Gewächshauses hält man mit der Formel $V = A \cdot l$. Die Querschnittsfläche A der Vorderfläche erhält man mithilfe eines Integrals:

$$\begin{aligned} A &= \int_{-3{,}5}^{3{,}5} p(x)\,dx \\ &= \int_{-3{,}5}^{3{,}5} \left(-\frac{12}{49}x^2 + 3\right) dx \\ &= \left[-\frac{4}{49}x^3 + 3x\right]_{-3{,}5}^{3{,}5} \\ &= \left(-\frac{4}{49}\cdot 3{,}5^3 + 3\cdot 3{,}5\right) - \left(-\frac{4}{49}\cdot(-3{,}5)^3 + 3\cdot(-3{,}5)\right) \\ &= 14 \end{aligned}$$

Die Querschnittsfläche beträgt somit $14\,\text{m}^2$.

Da das Gewächshaus eine Länge von $l = 12\,\text{m}$ hat, erhält man:

$$V = A \cdot l = 14 \cdot 12 = 168$$

Das gesamte Gewächshaus hat ein Volumen von $168\,\text{m}^3$.

2.2 Die Breite des Zwischenbodens erhält man, indem man die Gerade mit der Gleichung $y = 1$ mit der Parabel schneidet. Durch Gleichsetzen mit der Parabelgleichung erhält man:

$$\begin{aligned} p(x) &= 1 \\ -\frac{12}{49}x^2 + 3 &= 1 \\ -\frac{12}{49}x^2 + 2 &= 0 \end{aligned}$$

Mithilfe des Taschenrechners erhält man die Lösungen $x_{1,2} \approx \pm 2,86$.
Da sich der Zwischenboden nur auf einer Hälfte befindet, wird nur $x \approx 2,86$ als Lösung verwendet.

frv.tv/ca

Für den Flächeninhalt Z des Zwischenbodens, der sich nur auf einer Hälfte befindet, ergibt sich damit:

$$Z \approx 2,86 \cdot 12 \approx 34,32$$

Der Zwischenboden hat einen Flächeninhalt von etwa $34,32\,\text{m}^2$.

Die Bodenfläche B der Gewächshaushälfte erhält man, indem man die Breite von $3,5\,\text{m}$ mit der Länge von $12\,\text{m}$ multipliziert:

$$B = 3,5 \cdot 12 = 42$$

Der Flächeninhalt der Bodenfläche der Gewächshaushälfte beträgt $42\,\text{m}^2$.
Um zu berechnen, um wie viel Prozent der Zwischenboden kleiner ist als die Bodenfläche der Gewächshaushälfte, teilt man die Differenz aus B und Z durch B:

$$\frac{B - Z}{B} = \frac{42 - 34,32}{42} \approx 0,183 = 18,3\%$$

Die Zwischenbodenfläche ist etwa $18,3\,\%$ kleiner als die entsprechende Bodenfläche.

3.1 Da bei der Halbkreis-Form die Höhe und die Länge des Gewächshauses beibehalten werden sollen, gilt für den Radius: $r = 3$.
Der Folienverbrauch entspricht der Mantelfläche M des Halbzylinders:

$$M = \frac{1}{2} \cdot 2 \cdot \pi \cdot r \cdot l = \pi \cdot 3 \cdot 12 \approx 113$$

Der Verbrauch an Folie beträgt etwa $113\,\text{m}^2$.

3.2 Die Funktionsgleichung einer Funktion k, mit deren Graph der Rand der halbkreisförmigen vorderen Abschlussfläche des Gewächshauses beschrieben werden kann, erhält man, indem man $r = 3$ in die in Material 3 gegebene Gleichung einsetzt und nach y auflöst:

$$\begin{aligned} x^2 + y^2 &= r^2 \\ x^2 + y^2 &= 3^2 \\ y^2 &= 3^2 - x^2 \\ y &= \pm\sqrt{9 - x^2} \end{aligned}$$

Da nur der obere Halbkreis betrachtet wird, hat die Funktion k die Gleichung:

$$k(x) = \sqrt{9 - x^2}\ ;\ -3 \leqslant x \leqslant 3$$

3.3 Die y-Werte der Punkte P_1 und P_2 erhält man, indem man die x-Werte in $k(x)$ einsetzt:

$$\begin{aligned} y_1 &= k(-2,5) = \sqrt{9 - (-2,5)^2} \approx 1,66 \Rightarrow P_1(-2,5 \mid 1,66) \\ y_2 &= k(2,5) = \sqrt{9 - 2,5^2} \approx 1,66 \Rightarrow P_2(2,5 \mid 1,66) \end{aligned}$$

Aus Symmetriegründen wird im Folgenden nur mit P_2 weitergerechnet.

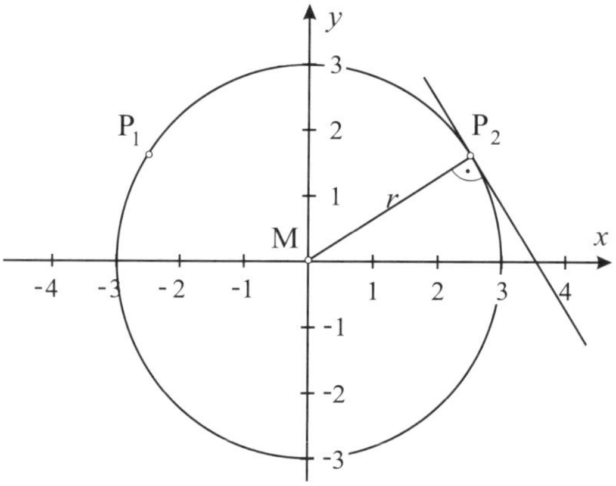

Die Steigung m zwischen dem Mittelpunkt $M(0 \mid 0)$ des Kreises und $P_2(2,5 \mid 1,66)$ erhält man mit der Steigungsformel:

$$m = \frac{1,66}{2,5}$$

Da die Tangente t in P_2 senkrecht auf dem Kreisradius steht, ist die Steigung m_t der Tangente der negative Kehrwert der Steigung m:

$$m_t = -\frac{2,5}{1,66} \approx -1,51$$

Setzt man die Steigung $m_t = -1,51$ und die Koordinaten von $P_2(2,5 \mid 1,66)$ in die Punkt-Steigungs-Form $y - y_1 = m_t \cdot (x - x_1)$ ein, ergibt sich:

$$t: y - 1,66 = -1,51 \cdot (x - 2,5)$$
$$t: y = -1,51x + 5,44$$

Die Tangente t an den Kreis in P_2 hat die Gleichung: $t: y = -1,51x + 5,44$.
Die Breite b der Bodenfläche erhält man, indem man zuerst die Schnittstelle der Tangente t mit der x-Achse berechnet. Setzt man $y = 0$, ergibt sich:

$$0 = -1,51x + 5,44 \Rightarrow x \approx 3,60$$

Aufgrund der vorhandenen Symmetrie gilt für die Schnittstelle der Tangente an den Kreis im Punkt P_1: $x \approx -3,60$.
Damit gilt für die Breite b:

$$b \approx 3,60 - (-3,60) = 7,20$$

Die neue Breite des Gewächshauses beträgt etwa 7,20 m.

Aufgabe B1 (WTR)

Gegeben sind die Punkte $S(3 \mid 2 \mid 2{,}5)$, $T(3 \mid 3 \mid 0{,}5)$ und $U(0 \mid 3 \mid 2)$.

1.1 Da das quaderförmige Holzgerüst mit quadratischer Grundfläche eine Länge und eine Breite von jeweils 3 m und Höhe von 2,5 m hat, haben die Eckpunkte des Gerüsts folgende Koordinaten: $A(3 \mid 0 \mid 0)$, $B(3 \mid 3 \mid 0)$, $C(3 \mid 3 \mid 2{,}5)$, $D(3 \mid 0 \mid 2{,}5)$, $E(0 \mid 0 \mid 0)$, $F(0 \mid 3 \mid 0)$, $G(0 \mid 3 \mid 2{,}5)$ und $H(0 \mid 0 \mid 2{,}5)$.

1.2 Die fehlenden Punkte und das Sonnensegel werden in der Zeichnung ergänzt:

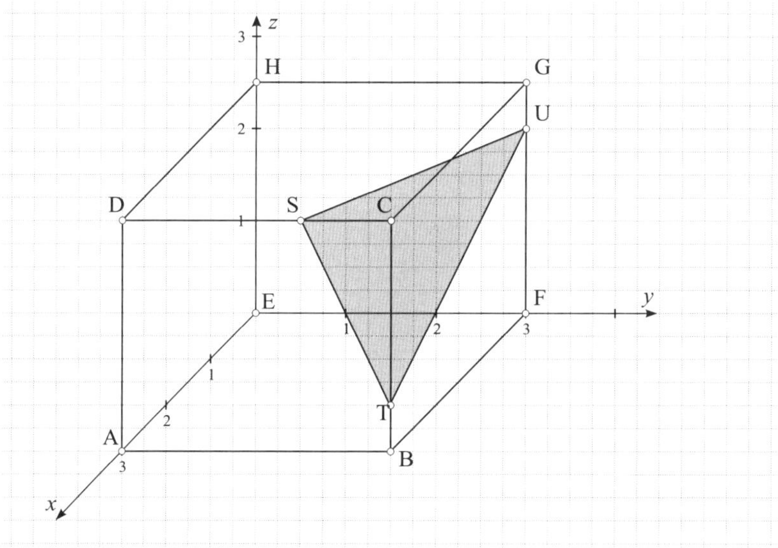

Die Ebene E, in der die Punkte $S(3 \mid 2 \mid 2{,}5)$, $T(3 \mid 3 \mid 0{,}5)$ und $U(0 \mid 3 \mid 2)$ liegen, hat beispielsweise den Stützpunkt S und die Spannvektoren $\overrightarrow{ST} = \begin{pmatrix} 0 \\ 1 \\ -2 \end{pmatrix}$ und $\overrightarrow{SU} = \begin{pmatrix} -3 \\ 1 \\ -0{,}5 \end{pmatrix}$.

Damit hat E die Parametergleichung:

$$E\colon \vec{x} = \begin{pmatrix} 3 \\ 2 \\ 2{,}5 \end{pmatrix} + s \cdot \begin{pmatrix} 0 \\ 1 \\ -2 \end{pmatrix} + t \cdot \begin{pmatrix} -3 \\ 1 \\ -0{,}5 \end{pmatrix}; \; s,t \in \mathbb{R}$$

frv.tv/cg

Einen Normalenvektor $\vec{n}$ von E erhält man mithilfe des Vektorprodukts (siehe Seite 36 bzw. mithilfe des Taschenrechners) der Spannvektoren $\overrightarrow{ST}$ und $\overrightarrow{SU}$:

$$\begin{pmatrix} 0 \\ 1 \\ -2 \end{pmatrix} \times \begin{pmatrix} -3 \\ 1 \\ -0{,}5 \end{pmatrix} = \begin{pmatrix} 1{,}5 \\ 6 \\ 3 \end{pmatrix} = 1{,}5 \cdot \begin{pmatrix} 1 \\ 4 \\ 2 \end{pmatrix} \Rightarrow \vec{n} = \begin{pmatrix} 1 \\ 4 \\ 2 \end{pmatrix}$$

Alternativ kann man $\vec{n}$ auch mithilfe des Skalarprodukts bestimmen, da $\vec{n}$ auf beiden

Spannvektoren senkrecht steht. Damit gilt:

$$\begin{pmatrix} n_x \\ n_y \\ n_z \end{pmatrix} \cdot \begin{pmatrix} 0 \\ 1 \\ -2 \end{pmatrix} = 0$$

und

$$\begin{pmatrix} n_x \\ n_y \\ n_z \end{pmatrix} \cdot \begin{pmatrix} -3 \\ 1 \\ -0,5 \end{pmatrix} = 0$$

Daraus ergibt sich das lineare Gleichungssystem:

$$\begin{array}{lrcrcrcl} \text{I} & 0 \cdot n_x & + & 1 \cdot n_y & - & 2 \cdot n_z & = & 0 \\ \text{II} & -3 \cdot n_x & + & 1 \cdot n_y & - & 0,5 \cdot n_z & = & 0 \end{array}$$

Wählt man in Gleichung I $n_z = 1$, so erhält man: $1 \cdot n_y - 2 \cdot 1 = 0 \Rightarrow n_y = 2$.
Setzt man $n_z = 1$ und $n_y = 2$ in Gleichung II ein, ergibt sich:
$-3 \cdot n_x + 1 \cdot 2 - 0,5 \cdot 1 = 0 \Rightarrow n_x = 0,5$.

Damit ergibt sich ein Normalenvektor $\vec{n} = \begin{pmatrix} 0,5 \\ 2 \\ 1 \end{pmatrix} = 0,5 \cdot \begin{pmatrix} 1 \\ 4 \\ 2 \end{pmatrix}$.

Die Ebene E hat damit die Form:

$$\text{E}: x + 4y + 2z = d$$

Die Koordinatengleichung von E erhält man, indem man z.B. die Koordinaten des Punktes S in obige Gleichung einsetzt und so die Konstante d bestimmt:

$$3 + 4 \cdot 2 + 2 \cdot 2,5 = d \Rightarrow d = 16$$

Somit hat die Ebene E die Koordinatenform $x + 4y + 2z = 16$.
Alternativ kann man eine Koordinatengleichung von E auch mithilfe der Punkt-Normalenform bestimmen:

$$\text{E}: (\vec{x} - \vec{s}) \cdot \vec{n} = 0$$

$$\text{E}: \left(\begin{pmatrix} x \\ y \\ z \end{pmatrix} - \begin{pmatrix} 3 \\ 2 \\ 2,5 \end{pmatrix} \right) \cdot \begin{pmatrix} 1 \\ 4 \\ 2 \end{pmatrix} = 0$$

$$\text{E}: (x-3) \cdot 1 + (y-2) \cdot 4 + (z-2,5) \cdot 2 = 0$$

$$\text{E}: x - 3 + 4y - 8 + 2z - 5 = 0$$

$$\text{E}: x + 4y + 2z = 16$$

Die Ebene E hat somit die Koordinatengleichung E: $x + 4y + 2z = 16$.

1.3 Die Stehhöhe über dem Punkt $P(2,5 \mid 2,5 \mid 0)$ erhält man, indem man die Koordinaten desjenigen Punktes $P'(2,5 \mid 2,5 \mid t)$ bestimmt, welcher genau senkrecht über P auf E liegt. Setzt man die Koordinaten von P′ in die Koordinatengleichung von E ein, erhält man:

$$2,5 + 4 \cdot 2,5 + 2t = 16 \Rightarrow t = 1,75$$

Setzt man $t = 1,75$ in P′ ein, ergibt sich: $P'(2,5 \mid 2,5 \mid 1,75)$.
Da P′ tatsächlich nur 1,75 m über der Grundfläche liegt, wird die Stehhöhe von $h = 2,0$ m über dem Punkt P durch das Sonnensegel beeinträchtigt.

1.4 Den Winkel α zwischen der Sonnensegelebene und der Dachebene DCGH erhält man mit der Formel $\cos\alpha = \frac{|\vec{n}_1 \cdot \vec{n}_2|}{|\vec{n}_1| \cdot |\vec{n}_2|}$, wobei $\vec{n}_1 = \begin{pmatrix} 1 \\ 4 \\ 2 \end{pmatrix}$ ein Normalenvektor von E und $\vec{n}_2 = \begin{pmatrix} 0 \\ 0 \\ 1 \end{pmatrix}$ ein Normalenvektor der Dachebene DCGH ist, die parallel zur xy-Ebene ist.

Damit erhält man:

$$\cos\alpha = \frac{|\vec{n}_1 \cdot \vec{n}_2|}{|\vec{n}_1| \cdot |\vec{n}_2|} = \frac{\left|\begin{pmatrix} 1 \\ 4 \\ 2 \end{pmatrix} \cdot \begin{pmatrix} 0 \\ 0 \\ 1 \end{pmatrix}\right|}{\left|\begin{pmatrix} 1 \\ 4 \\ 2 \end{pmatrix}\right| \cdot \left|\begin{pmatrix} 0 \\ 0 \\ 1 \end{pmatrix}\right|} = \frac{|1 \cdot 0 + 4 \cdot 0 + 2 \cdot 1|}{\sqrt{1^2 + 4^2 + 2^2} \cdot \sqrt{0^2 + 0^2 + 1^2}} = \frac{2}{\sqrt{21}}$$

$$\Rightarrow \alpha \approx 64,12^\circ$$

Der Winkel α zwischen den beiden Ebenen beträgt etwa $64,12^\circ$.

2.1 Die Länge des Verbindungsstücks, welches vom Punkt C orthogonal zu E geht, erhält man, indem man den Abstand d von C zur Ebene E mit der Abstandsformel berechnet:

$$d = \frac{|3 + 4 \cdot 3 + 2 \cdot 2,5 - 16|}{\sqrt{1^2 + 4^2 + 2^2}} = \frac{4}{\sqrt{21}} \approx 0,87$$

Die Länge des Verbindungsstücks beträgt etwa 0,87 m.

2.2 Der Tuchkörper mit den Eckpunkten S, T, U und C ist eine Pyramide. Für das Volumen V_P einer Pyramide gilt: $V_P = \frac{1}{3} \cdot G \cdot h$. Als Grundfläche G der Pyramide kann man das Dreieck STU wählen, welches einen Flächeninhalt von $G \approx 3,44$ (siehe Aufgabenstellung) hat. Die zugehörige Höhe h ist der Abstand des Punktes C von der Ebene E, welcher in Aufgabe 2.1 berechnet wurde: $h \approx 0,87$. Damit ergibt sich:

$$V_P = \frac{1}{3} \cdot G \cdot h \approx \frac{1}{3} \cdot 3,44 \cdot 0,87 \approx 1,00$$

Die Pyramide hat ein Volumen von etwa $1{,}00\,\text{m}^3$.

Das Holzgerüst ist ein Quader. Für das Volumen V_Q eines Quaders gilt: $V_Q = a \cdot b \cdot c$. Damit ergibt sich:

$$V_Q = a \cdot b \cdot c = 3 \cdot 3 \cdot 2{,}5 = 22{,}5$$

Der Quader hat ein Volumen von $22{,}5\,\text{m}^3$.

Teilt man V_P durch V_Q, erhält man:

$$\frac{V_P}{V_Q} = \frac{1{,}00}{22{,}5} \approx 0{,}044 = 4{,}4\%$$

Somit nimmt der Tuchkörper etwa $4{,}4\,\%$ des Raumes innerhalb des Holzgerüstes ein.

3. Die Koordinaten von U' erhält man, indem man eine Gerade g durch $U(0 \mid 3 \mid 2)$ mit Richtungsvektor $\vec{v} = \begin{pmatrix} 0{,}5 \\ -0{,}25 \\ -1{,}25 \end{pmatrix}$ aufstellt und mit der xy-Ebene $(z = 0)$ schneidet. Die Gerade g hat die Gleichung:

$$g\colon \vec{x} = \begin{pmatrix} 0 \\ 3 \\ 2 \end{pmatrix} + t \cdot \begin{pmatrix} 0{,}5 \\ -0{,}25 \\ -1{,}25 \end{pmatrix}$$

Setzt man den allgemeinen Punkt $P_t(0{,}5t \mid 3 - 0{,}25t \mid 2 - 1{,}25t)$ von g in die Koordinatengleichung der xy-Ebene $(z = 0)$ ein, ergibt sich:

$$2 - 1{,}25t = 0 \;\Rightarrow\; t = 1{,}6$$

Setzt man $t = 1{,}6$ in P_t ein, erhält man die Koordinaten des Schnittpunkts $U'(0{,}8 \mid 2{,}6 \mid 0)$.

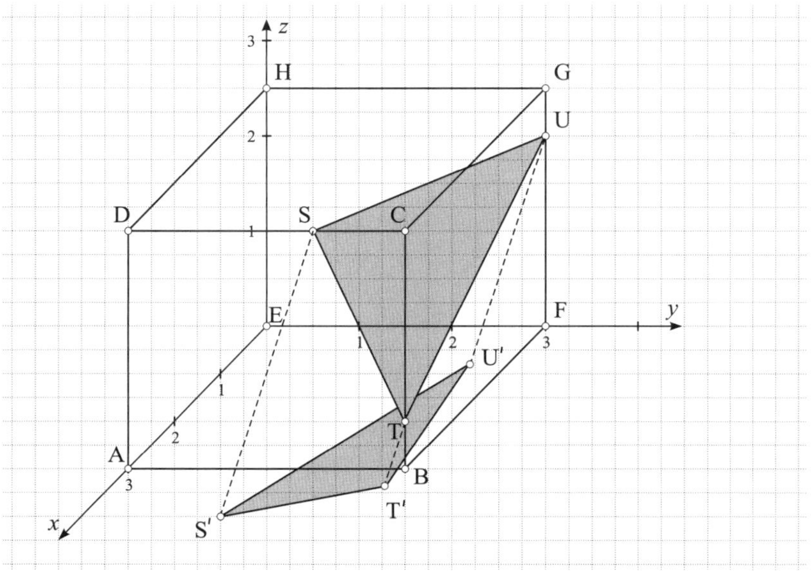

Aufgabe B2 (WTR GTR CAS)

Gegeben sind die Punkte N(0 | 10 | 20203) und K(4309 | 2801 | 20513).

1.1 Die Gleichung der Geraden k, die von K aus in Richtung des Vektors $\vec{w}$ verläuft, hat die Gleichung:

$$k: \vec{x} = \vec{k} + t \cdot \vec{w}$$

$$k: \vec{x} = \begin{pmatrix} 4309 \\ 2801 \\ 20513 \end{pmatrix} + t \cdot \begin{pmatrix} -13 \\ -7 \\ -70 \end{pmatrix}$$

Dabei ist $\vec{x}$ der Ortsvektor eines beliebigen Punktes X der Geraden k, $\vec{k}$ ist der Ortsvektor des Stützpunktes K und $\vec{w}$ ist der Richtungsvektor der Geraden, der mithilfe des Parameters t vervielfacht wird.

1.2 Um zu zeigen, dass sich der GPS-Empfänger auf der Position E(500 | 750 | 3) befindet, weist man nach, dass der Punkt E in beiden Geraden, die von den Satelliten ausgehen, enthalten ist (Punktprobe). Dazu stellt man zusätzlich die Gleichung der Geraden n mit Stützpunkt N und Richtungsvektor $\vec{v}$ auf.

$$n: \vec{x} = \begin{pmatrix} 0 \\ 10 \\ 20203 \end{pmatrix} + s \cdot \begin{pmatrix} 25 \\ 37 \\ -1010 \end{pmatrix}$$

Setzt man die Koordinaten von E in k ein, erhält man:

$$\begin{array}{rcrcrcrcr} 500 & = & 4309 & - & 13t & \Rightarrow & t & = & 293 \\ 750 & = & 2801 & - & 7t & \Rightarrow & t & = & 293 \\ 3 & = & 20513 & - & 70t & \Rightarrow & t & = & 293 \end{array}$$

Für $t = 293$ liegt der Punkt E auf der Geraden k.
Setzt man die Koordinaten von E in n ein, erhält man:

$$\begin{array}{rcrcrcrcr} 500 & = & 0 & + & 25s & \Rightarrow & s & = & 20 \\ 750 & = & 10 & + & 37s & \Rightarrow & s & = & 20 \\ 3 & = & 20203 & - & 1010s & \Rightarrow & s & = & 20 \end{array}$$

Für $s = 20$ liegt der Punkt E auf der Geraden n. Damit liegt der Punkt E auf den Geraden k und n. Somit befindet sich der GPS-Empfänger im Punkt E.

1.3 Den Abstand des Satelliten KOSMOS zum Empfänger erhält man, indem man den Abstand des Punktes K zum Punkt E berechnet. Dazu bestimmt man die Länge des entsprechenden Verbindungsvektors:

$$\overline{\mathrm{EK}} = |\overrightarrow{\mathrm{EK}}| = \left|\begin{pmatrix} 3809 \\ 2051 \\ 20510 \end{pmatrix}\right| = \sqrt{3809^2 + 2051^2 + 20510^2} \approx 20961,28$$

Der Abstand beträgt etwa 20961 km.

1.4 Den Winkel α, in welchem die Signale beim Empfänger eintreffen, erhält man, indem man den Winkel zwischen den Vektoren $\vec{v}$ und $\vec{w}$ mit der Formel $\cos\alpha = \frac{\vec{v}\cdot\vec{w}}{|\vec{v}|\cdot|\vec{w}|}$ berechnet:

frv.tv/ch

$$\begin{aligned}
\cos\alpha &= \frac{\vec{v}\cdot\vec{w}}{|\vec{v}|\cdot|\vec{w}|} \\
&= \frac{\begin{pmatrix} 25 \\ 37 \\ -1010 \end{pmatrix}\cdot\begin{pmatrix} -13 \\ -7 \\ -70 \end{pmatrix}}{\left|\begin{pmatrix} 25 \\ 37 \\ -1010 \end{pmatrix}\right|\cdot\left|\begin{pmatrix} -13 \\ -7 \\ -70 \end{pmatrix}\right|} \\
&= \frac{25\cdot(-13) + 37\cdot(-7) + (-1010)\cdot(-70)}{\sqrt{25^2 + 37^2 + (-1010)^2}\cdot\sqrt{(-13)^2 + (-7)^2 + (-70)^2}} \\
&= \frac{70116}{\sqrt{1022094}\cdot\sqrt{5118}} \\
\Rightarrow\ \alpha &\approx 14,20^\circ
\end{aligned}$$

Der Winkel, in dem die Signale beim Empfänger zueinander eintreffen, beträgt etwa 14,2°.

2.1 Die Ebene E_1, in der die Punkte A(2 | 0 | 0), B(1 | 3 | 1) und C(−5 | 6 | 3) liegen, hat beispielsweise den Stützpunkt A und die Spannvektoren $\overrightarrow{AB} = \begin{pmatrix} -1 \\ 3 \\ 1 \end{pmatrix}$ und $\overrightarrow{AC} = \begin{pmatrix} -7 \\ 6 \\ 3 \end{pmatrix}$. Damit hat E_1 die Parametergleichung:

$$E_1: \vec{x} = \begin{pmatrix} 2 \\ 0 \\ 0 \end{pmatrix} + s\cdot\begin{pmatrix} -1 \\ 3 \\ 1 \end{pmatrix} + t\cdot\begin{pmatrix} -7 \\ 6 \\ 3 \end{pmatrix};\ s,t \in \mathbb{R}$$

Einen Normalenvektor $\vec{n}$ von E_1 erhält man mithilfe des Vektorprodukts (siehe Seite 36 bzw. mithilfe des Taschenrechners)

frv.tv/cg

der Spannvektoren $\begin{pmatrix} -1 \\ 3 \\ 1 \end{pmatrix}$ und $\begin{pmatrix} -7 \\ 6 \\ 3 \end{pmatrix}$:

$$\begin{pmatrix} -1 \\ 3 \\ 1 \end{pmatrix} \times \begin{pmatrix} -7 \\ 6 \\ 3 \end{pmatrix} = \begin{pmatrix} 3 \\ -4 \\ 15 \end{pmatrix} \Rightarrow \vec{n} = \begin{pmatrix} 3 \\ -4 \\ 15 \end{pmatrix}$$

Alternativ kann man $\vec{n}$ auch mithilfe des Skalarprodukts bestimmen, da $\vec{n}$ auf beiden Spannvektoren senkrecht steht. Damit gilt:

$$\begin{pmatrix} n_x \\ n_y \\ n_z \end{pmatrix} \cdot \begin{pmatrix} -1 \\ 3 \\ 1 \end{pmatrix} = 0$$

und

$$\begin{pmatrix} n_x \\ n_y \\ n_z \end{pmatrix} \cdot \begin{pmatrix} -7 \\ 6 \\ 3 \end{pmatrix} = 0$$

Daraus ergibt sich das lineare Gleichungssystem:

$$\begin{array}{lrcrcrcr} \text{I} & -1 \cdot n_x & + & 3 \cdot n_y & + & 1 \cdot n_z & = & 0 \\ \text{II} & -7 \cdot n_x & + & 6 \cdot n_y & + & 3 \cdot n_z & = & 0 \end{array}$$

Subtrahiert man das 3-fache von Gleichung I von Gleichung II, ergibt sich:

$$-4 \cdot n_x - 3 \cdot n_y = 0$$

Wählt man $n_x = 3$, so erhält man: $-4 \cdot 3 - 3 \cdot n_y = 0 \Rightarrow n_y = -4$.
Setzt man $n_x = 3$ und $n_y = -4$ in Gleichung I ein, ergibt sich:
$-1 \cdot 3 + 3 \cdot (-4) + 1 \cdot n_z = 0 \Rightarrow n_z = 15$.

Damit erhält man einen Normalenvektor $\vec{n} = \begin{pmatrix} 3 \\ -4 \\ 15 \end{pmatrix}$.

Die Ebene E_1 hat damit die Form:

$$E_1 : 3x - 4y + 15z = d$$

Die Koordinatengleichung von E_1 erhält man, indem man z.B. die Koordinaten des Punktes A in obige Gleichung einsetzt und so die Konstante d bestimmt:

$$3 \cdot 2 - 4 \cdot 0 + 15 \cdot 0 = d \Rightarrow d = 6$$

Somit hat die Ebene E_1 die Koordinatenform $E_1 : 3x - 4y + 15z = 6$.

Alternativ kann man eine Koordinatengleichung von E auch mithilfe der Punkt-Normalenform bestimmen:

$$\mathrm{E}_1 : (\vec{x}-\vec{a})\cdot\vec{n} = 0$$

$$\mathrm{E}_1 : \left(\begin{pmatrix} x \\ y \\ z \end{pmatrix} - \begin{pmatrix} 2 \\ 0 \\ 0 \end{pmatrix}\right) \cdot \begin{pmatrix} 3 \\ -4 \\ 15 \end{pmatrix} = 0$$

$$\mathrm{E}_1 : (x-2)\cdot 3 + (y-0)\cdot(-4) + (z-0)\cdot 15 = 0$$

$$\mathrm{E}_1 : 3x - 6 - 4y + 15z = 0$$

$$\mathrm{E}_1 : 3x - 4y + 15z = 6$$

Die Ebene E_1 hat somit die Koordinatengleichung $\mathrm{E}_1 :\ 3x - 4y + 15z = 6$.

2.2 Im ersten Rechenschritt wird der Normalenvektor $\vec{n}_1$ der Ebene E_1 anhand der Koordinatenform bestimmt.
Im zweiten Rechenschritt wird der Normalenvektor $\vec{n}_2$ der xy-Ebene mit der Gleichung $\mathrm{E}_2 :\ z = 0$ anhand der Koordinatenform bestimmt.
Im dritten Rechenschritt wird der Winkel γ zwischen den beiden Normalenvektoren $\vec{n}_1$ und $\vec{n}_2$ und damit zwischen den Ebenen E_1 und E_2 berechnet.
Im vierten Rechenschritt wird der Tangens des Winkels γ berechnet.
Mit der Rechnung wird die prozentuale Steigung zwischen den Ebenen E_1 und E_2 und damit zwischen der Hangebene und der Horizontalebene berechnet.

2.3 Die Lage des Geocaches wird in das Koordinatensystem gezeichnet:

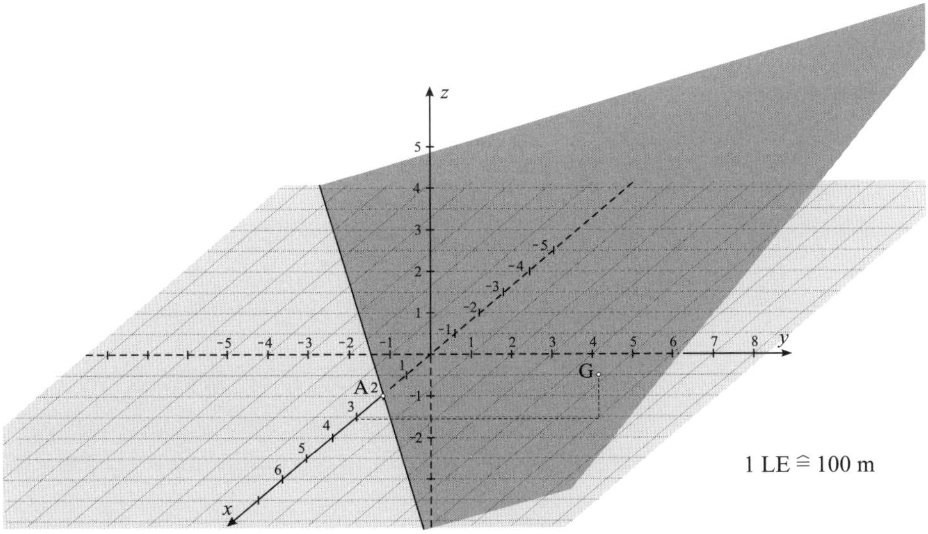

Um rechnerisch zu untersuchen, ob der Geocache über, auf oder unter der Erdoberfläche versteckt ist, prüft man, wie der Punkt G bezüglich der Ebene E_1 liegt. Hierzu stellt man eine Lotgerade l auf, die durch G geht und orthogonal zur xy-Ebene verläuft, d.h. man kann den Normalenvektor $\vec{n}_2$ von E_2 als Richtungsvektor von l wählen.

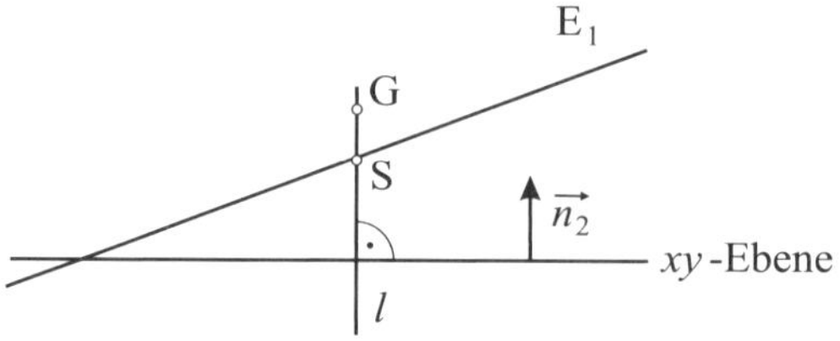

Damit ergibt sich:

$$l: \vec{x} = \begin{pmatrix} 3,1 \\ 6 \\ 1,4 \end{pmatrix} + t \cdot \begin{pmatrix} 0 \\ 0 \\ 1 \end{pmatrix}$$

Den Schnittpunkt S von l und E_1 erhält man, indem man den allgemeinen Punkt $P_t(3,1 \mid 6 \mid 1,4+t)$ von l in die Koordinatengleichung von E_1 einsetzt:

$$3 \cdot 3,1 - 4 \cdot 6 + 15 \cdot (1,4+t) = 6 \Rightarrow t = -0,02$$

Setzt man $t = -0,02$ in P_t ein, erhält man $S(3,1 \mid 6 \mid 1,38)$.
Da der Punkt S, der auf E_1 liegt, unterhalb von G liegt, befindet sich der Punkt G oberhalb der Ebene E_1.
Somit ist der Geocache über der Erdoberfläche versteckt.

Aufgabe C (WTR GTR CAS)

1.1 Für die ersten beiden Ereignisse legt man X als Zufallsgröße für die Anzahl der Reiseziele innerhalb Deutschlands fest. X ist binomialverteilt mit den Parametern $n = 100$ und $p = 0,31$.

Die Wahrscheinlichkeit für das Ereignis A: »es führten genau 31 Reisen zu einem Reiseziel innerhalb Deutschlands» erhält man mithilfe der Binomialverteilung unter Verwendung des Taschenrechners:

$$P(A) = P(X = 31) \approx 0,086 = 8,6\%$$

frv.tv/ci

Die Wahrscheinlichkeit für das Ereignis B: »es führten mindestens 31 Reisen zu einem Reiseziel innerhalb Deutschlands» erhält man Mithilfe der Wahrscheinlichkeit des Gegenereignisses und der kumulierten Binomialverteilung und des Taschenrechners:

$$P(B) = P(X \geqslant 31) = 1 - P(X \leqslant 30) \approx 1 - 0,4624 = 0,5376 = 53,76\%$$

frv.tv/ck

Für das dritte Ereignis legt man Y als Zufallsgröße für die Anzahl der Fernreisen fest. Y ist binomialverteilt mit den Parametern $n = 100$ und $p = 0,072$.

Die Wahrscheinlichkeit für das Ereignis C: »es gab mindestens sechs, aber höchstens acht Fernreisen» erhält man mithilfe der kumulierten Binomialverteilung und des Taschenrechners:

frv.tv/ck

$$\begin{aligned} P(C) &= P(6 \leqslant Y \leqslant 8) \\ &= P(Y \leqslant 8) - P(Y \leqslant 5) \\ &\approx 0,7068 - 0,2660 \\ &= 0,4408 \\ &= 44,08\% \end{aligned}$$

1.2 Um die Bedeutung der Gleichung $P(X = 62) = \binom{100}{62} \cdot (0,618)^{62} \cdot (0,382)^{38} = 0,0818$ zu erläutern, muss man zuerst die Zufallsvariable X bestimmen, zu der die Trefferwahrscheinlichkeit von $p = 0,618$ gehört. Wenn 31 % der Reiseziele in Deutschland lagen und 7,2 % der Reisen Fernreisen waren, so führten $100\% - 31\% - 7,2\% = 61,8\%$ der Reisen zu Nah- und Mittelstreckenzielen.

Somit legt man X als Zufallsvariable für die Anzahl der Reisen zu Nah- und Mittelstreckenzielen fest. X ist binomialverteilt mit den Parametern $n = 100$ und $p = 0,618$. Somit wird mit der gegebenen Gleichung die Wahrscheinlichkeit berechnet, dass von 100 Reisen genau 62 Reisen zu einem Nah- und Mittelstreckenziel führten. Diese betrug 8,18 %.

2.1 Zur Erstellung eines Baumdiagramms bezeichnet man mit I: Kurzurlaub geht ins Inland, $\overline{I}$: Kurzurlaub geht ins Ausland, S: Kurzurlaub ist eine Städtereise und $\overline{S}$: Kurzurlaub ist keine Städtereise. Anhand der gegebenen Daten kann man folgende Wahrscheinlichkeiten bestimmen:

Da 76% aller Kurzurlaube ins Inland gingen, gilt:

$$P(I) = 76\% = 0,76 \text{ und damit } P\left(\bar{I}\right) = 1 - 0,76 = 0,24$$

Da 42,6 % aller Kurzurlaube ins Inland Städtereisen waren, gilt:

$$P_I(S) = 42,6\% = 0,426 \text{ und damit } P_I\left(\bar{S}\right) = 1 - 0,426 = 0,574$$

Da 8% aller Kurzurlaube Städtereisen ins Ausland waren, gilt: $P\left(\bar{I} \cap S\right) = 8\% = 0,08$.
Damit ergibt sich: $P_{\bar{I}}(S) = \frac{P(\bar{I} \cap S)}{P(\bar{I})} = \frac{0,08}{0,24} = \frac{1}{3}$ und damit $P_{\bar{I}}\left(\bar{S}\right) = 1 - \frac{1}{3} = \frac{2}{3}$.
Somit erhält man folgendes Baumdagramm:

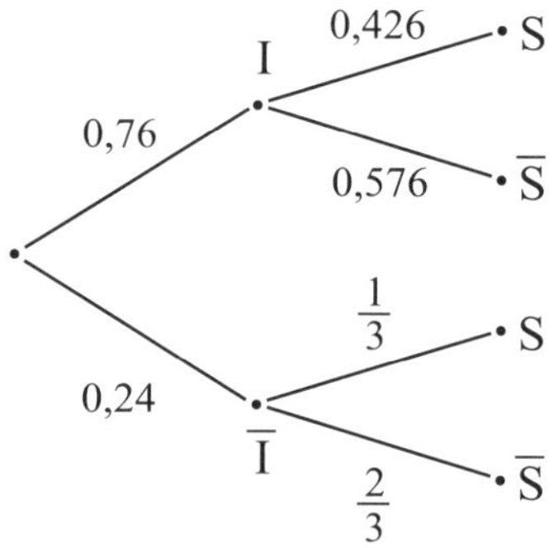

Zur Erstellung einer Vierfeldertafel verwendet man $P(I) = 76\% = 0,76$ und damit $P\left(\bar{I}\right) = 1 - 0,76 = 0,24$ sowie $P\left(\bar{I} \cap S\right) = 8\% = 0,08$.
Da 42,6 % aller Kurzurlaube ins Inland Städtereisen waren, gilt:
$P(I \cap S) = 0,76 \cdot 0,426 = 0,32376$. Durch Summen-und Differenzenbildung kann man die Vierfeldertafel vervollständigen und man erhält:

	I	Ī	
S	0,32376	0,08	0,40376
S̄	0,43624	0,16	0,59624
	0,76	0,24	1

2.2 Die Wahrscheinlichkeit, dass eine Städtereise durchgeführt wurde, erhält man beim Baumdiagramm mithilfe der 1. und 2. Pfadregel:

$$P(S) = P(I \cap S) + P\left(\bar{I} \cap S\right) = 0,76 \cdot 0,426 + 0,24 \cdot \frac{1}{3} = 0,40376$$

Diesen Wert kann man in der Vierfeldertafel direkt ablesen.
Da insgesamt 74,5 Mio. Kurzreisen angetreten wurden, erhält man die Gesamtzahl der Städtereisen, indem man die Anzahl der Kurzreisen mit der Wahrscheinlichkeit einer Städ-

tereise multipliziert:

$$74,5\,\text{Mio.} \cdot 0,40376 \approx 30,08\,\text{Mio.}$$

Es wurden etwa 30,08 Mio. Städtereisen angetreten.

2.3 Die Wahrscheinlichkeit, dass es sich bei einer Städtereise um eine Auslandsreise handelt, erhält man mithilfe der bedingten Wahrscheinlichkeit:

$$P_S\left(\bar{I}\right) = \frac{P\left(S \cap \bar{I}\right)}{P(S)} = \frac{0,08}{0,40376} \approx 0,1981 = 19,81\%$$

Die Wahrscheinlichkeit, dass eine Städtereise eine Auslandsreise ist, beträgt etwa 19,81 %.

3.1 Zum Testen der Nullhypothese: H_0: $p \leqslant 0,08$ legt man X als Zufallsvariable für die Anzahl der online gebuchten Pauschalreisen fest. X ist binomialverteilt mit den Parametern $n = 100$ und $p = 0,08$.

Da die Reisebürokette vermutet, dass sich der Anteil der online gebuchten Pauschalreisen erhöht hat, lautet die Alternativhypthese: $H_1: p > 0,08$. Wegen $H_1: p > 0,08$ handelt es sich um einen rechtsseitigen Test mit dem Ablehnungsbereich $\overline{A} = \{k, ..., 100\}$ und dem Signifikanzniveau $\alpha \leqslant 5\%$. Es ist also ein minimales $k \in \mathbb{N}$ so zu bestimmen, dass die Wahrscheinlichkeit, dass X einen Wert zwischen k und 100 annimmt, kleiner als α ist, d.h. dass gilt: $P\left(X \in \overline{A}\right) \leqslant \alpha$ bzw. $P(X \geqslant k) \leqslant \alpha$. Mithilfe der Wahrscheinlichkeit des Gegenereignisses ergibt sich:

$$\begin{aligned} P(X \geqslant k) &\leqslant \alpha \\ 1 - P(X \leqslant k-1) &\leqslant 0,05 \\ 0,95 &\leqslant P(X \leqslant k-1) \end{aligned}$$

Mithilfe der kumulierten Binomialverteilung des Taschenrechners erhält man:

frv.tv/cl

$$P(X \leqslant 12) \approx 0,9441$$
$$P(X \leqslant 13) \approx 0,9718$$

Somit ist $k - 1 = 13 \Rightarrow k = 14$ das minimale k und man erhält den Ablehnungsbereich der Nullhypothese: $\overline{A} = \{14, ..., 100\}$.

Damit ergibt sich folgende Entscheidungsregel:

Wenn unter den 100 durchgeführten Pauschalreisen mindestens 14 online gebucht wurden, wird die Reisebürokette die Nullhypothese verwerfen, d.h. sie wird davon ausgehen, dass sich der Anteil der online gebuchten Pauschalreisen erhöht hat.

3.2.1 Bei einem Fehler 1. Art wird die Nullhypothese fälschlicherweise abgelehnt, d.h. die Reisebürokette ging davon aus, dass sich der Anteil der online gebuchten Pauschalreisen erhöht hat, obwohl dies nicht der Fall war.

Bei einem Fehler 2. Art wird die Nullhypothese fälschlicherweise beibehalten, d.h. die Reisebürokette ging davon aus, dass sich der Anteil der online gebuchten Pauschalreisen nicht erhöht hat, obwohl dies der Fall war.

3.2.2 Legt man Y als Zufallsvariable für die Anzahl der online gebuchten Pauschalreisen im Jahr 2013 fest, so ist Y binomialverteilt mit den Parametern $n = 100$ und $p = 0,15$.
Um die Wahrscheinlichkeit, dass die Reisebürokette bei ihrem Hypothesentest einen Fehler 2. Art beging, zu ermitteln, berechnet man die Wahrscheinlichkeit, dass Y im Annahmebereich der Nullhypothese: $A = \{0, ..., 13\}$ liegt. Mithilfe der kumulierten Binomialverteilung und des Taschenrechners erhält man:

frv.tv/ck

$$P(Y \in A) = P(Y \leqslant 13) \approx 0,3474 = 34,74\%$$

Die Wahrscheinlichkeit für einen Fehler 2. Art beträgt etwa $34,74\,\%$.

Abitur 2016

Tipps ab Seite188, Lösungen ab Seite 193

Landesabitur 2016 Mathematik (WTR/GTR) Grundkurs
Analysis Vorschlag A1

1. In einem Fachgeschäft wird eine Werbeaktion für ein spezielles Smartphone durchgeführt. Die täglichen Verkaufszahlen lassen sich näherungsweise durch die Funktion g mit $g(t) = 30 \cdot t \cdot e^{-0{,}1 \cdot t}$ beschreiben. Hierbei steht t für die Zeit in Tagen nach Beginn der Werbeaktion und $g(t)$ für die Anzahl der verkauften Smartphones pro Tag.
Berechnen Sie den Zeitpunkt, an dem die meisten Smartphones (pro Tag) verkauft werden, und bestimmen Sie die ungefähre Anzahl der verkauften Geräte an diesem Tag.
(8 BE)

Im Folgenden werden die jährlichen Verkaufszahlen von Smartphones in einem Land mit 80 Millionen Einwohnern in den Jahren 2008 bis 2013 betrachtet. Hierzu wird das Jahr 2008 als Startzeitpunkt ($t = 0$) angenommen. Der Wert t beschreibt die Zeit in Jahren nach 2008. Für das Jahr 2012 gilt beispielsweise $t = 4$.

2. Die Entwicklung der Verkaufszahlen von Smartphones in den Jahren 2008 bis 2013 ist in Material 1 angegeben.

2.1 Die Daten aus Material 1 sollen als Säulendiagramm dargestellt werden. Zeichnen Sie die fehlenden Säulen in das Material 2.
(4 BE)

2.2 Zeigen Sie, dass die Entwicklung der Verkaufszahlen von Smartphones in diesem Zeitraum annähernd exponentiell verlief, und bestimmen Sie die Gleichung einer Exponentialfunktion v der Form $v(t) = a \cdot b^t$, welche die Verkaufszahlen von Smartphones modelliert (t: Zeit in Jahren nach 2008, $v(t)$: Anzahl verkaufter Smartphones in Millionen Stück pro Jahr).
(5 BE)

3. Im Folgenden wird die Entwicklung der jährlichen Verkaufszahlen der Smartphones durch die Funktion f mit $f(t) = 5 \cdot e^{0{,}351 \cdot t}$ modelliert (t: Zeit in Jahren nach 2008, $f(t)$: Anzahl verkaufter Smartphones in Millionen Stück pro Jahr).

3.1 Skizzieren Sie den Verlauf des Funktionsgraphen von f im Intervall $[-0{,}5; 5{,}5]$ in das Säulendiagramm in Material 2.
(4 BE)

3.2 Berechnen Sie den Wert des Integrals $\int_0^5 f(t)\,\mathrm{d}t$ und deuten Sie diesen im Sachzusammenhang.
(7 BE)

3.3 Bestimmen Sie unter Verwendung von Material 1 die Gesamtzahl der in den Jahren 2008 bis einschließlich 2013 tatsächlich verkauften Smartphones.
Vergleichen Sie diesen Wert mit dem Ergebnis aus Aufgabe 3.2 und erklären Sie die Abweichung.
Erläutern Sie, wie durch Modifikation des Integrals aus Aufgabe 3.2 ein besseres Ergebnis erzielt werden kann, und geben Sie eine Modifikation an.
(7 BE)

3.4 Bestimmen Sie mithilfe der Modellierungsfunktion f die zu erwartenden Verkaufszahlen von Smartphones im Jahr 2030 in diesem Land.
Beurteilen Sie diesen Wert sowie die Güte der Modellierung.
(5 BE)

Material 1

Jahr	2008	2009	2010	2011	2012	2013
t in Jahren nach 2008	0	1	2	3	4	5
Verkaufszahlen in Millionen Stück pro Jahr	5,00	7,10	10,0	14,2	20,1	28,6

Material 2

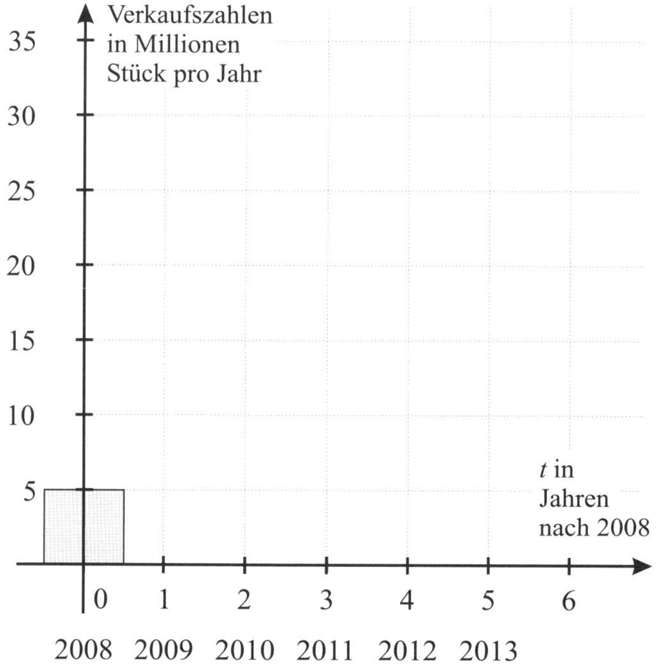

Tipps ab Seite 189, Lösungen ab Seite 197

Landesabitur 2016 Mathematik (WTR) Grundkurs
Analysis Vorschlag A2

Gegeben ist die Funktion f mit $f(x) = x^3 - 6x^2 + 9x$. In Material 1 und Material 2 ist der Graph dieser Funktion abgebildet.

1.1 Berechnen Sie ohne Bezugnahme auf den Graphen die Koordinaten der Extrempunkte sowie des Wendepunkts W des Graphen von f und geben Sie in Material 1 die Skalierung der Achsen des Koordinatensystems an. **(7 BE)**

1.2 Ermitteln Sie die Gleichung der Geraden g, die durch den Hochpunkt H und den Tiefpunkt T des Graphen verläuft, und zeigen Sie, dass der Wendepunkt W ebenfalls auf der Geraden g liegt. **(4 BE)**

2. Skizzieren Sie den Graphen einer möglichen Stammfunktion F der Funktion f in das Koordinatensystem von Material 1. Begründen Sie den Verlauf des Graphen von F mithilfe des Verlaufs des Graphen von f, indem Sie den Zusammenhang zwischen Funktionen und ihren Ableitungen benutzen. **(9 BE)**

3. Gegeben ist für $a \neq 0$ die Funktionenschar h_a mit $h_a(x) = \frac{f(a)}{a} \cdot x$, $x \in \mathbb{R}$.

3.1 Erläutern Sie, dass h_a eine Schar linearer Funktionen ist, und zeichnen Sie den Graphen von h_a für $a = 2$ in das Koordinatensystem in Material 2.
[zur Kontrolle: $h_a(x) = \left(a^2 - 6a + 9\right) \cdot x$] **(5 BE)**

3.2 Berechnen Sie den Inhalt der endlichen Fläche, die von dem Graphen von h_2 und dem Graphen von f eingeschlossen wird. **(7 BE)**

4. Es sei $\mathrm{P}(u \mid f(u))$ mit $0 \leqslant u \leqslant 3$ ein Punkt des Graphen von f und $\mathrm{O}(0 \mid 0)$ der Koordinatenursprung.
Die Parallele zur y-Achse durch P schneidet die x-Achse im Punkt Q.
Zeigen Sie, dass der Term $\mathrm{B}(u) = \frac{1}{2} \cdot u^4 - 3 \cdot u^3 + \frac{9}{2} \cdot u^2$ den Flächeninhalt des Dreiecks OPQ beschreibt.
Bestimmen Sie u so, dass $\mathrm{B}(u)$ extremal wird. Ermitteln Sie in allen Extremfällen den Flächeninhalt des Dreiecks und beschreiben Sie jeweils die zugehörige Form des Dreiecks. **(8 BE)**

Material 1

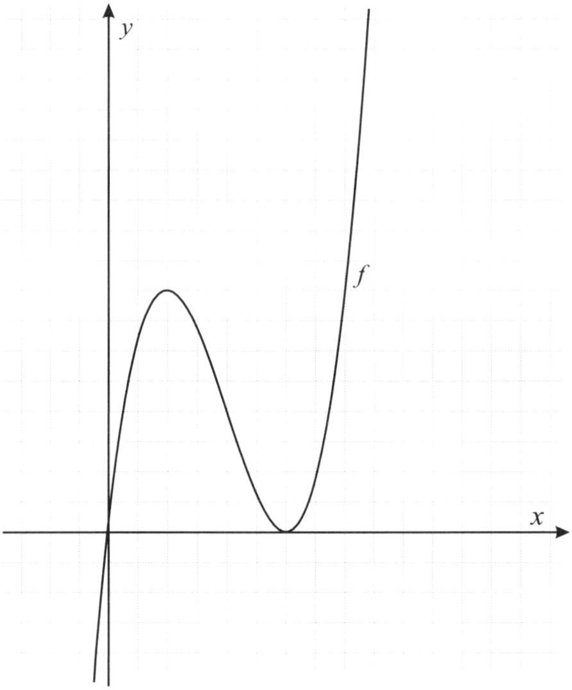

Material 2

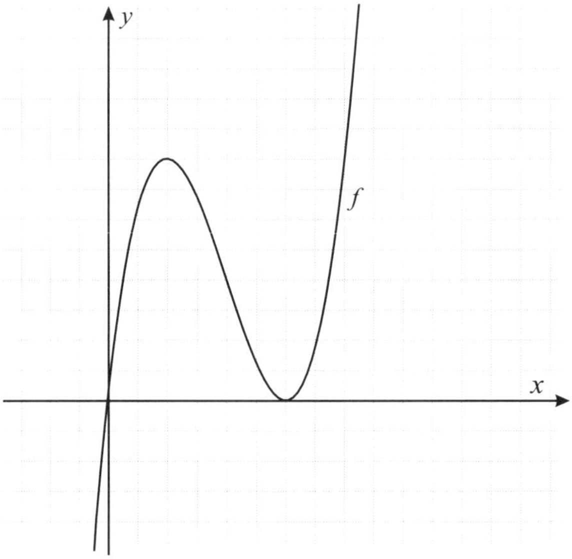

Tipps ab Seite 190, Lösungen ab Seite 203

Landesabitur 2016 Mathematik (WTR/GTR/CAS) Grundkurs
Lineare Algebra/Analytische Geometrie Vorschlag B1

Zwischen zwei Wandseiten eines Wohnhauses, die in der x-z- bzw. y-z-Ebene liegen, soll ein symmetrischer Anbau in Glasbauweise als Wintergarten errichtet werden (Material). Der Boden des Wintergartens liegt in der x-y-Ebene. Das ebene Dach wird durch die Punkte A, B, C, D und E begrenzt. Gegeben sind die Punkte $B(4 \mid 1 \mid 2{,}5)$, $C(1 \mid 4 \mid 2{,}5)$, $D(0 \mid 4 \mid 3)$ und $E(0 \mid 0 \mid 5)$. Hierbei entspricht eine Längeneinheit einem Meter. Der Punkt A liegt in der x-z-Ebene, die Strecke $\overline{AD}$ verläuft parallel zur Dachkante $\overline{BC}$.

1.1 Geben Sie die Koordinaten des Punktes A an und erklären Sie Ihre Vorgehensweise. **(3 BE)**

1.2 Bestimmen Sie eine Parametergleichung und eine Koordinatengleichung der Ebene E_1, in der die Dachfläche ABCDE liegt.
[zur Kontrolle: $x+y+2z=10$ ist eine mögliche Koordinatengleichung von E_1.] **(5 BE)**

1.3 Damit Schnee gut abrutschen kann, sollte der Neigungswinkel der Dachfläche gegen die Grundfläche mindestens 30° betragen. Prüfen Sie rechnerisch, ob diese Bedingung erfüllt ist. **(3 BE)**

2. Zur Beschattung wird in den Sommermonaten ein zur Dachfläche ABCDE paralleles Dreieckssegel oberhalb der Dachfläche gespannt. Das Segel liegt in der Ebene $E_2: x+y+2z=10{,}2$. Bestätigen Sie rechnerisch, dass der Abstand des Segels zur Dachfläche ABCDE ca. 8 cm beträgt. **(6 BE)**

3. Zur Stabilisierung der Dachfläche werden der Punkt E mit dem Mittelpunkt $M(2{,}5 \mid 2{,}5 \mid 2{,}5)$ der Dachkante $\overline{BC}$ sowie der Punkt A mit dem Punkt D durch Streben verbunden, wobei
$$\overrightarrow{AD} = \begin{pmatrix} -4 \\ 4 \\ 0 \end{pmatrix} \text{ ist.}$$

3.1 Zeigen Sie, dass der Punkt $Z(2 \mid 2 \mid 3)$ der Schnittpunkt der beiden Streben $\overline{EM}$ und $\overline{AD}$ ist. Zeichnen Sie die beiden Streben und den Punkt Z in das Material. **(5 BE)**

3.2 Das Dach des Wintergartens soll eine besondere Verglasung erhalten; dazu muss der Materialverbrauch ermittelt werden.
Erklären Sie die Bedeutung der Zeilen 1 bis 4 im Kasten jeweils im Sachzusammenhang.

Bestimmen Sie anschließend den restlichen Inhalt der Dachfläche und geben Sie den insgesamt benötigten Materialverbrauch in Quadratmetern an.

1. $\overrightarrow{EM} = \begin{pmatrix} 2,5 \\ 2,5 \\ -2,5 \end{pmatrix}$; $\overrightarrow{AD} = \begin{pmatrix} -4 \\ 4 \\ 0 \end{pmatrix}$
2. $\overrightarrow{EM} \cdot \overrightarrow{AD} = 0$
3. $\begin{pmatrix} 0 \\ 0 \\ 5 \end{pmatrix} - \begin{pmatrix} 2 \\ 2 \\ 3 \end{pmatrix} = \begin{pmatrix} -2 \\ -2 \\ 2 \end{pmatrix}$
4. $\frac{1}{2} \cdot \left| \begin{pmatrix} -4 \\ 4 \\ 0 \end{pmatrix} \right| \cdot \left| \begin{pmatrix} -2 \\ -2 \\ 2 \end{pmatrix} \right| \approx 9,8$

(8 BE)

Material

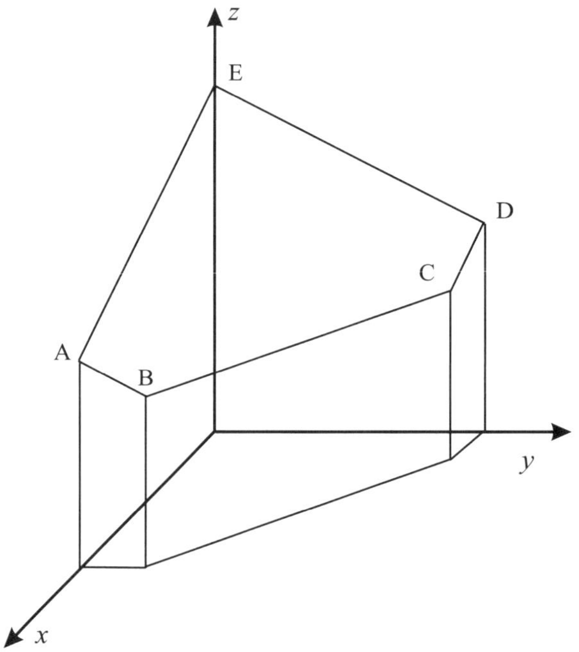

Tipps ab Seite 191, Lösungen ab Seite 208

Landesabitur 2016 Mathematik (WTR/GTR/CAS) Grundkurs
Lineare Algebra/Analytische Geometrie Vorschlag B2

In Rom am Piazzale Ostiense steht nach ägyptischem Vorbild die 40 m hohe Cestius-Pyramide (Material 1 und 2). Die Seitenlängen der quadratischen Grundfläche ABCD betragen 30 m. Die Spitze der Pyramide liegt in $S(15 \mid 15 \mid 40)$ (alle Angaben in Metern).

1. Geben Sie die Skalierung der Achsen des Koordinatensystems in Material 2 und die Koordinaten der Eckpunkte A, B, C und D an.

   (5 BE)

2. Ermitteln Sie eine Parametergleichung und eine Koordinatengleichung der Ebene E, in der die Pyramidenfläche CDS liegt.
   [zur Kontrolle: $8y + 3z = 240$ ist eine mögliche Koordinatengleichung von E.]

   (5 BE)

3. Zur Säuberung der teilweise mit Moos und Unkraut bewachsenen Pyramide muss ein Gebäudereiniger an den Seitenflächen hochsteigen. Bei Gebäudeflächen mit einer Neigung von mehr als $60°$ darf er diese nur mit Sicherung besteigen.
   Entscheiden Sie durch eine geeignete Rechnung, ob hier eine solche Sicherung notwendig ist.

   (4 BE)

4. Die Strahlen der Vormittagssonne fallen zu einem bestimmten Zeitpunkt in Richtung des Vektors $\vec{s}_V = \begin{pmatrix} 1 \\ 2 \\ -4 \end{pmatrix}$ auf die Pyramide. Eine Touristin sitzt zu diesem Zeitpunkt gegenüber der Pyramide in einem Cafe. Eines ihrer Augen befindet sich im Punkt $T(24{,}75 \mid 34{,}5 \mid 1)$.
   Bestätigen Sie durch eine geeignete Rechnung, dass der Schatten der Pyramidenspitze genau in dieses Auge fällt.

   (4 BE)

5. Um die Mittagszeit fallen die Sonnenstrahlen nun in Richtung des Vektors $\vec{s}_M = \begin{pmatrix} 2 \\ 1 \\ -20 \end{pmatrix}$ auf die Cestius-Pyramide. Zeigen Sie rechnerisch, dass zu diesem Zeitpunkt die Pyramide keinen Schatten spenden kann. **(6 BE)**

6. Zur Überprüfung der Stabilität des Gesteins der Pyramide wird eine Probebohrung angeordnet. Dazu wird senkrecht zur Seitenfläche CDS eine Bohrung bis zum Mittelpunkt der quadratischen Grundfläche durchgeführt. Berechnen Sie den Punkt P auf der Seitenfläche CDS, in dem die Bohrung beginnen muss.
Bestimmen Sie die Länge des entstehenden Bohrkanals.
[zur Kontrolle: Auf zwei Nachkommastellen gerundet ergibt sich $P(15 \mid 28{,}15 \mid 4{,}93)$.]
(6 BE)

Material 1

Cestius-Pyramide, Piazzale Ostiense, Rom

https://commons.wikimedia.org/wiki/File:2012-07-04_Piazzale_Ostiense.jpg

Material 2

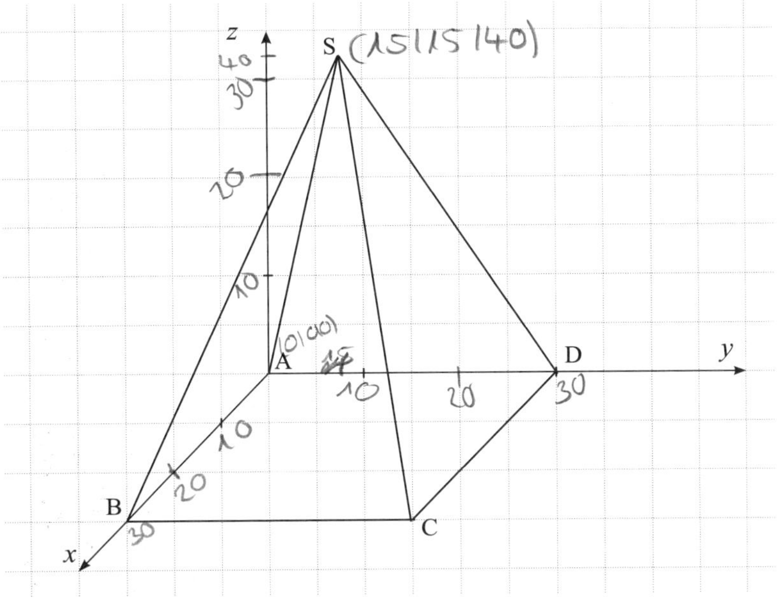

Tipps ab Seite 192, Lösungen ab Seite 212

Landesabitur 2016 Mathematik (WTR/GTR/CAS) Grundkurs
Stochastik Vorschlag C

Eine Großbäckerei stellt Toastbrote mit einem (auf ganze Gramm gerundeten) Sollgewicht von 500 g her. Bei 2% aller Brote tritt eine Abweichung vom Sollgewicht auf.

1. Ein Einzelhändler im Gießener Umland erhält eine Lieferung von 50 Toastbroten.

1.1 Berechnen Sie, wie viele Brote mit einer Abweichung vom Sollgewicht der Einzelhändler erwarten kann, und erläutern Sie, warum man die Prüfung der Toastbrote auf Abweichung vom Sollgewicht als Bernoullikette auffassen kann.

(3 BE)

1.2 Bestimmen Sie jeweils die Wahrscheinlichkeit folgender Ereignisse:

A: In der Lieferung weisen mehr als 4 Brote eine Abweichung vom Sollgewicht auf.

B: In der Lieferung weisen mindestens 47 Brote keine Abweichung vom Sollgewicht auf.

(5 BE)

2. Ein Hersteller von Teigportioniermaschinen möchte der Großbäckerei eine neue Maschine verkaufen. Um festzustellen, ob die neue Maschine zuverlässiger ist als die alte, werden beide Maschinen empirisch überprüft. Die Verteilungen für das tatsächliche (auf ganze Gramm gerundete) Brotgewicht Y sind im Material zu sehen. Bei der alten Maschine betragen der Erwartungswert $\mu = E(Y) = 500$ und die Standardabweichung $\sigma \approx 0,26$.
Berechnen Sie für die neue Maschine den Erwartungswert und die Standardabweichung von Y und beurteilen Sie aufgrund dieser Ergebnisse, ob die Anschaffung der neuen Maschine eine Verbesserung in Bezug auf die Einhaltung des Sollgewichts bewirken würde.

(7 BE)

3. Bei der Überprüfung der Verpackungsmaschine stellt sich heraus, dass 2% der Brote nicht ordnungsgemäß verpackt werden. Die Warenausgangskontrolle lässt mit einer Wahrscheinlichkeit von 3% ein fehlerhaft verpacktes Brot passieren und sortiert mit einer Wahrscheinlichkeit von 4% ein ordnungsgemäß verpacktes Brot fälschlicherweise aus.

3.1 Stellen Sie diesen Sachverhalt in einem Baumdiagramm oder einer Vierfeldertafel dar.

(4 BE)

3.2 Berechnen Sie die Wahrscheinlichkeit, dass die Verpackung eines aussortierten Brotes tatsächlich fehlerhaft ist.

(4 BE)

3.3 Seit einiger Zeit häufen sich Reklamationen wegen fehlerhafter Verpackungen. Daraufhin lässt die Großbäckerei die Verpackungsmaschine genauer untersuchen und testet die Nullhypothese $H_0: p \leqslant 0{,}02$. Bei einer Stichprobe von 100 Broten werden vier fehlerhaft verpackte Brote gefunden. Die Nullhypothese wird daraufhin nicht verworfen. Prüfen Sie auf einem Signifikanzniveau von 5%, ob diese Entscheidung gerechtfertigt ist.

(7 BE)

Material

alte Maschine

Gewicht in g	497	498	499	500	501	502	503
Anteil Brote	0,2%	0,3%	0,5%	98%	0,4%	0,5%	0,1%

neue Maschine

Gewicht in g	497	498	499	500	501	502	503
Anteil Brote	0,1%	0,0%	1,0%	98%	0,5%	0,4%	0,0%

Tipps

Aufgabe A1 (WTR GTR)

1. Den Zeitpunkt, an dem die meisten Smartphones (pro Tag) verkauft werden erhalten Sie, indem Sie die Koordinaten des Hochpunkts des Graphen von g berechnen. Diese erhalten Sie mithilfe der 1. und 2. Ableitung von g, die Sie mit der Produkt- und Kettenregel bestimmen. Als notwendige Bedingung lösen Sie die Gleichung $g'(t) = 0$ nach t auf. Setzen Sie den erhaltenen t-Wert in $g''(t)$ ein; falls das Ergebnis kleiner als Null ist, handelt es sich um einen Hochpunkt. Die ungefähre Anzahl der an diesem Tag verkauften Smartphones erhalten Sie mithilfe des zugehörigen y-Werts, indem Sie den erhaltenen t-Wert in $g(t)$ einsetzen.

2.1 Beachten Sie, dass die Säulen die Breite 1 haben und für die entsprechenden Jahre mittig angeordnet sind.

2.2 Um zu zeigen, dass die Entwicklung der Verkaufszahlen von Smartphones in diesem Zeitraum annähernd exponentiell verlief, berechnen Sie das Verhältnis der Verkaufszahlen aufeinanderfolgender Jahre; falls sich immer das annähernd gleiche Ergebnis ergibt, ist der Verlauf exponentiell.
Die Gleichung einer Funktion v der Form $v(t) = a \cdot b^t$ erhalten Sie, indem Sie für b das berechnete Verhältnis verwenden und a mithilfe der Anfangsbedingung bestimmen. Lösen Sie dazu die Gleichung $v(0) = 5{,}00$ nach a auf.

3.1 Zum Skizzieren des Verlaufs des Funktionsgraphen von f im Intervall $[-0{,}5\,;\,5{,}5]$ erstellen Sie eine Wertetabelle.

3.2 Den Wert des Integrals $\int_0^5 f(t)\,\mathrm{d}t$ erhalten Sie mithilfe einer Stammfunktion von f und des Hauptsatzes der Differential- und Integralrechnung: $\int_a^b f(x)\,\mathrm{d}x = \mathrm{F}(b) - \mathrm{F}(a)$, wobei F eine Stammfunktion von f ist. Beachten Sie, dass eine Summe berechnet wird.

3.3 Die Gesamtzahl der in den Jahren 2008 bis einschließlich 2013 tatsächlich verkauften Smartphones erhalten Sie mithilfe von Material 1, indem Sie die gegebenen Verkaufszahlen aller Jahre zusammenzählen. Überlegen Sie, warum dieser Wert deutlich höher ist als der Wert aus Aufgabe 3.2.
Beachten Sie, wo die Säulen des Säulendiagramms beginnen und enden und welche Fläche durch das gegebene Integral berechnet wird. Ändern Sie die Integrationsgrenzen des gegebenen Integrals und berechnen Sie den dazugehörigen Wert.

3.4 Die zu erwartenden Verkaufszahlen von Smartphones im Jahr 2030 in diesem Land erhalten Sie, indem Sie $t = 22$ in $f(t)$ einsetzen. Vergleichen Sie das Ergebnis mit der Einwohnerzahl des betrachteten Landes. Überlegen Sie, welches Wachstum die Funktion f beschreibt und ob damit längerfristige Prognosen sinnvoll sind.

Aufgabe A2 (WTR)

1.1 Die Koordinaten der Extrempunkte des Graphen von f erhalten Sie mithilfe der 1. und 2. Ableitung von f. Als notwendige Bedingung lösen Sie die Gleichung $f'(x) = 0$ nach x auf. Die Lösungen der quadratischen Gleichung erhalten Sie mithilfe der pq- oder abc-Formel. Setzen Sie die erhaltenen x-Werte in $f''(x)$ ein; falls das Ergebnis kleiner als Null ist, handelt es sich um einen Hochpunkt, falls es größer als Null ist um einen Tiefpunkt. Die zugehörigen y-Werte bestimmen Sie, indem Sie die erhaltenen x-Werte in $f(x)$ einsetzen. Die Koordinaten des Wendepunkts des Graphen von f erhalten Sie mithilfe der 2. und 3. Ableitung von f. Als notwendige Bedingung lösen Sie die Gleichung $f''(x) = 0$ nach x auf. Setzen Sie den erhaltenen x-Wert in $f'''(x)$ ein; falls $f'''(x)$ ungleich Null ist, handelt es sich um einen Wendepunkt. Den zugehörigen y-Wert bestimmen Sie, indem Sie den erhaltenen x-Wert in $f(x)$ einsetzen.

1.2 Die Gleichung der Geraden g, die durch die Punkte H und T des Graphen von f verläuft, erhalten Sie mithilfe der Punkt-Steigungsform $y - y_1 = m_t \cdot (x - x_1)$. Die Steigung m zwischen H und T erhalten Sie mit der Steigungsformel $m = \frac{y_2 - y_1}{x_2 - x_1}$. Setzen Sie m und beispielsweise die Koordinaten von H in die Punkt-Steigungsform ein. Um zu zeigen, dass der Wendepunkt W ebenfalls auf der Geraden g liegt, setzen Sie die Koordinaten von W in die Geradengleichung ein; bei einer wahren Aussage liegt W auch auf der Geraden g.

2. Beachten Sie, dass der Graph von f an der Stelle $x = 0$ eine Nullstelle mit Vorzeichenwechsel von $-$ nach $+$ hat, an der Stelle $x = 1$ einen Hochpunkt mit den Koordinaten $\mathrm{H}(1 \mid 4)$ und an der Stelle $x = 3$ eine Nullstelle ohne Vorzeichenwechsel hat. Überlegen Sie, welche besonderen Punkte beim Graphen von F an diesen Stellen vorliegen und welche Steigung diese Punkte jeweils haben. Beachten Sie, dass der Graph einer Stammfunktion in y-Richtung verschiebbar ist.

3.1 Setzen Sie a in $f(x)$ ein und bestimmen Sie damit $h_a(x)$. Überlegen Sie, welche Steigung und welchen y-Achsenabschnitt die Geraden der Schar h_a haben. Um den Graphen von h_a für $a = 2$ in das Koordinatensystem in Material 2 einzuzeichnen, setzen Sie $a = 2$ in $h_a(x)$ ein.

3.2 Den Inhalt A der endlichen Fläche, die von dem Graphen von h_2 und dem Graphen von f eingeschlossen wird, erhalten Sie mithilfe von zwei Teilflächen A_1 und A_2, die mit Integralen berechnet werden. Die Integrationsgrenzen erhalten Sie, indem Sie die Schnittstellen des Graphen von $h_2(x)$ mit dem Graphen von $f(x)$ durch Gleichsetzen berechnen. Klammern Sie x aus und verwenden Sie den Satz vom Nullprodukt. Die Lösungen der quadratischen Gleichung ergeben sich mithilfe der pq- oder abc-Formel. Beachten Sie, dass bei der Teilfläche A_1 der Graph von f oberhalb des Graphen von h_2 verläuft, bei der Teilfläche A_2 der Graph von h_2 oberhalb des Graphen von f verläuft. Verwenden Sie jeweils den Hauptsatz der Differential- und Integralrechnung.

4. Skizzieren Sie die Problemstellung. Bestimmen Sie die Grundlinie g und die Höhe h des Dreiecks OPQ in Abhängigkeit von u. Den Flächeninhalt $\mathrm{B}(u)$ des Dreiecks OPQ erhalten Sie durch $\mathrm{B}(u) = \frac{g \cdot h}{2}$. Um u so zu bestimmen, dass $\mathrm{B}(u)$ extremal wird, verwenden Sie die 1. und 2. Ableitung von $\mathrm{B}(u)$.

Als notwendige Bedingung lösen Sie die Gleichung $B'(u) = 0$ nach u auf; verwenden Sie den Satz vom Nullprodukt. Die Lösungen der quadratischen Gleichung ergeben sich mithilfe der *pq*- oder *abc*-Formel.
Setzen Sie die erhaltenen u-Werte in $B''(u)$ ein; falls das Ergebnis positiv ist, handelt es sich um einen Tiefpunkt, falls es negativ ist um einen Hochpunkt des Graphen von $B(u)$. Die zugehörigen Flächeninhalte erhalten Sie, indem Sie die erhaltenen u-Werte in $B(u)$ einsetzen. Beachten Sie, dass das Dreieck OPQ zu einem Punkt oder zu einer Strecke entarten kann.

Aufgabe B1 (WTR GTR CAS)

1.1 Beachten Sie, dass der Punkt A in der x-z-Ebene liegt, dass er auf derselben Höhe wie der Punkt D liegt und dass der Wintergarten symmetrisch angeordnet ist, d.h. dass die x-Koordinate des Punktes A gleich groß wie die y-Koordinate des Punktes D ist
Alternativ können Sie auch die Gerade g durch D mit Richtungsvektor $\overrightarrow{BC}$ aufstellen und mit der x-z-Ebene schneiden.
Setzen Sie den allgemeinen Punkt P_t von g in die Ebenengleichung der x-z-Ebene ($y = 0$) ein und bestimmen Sie t.

1.2 Verwenden Sie beispielsweise B als Stützpunkt und die Vektoren $\overrightarrow{BC}$ und $\overrightarrow{BD}$ als zugehörige Spannvektoren. Einen Normalenvektor $\vec{n}$ von E_1 erhalten Sie mithilfe des Vektorprodukts (siehe Seite 36) der Spannvektoren.
Alternativ können Sie $\vec{n}$ auch mithilfe des Skalarprodukts bestimmen. Da $\vec{n}$ sowohl auf $\overrightarrow{BC}$ als auch auf $\overrightarrow{BD}$ senkrecht steht, muss gelten: $\vec{n} \cdot \overrightarrow{BC} = 0$ und $\vec{n} \cdot \overrightarrow{BD} = 0$. Lösen Sie das zugehörige lineare Gleichungssystem.
Die Koordinatengleichung von E_1 erhalten Sie dann, indem Sie $\vec{n}$ und die Koordinaten von B in die Ebenengleichung $n_x x + n_y y + n_z z = d$ einsetzen und d bestimmen.
Alternativ können Sie auch die Normalenform $\left(\vec{x} - \vec{b}\right) \cdot \vec{n} = 0$ verwenden.

1.3 Den Neigungswinkel α zwischen der Dachfläche ABCDE und der Grundfläche erhalten Sie mit der Formel $\cos\alpha = \frac{|\vec{n}_1 \cdot \vec{n}_2|}{|\vec{n}_1| \cdot |\vec{n}_2|}$, wobei $\vec{n}_1$ ein Normalenvektor von E_1 und $\vec{n}_2$ ein Normalenvektor der x-y-Ebene ist. Prüfen Sie, ob $\alpha \geqslant 30^\circ$ ist.

2. Um zu bestätigen, dass der Abstand des Segels zur Dachfläche ABCDE 8 cm beträgt, nutzen Sie die Abstandsformel und berechnen z.B. den Abstand eines Punktes der Ebene E_1 zur Ebene E_2.

3.1 Bestimmen Sie die Gleichung der Geraden g_1, auf der die Strebe $\overline{EM}$ liegt, und die Gleichung der Geraden g_2, auf der die Strebe $\overline{AD}$ liegt. Zeigen Sie durch Punktproben, dass Z sowohl auf g_1 als auch auf g_2 liegt, indem Sie den Ortsvektor von Z jeweils in die Geradengleichung einsetzen und den entsprechenden Parameter berechnen.

3.2 Überlegen Sie, in welche Richtung die beiden angegebenen Vektoren von Zeile 1 weisen. Beachten Sie, dass in Zeile 2 das Skalarprodukt der beiden Vektoren $\overrightarrow{EM}$ und $\overrightarrow{AD}$ berechnet wird. Überlegen Sie, wie die Vektoren zueinander stehen, wenn das Skalarprodukt Null ergibt.

Überlegen Sie, welcher Verbindungsvektor in Zeile 3 bestimmt wird. Beachten Sie, dass in Zeile 4 der Flächeninhalt eines Dreiecks ADE bestimmt wird. Überlegen Sie hierzu, welche Grundlinie und welche Höhe das Dreieck hat.
Beachten Sie, dass die restliche Dachfläche das Trapez ABCD ist. Den Flächeninhalt A eines Trapezes erhalten Sie mit der Formel $A = \frac{a+c}{2} \cdot h$, wobei a und c die beiden parallelen Seiten $\overline{AD}$ und $\overline{BC}$ sind und die Höhe h die Strecke $\overline{MZ}$ ist.
Die Längen der Strecken erhalten Sie, indem Sie die Beträge der entsprechenden Verbindungsvektoren berechnen.
Den insgesamt benötigten Materialverbrauch A_{ges} erhalten Sie, indem Sie die Flächeninhalte des Dreiecks und des Trapezes zusammenzählen.

Aufgabe B2 (WTR GTR CAS)

1. Beachten Sie, dass der Punkt A im Ursprung liegt, dass die Seitenlängen der quadratischen Grundfläche ABCD 30 m betragen und dass einer Längeneinheit ein Meter entspricht.
2. Verwenden Sie C als Stützpunkt und die Vektoren $\overrightarrow{CD}$ und $\overrightarrow{CS}$ als zugehörige Spannvektoren. Einen Normalenvektor $\vec{n}$ von E erhalten Sie mithilfe des Vektorprodukts (siehe Seite 36) der Spannvektoren.
Alternativ können Sie $\vec{n}$ auch mithilfe des Skalarprodukts bestimmen; da $\vec{n}$ sowohl auf $\overrightarrow{CD}$ als auch auf $\overrightarrow{CS}$ senkrecht steht, muss gelten: $\vec{n} \cdot \overrightarrow{CD} = 0$ und $\vec{n} \cdot \overrightarrow{CS} = 0$. Lösen Sie das zugehörige lineare Gleichungssystem.
Die Koordinatengleichung von E erhalten Sie dann, indem Sie $\vec{n}$ und die Koordinaten von C in die Ebenengleichung $n_x x + n_y y + n_z z = d$ einsetzen und d bestimmen.
Alternativ können Sie auch die Normalenform $(\vec{x} - \vec{c}) \cdot \vec{n} = 0$ verwenden.
3. Den Winkel α zwischen der Seitenfläche CDS und der Grundfläche ABCD erhalten Sie mit der Formel $\cos\alpha = \frac{|\vec{n}_1 \cdot \vec{n}_2|}{|\vec{n}_1| \cdot |\vec{n}_2|}$, wobei $\vec{n}_1$ ein Normalenvektor von E und $\vec{n}_2$ ein Normalenvektor der Grundfläche ABCD ist. Prüfen Sie, ob $\alpha > 60°$ ist.
4. Bestimmen Sie mithilfe des Punktes S und des gegebenen Richtungsvektors $\vec{s}_V$ die Gleichung der Geraden g_V, auf der der Schatten der Pyramidenspitze liegt. Machen Sie eine Punktprobe, indem Sie den Ortsvektor von T in die Geradengleichung von g_V einsetzen.
5. Bestimmen Sie mithilfe des Punktes S und des gegebenen Richtungsvektors $\vec{s}_M$ die Gleichung der Geraden g_M, auf der der Schatten der Pyramidenspitze liegt. Berechnen Sie den Schnittpunkt S′ von g_M mit der x-y-Ebene. Hierzu setzen Sie den allgemeinen Punkt P_t von g_M in die Ebenengleichung der x-y-Ebene ($z = 0$) ein. Überlegen Sie, wo sich der Punkt S′ befindet.
6. Bestimmen Sie den Mittelpunkt M der quadratischen Grundfläche ABCD. Stellen Sie mithilfe von M und des Normalenvektors der Ebene E die Gleichung einer Geraden h auf, auf der der Bohrkanal liegt. Berechnen Sie den Schnittpunkt P von h und E, indem Sie den allgemeinen Punkt P_t von h in die Ebenengleichung von E einsetzen. Die Länge des entstehenden Bohrkanals erhalten Sie, indem Sie die Länge des Verbindungsvektors von M zu P berechnen. Beachten Sie, dass einer Längeneinheit ein Meter entspricht.

Aufgabe C (WTR GTR CAS)

1.1 Legen Sie X als binomialverteilte Zufallsgröße für die Anzahl der Brote mit einer Abweichung vom Sollgewicht mit den Parametern n und p fest. Den Erwartungswert von X erhalten Sie durch $E(X) = \mu = n \cdot p$. Überlegen Sie, wie viele «Ausgänge» es bei einem gelieferten Toastbrot gibt und ob die Wahrscheinlichkeit auf jeder Stufe gleich bleibt.

1.2 Legen Sie X als binomialverteilte Zufallsgröße für die Anzahl der Brote mit einer Abweichung vom Sollgewicht mit den Parametern n und p fest. Die Wahrscheinlichkeit für das Ereignis A erhalten Sie mithilfe der Wahrscheinlichkeit des Gegenereignisses und der Binomialsummenfunktion.
Legen Sie Y als binomialverteilte Zufallsgröße für die Anzahl der Brote ohne Abweichung vom Sollgewicht mit den Parametern n und p fest.
Die Wahrscheinlichkeit für das Ereignis B erhalten Sie ebenfalls mithilfe der Wahrscheinlichkeit des Gegenereignisses und der Binomialsummenfunktion.

2. Den Erwartungswert E^* des Brotgewichts Y für die neue Maschine erhalten Sie, indem Sie die jeweiligen Brotgewichte mit den entsprechenden Wahrscheinlichkeiten multiplizieren und die Ergebnisse addieren. Die Standardabweichung σ^* von Y erhalten Sie, indem Sie zuerst die Varianz $V^*(Y)$ bestimmt und anschließend daraus die Wurzel ziehen. Vergleichen Sie die Erwartungswerte und die Standardabweichungen.

3.1 Bezeichnen Sie mit f: Verpackung ist fehlerhaft, mit $\overline{f}$: Verpackung ist ordnungsgemäß, mit s: Brot wird aussortiert und mit $\overline{s}$: Brot wird nicht aussortiert. Bestimmen Sie anhand der gegebenen Daten folgende Wahrscheinlichkeiten: $P(f)$ und dann mithilfe der Wahrscheinlichkeit des Gegenereignisses: $P(\overline{f})$. Ebenso $P_f(\overline{s})$ und mithilfe der Wahrscheinlichkeit des Gegenereignisses: $P_f(s)$. Ferner $P_{\overline{f}}(s)$ und mithilfe der Wahrscheinlichkeit des Gegenereignisses: $P_{\overline{f}}(\overline{s})$. Damit können Sie ein Baumdiagramm zeichnen.
Zur Erstellung einer Vierfeldertafel können Sie $P(f)$ und $P(\overline{f})$ direkt eintragen. Bestimmen Sie mithilfe der bedingten Wahrscheinlichkeiten folgende Wahrscheinlichkeiten: $P(f \cap \overline{s}) = P(f) \cdot P_f(\overline{s})$ und $P(\overline{f} \cap s) = P(\overline{f}) \cdot P_{\overline{f}}(s)$. Tragen Sie diese Wahrscheinlichkeiten in die Vierfeldertafel ein und vervollständigen Sie diese durch Summen-und Differenzenbildung.

3.2 Die Wahrscheinlichkeit, dass die Verpackung eines aussortierten Brotes tatsächlich fehlerhaft ist, erhalten Sie mithilfe der bedingten Wahrscheinlichkeit: $P_s(f) = \frac{P(s \cap f)}{P(s)}$.

3.3 Zum Testen der gegebenen Nullhypothese: $H_0: p \leqslant 0{,}02$ legen Sie X als Zufallsvariable für die Anzahl der fehlerhaft verpackten Brote fest. Formulieren Sie die zugehörige Alternativhypothese $H_1: p > \ldots$. Beachten Sie, dass es sich wegen $H_1: p > \ldots$ um einen rechtsseitigen Test mit dem Ablehnungsbereich $\overline{A} = \{k, \ldots, 100\}$ und dem Signifikanzniveau $\alpha \leqslant 5\,\%$ handelt. Bestimmen Sie mit der Tabelle oder dem Taschenrechner ein minimales $k \in \mathbb{N}$ so, dass die Wahrscheinlichkeit, dass X einen Wert zwischen k und 100 annimmt, kleiner als α ist, d.h. dass gilt: $P(X \in \overline{A}) \leqslant \alpha$ bzw. $P(X \geqslant k) \leqslant \alpha$. Verwenden Sie die Wahrscheinlichkeit des Gegenereignisses $P(X \geqslant k) = 1 - P(X \leqslant k-1)$. Bestimmen Sie damit den Ablehnungsbereich $\overline{A}$ und formulieren Sie die Entscheidungsregel. Überlegen Sie, ob die gegebene Anzahl fehlerhaft verpackter Brote im Ablehnungsbereich liegt.

Lösungen

Aufgabe A1 (WTR GTR)

Es ist $g(t) = 30 \cdot t \cdot e^{-0,1 \cdot t}$ (t in Tagen, $g(t)$ in Anzahl verkaufter Smartphones).

1. Den Zeitpunkt, an dem die meisten Smartphones (pro Tag) verkauft werden, erhält man, indem man die Koordinaten des Hochpunkts des Graphen von g berechnet. Diese erhält man mithilfe der 1. und 2. Ableitung von g, die man mit der Produkt- und Kettenregel bestimmt:

$$g'(t) = 30 \cdot e^{-0,1t} + 30 \cdot t \cdot e^{-0,1t} \cdot (-0,1) = (30 - 3t) \cdot e^{-0,1t}$$
$$g''(t) = -3 \cdot e^{-0,1t} + (30 - 3t) \cdot e^{-0,1t} \cdot (-0,1) = (-6 + 0,3t) \cdot e^{-0,1t}$$

Als notwendige Bedingung löst man die Gleichung $g'(t) = 0$ nach t auf.
Wegen $e^{-0,1t} \neq 0$ ergibt sich mit dem Satz vom Nullprodukt:

$$(30 - 3t) \cdot e^{-0,1t} = 0 \Rightarrow 30 - 3t = 0 \Rightarrow t = 10$$

Setzt man $t = 10$ in $g''(t)$ ein, erhält man als hinreichende Bedingung:

$$g''(10) = (-6 + 0,3 \cdot 10) \cdot e^{-0,1 \cdot 10} = -3 \cdot e^{-1} < 0$$

Wegen $g''(10) < 0$ handelt es sich um einen Hochpunkt.
Somit werden am 10. Tag die meisten Smartphones verkauft.
Den zugehörigen y-Wert erhält man, indem man $t = 10$ in $g(t)$ einsetzt:

$$g(10) = 30 \cdot 10 \cdot e^{-0,1 \cdot 10} \approx 110,36$$

Somit werden am 10. Tag etwa 110 Smartphones verkauft.

2.1 Mithilfe der Daten aus Material 1 kann man folgendes Säulendiagramm erstellen:

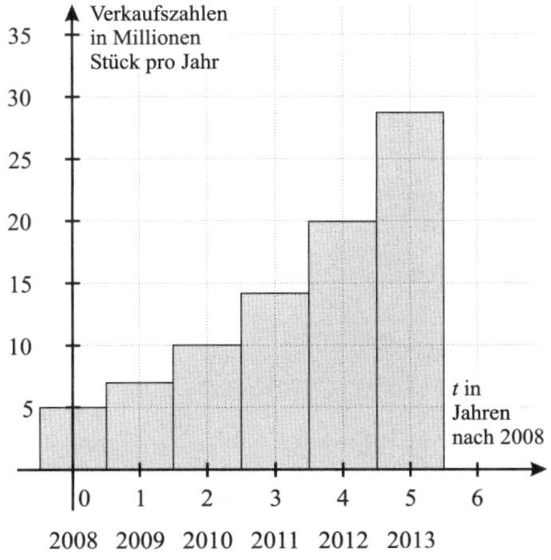

2.2 Um zu zeigen, dass die Entwicklung der Verkaufszahlen von Smartphones in diesem Zeitraum annähernd exponentiell verlief, berechnet man das Verhältnis der Verkaufszahlen aufeinanderfolgender Jahre:

$$\frac{7,10}{5,00} = 1,42 \qquad \frac{14,2}{10,0} = 1,42$$
$$\frac{10,0}{7,10} \approx 1,41 \qquad \frac{20,1}{14,2} \approx 1,42$$
$$\frac{28,6}{20,1} \approx 1,42$$

Da das Verhältnis der Verkaufszahlen aufeinanderfolgender Jahre immer etwa gleich groß ist, handelt es sich um exponentielles Wachstum.
Die Gleichung einer Exponentialfunktion v der Form $v(t) = a \cdot b^t$, welche die Verkaufszahlen von Smartphones modelliert (t: Zeit in Jahren nach 2008, $v(t)$: Anzahl verkaufter Smartphones in Millionen Stück pro Jahr), erhält man, indem man $b = 1,42$ verwendet und a mithilfe der Anfangsbedingung bestimmt. Mit $v(0) = 5,00$ ergibt sich:

$$a \cdot 1,42^0 = 5,00 \Rightarrow a = 5$$

Damit erhält man die Funktionsgleichung:

$$v(t) = 5 \cdot 1,42^t$$

3.1 Es ist $f(t) = 5 \cdot e^{0,351 \cdot t}$ (t: Zeit in Jahren nach 2008, $f(t)$: Anzahl verkaufter Smartphones in Millionen Stück pro Jahr). Den Verlauf des Funktionsgraphen von f im Intervall $[-0,5; 5,5]$ erhält man mithilfe einer Wertetabelle:

frv.tv/cf

x	$-0,5$	0	1	2	3	4	5	5,5
$f(x)$	4,2	5	7,1	10,1	14,3	20,4	28,9	34,5

Diese Werte kann man in das Säulendiagramm in Material 2 einzeichnen:

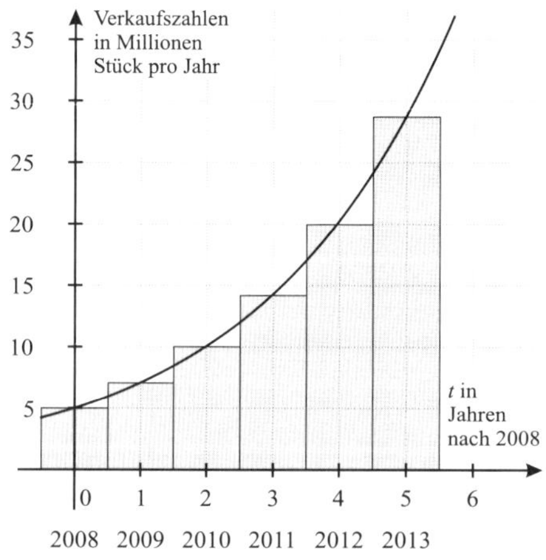

3.2 Den Wert des Integrals $\int_0^5 f(t)\,\mathrm{d}t$ erhält man mithilfe einer Stammfunktion von f und des Hauptsatzes der Differential- und Integralrechnung:

$$\begin{aligned}\int_0^5 f(t)\,\mathrm{d}t &= \int_0^5 5\cdot e^{0{,}351\cdot t}\,\mathrm{d}t\\ &= \left[\frac{5}{0{,}351}\cdot e^{0{,}351\cdot t}\right]_0^5\\ &= \left(\frac{5}{0{,}351}\cdot e^{0{,}351\cdot 5}\right)-\left(\frac{5}{0{,}351}\cdot e^{0{,}351\cdot 0}\right)\\ &\approx 68{,}14\end{aligned}$$

Der Wert des obigen Integrals gibt an, dass im Zeitraum von 2008 bis 2013 insgesamt etwa 68,14 Millionen Smartphones verkauft wurden.

3.3 Die Gesamtzahl der in den Jahren 2008 bis einschließlich 2013 tatsächlich verkauften Smartphones erhält man mithilfe von Material 1, indem man die gegebenen Verkaufszahlen aller Jahre zusammenzählt:

$$5{,}00+7{,}10+10{,}0+14{,}2+20{,}1+28{,}6=85$$

Somit sind insgesamt 85 Millionen Smartphones von 2008 bis 2013 verkauft worden.

Dieser Wert von 85 Millionen ist deutlich höher als der Wert von 68 Millionen aus Aufgabe 3.2.
Die Abweichung kann man folgendermaßen erklären:
Die Säule für das Jahr 2008 beginnt schon bei $t=-0{,}5$ und die Säule für das Jahr 2013 endet bei $t=5{,}5$.
Das berechnete Integral hingegen hat die Integrationsgrenzen $t_1=0$ und $t_2=5$. Damit wird nur der Flächeninhalt der Fläche zwischen dem Graphen von f und der t-Achse im Intervall $[0;5]$ berechnet, so dass der berechnete Wert deutlich kleiner ist als der Wert von 85 Millionen.

Das Integral aus Aufgabe 3.2 könnte so modifiziert werden, dass die Integrationsgrenzen $t_1=-0{,}5$ und $t_2=5{,}5$ verwendet werden, um ein besseres Ergebnis zu erzielen. Damit ergibt sich:

$$\begin{aligned}\int_{-0{,}5}^{5{,}5} f(t)\,\mathrm{d}t &= \int_{-0{,}5}^{5{,}5} 5\cdot e^{0{,}351\cdot t}\,\mathrm{d}t\\ &= \left[\frac{5}{0{,}351}\cdot e^{0{,}351\cdot t}\right]_{-0{,}5}^{5{,}5}\\ &= \left(\frac{5}{0{,}351}\cdot e^{0{,}351\cdot 5{,}5}\right)-\left(\frac{5}{0{,}351}\cdot e^{0{,}351\cdot(-0{,}5)}\right)\\ &\approx 86{,}24\end{aligned}$$

3.4 Die zu erwartenden Verkaufszahlen von Smartphones im Jahr 2030 in diesem Land erhält man, indem man $t = 22$ in $f(t)$ einsetzt:

$$f(22) = 5 \cdot e^{0,351 \cdot 22} \approx 11287,35$$

Man erwartet etwa 11287 Millionen verkaufte Smartphones, also etwas über 11 Milliarden.

Diese Anzahl übersteigt die Einwohnerzahl des betrachteten Landes von 80 Millionen um ein Vielfaches, so dass der berechnete Wert unrealistisch für die Verkaufszahlen im Jahr 2030 ist.
Die Modellierung der Verkaufszahlen durch die Funktion f, welche eine unbegrenzte Wachstumsfunktion ist, ist damit nur für einen begrenzten Zeitraum (z.B. für die Jahre 2008 bis 2013) sinnvoll. Für längerfristige Prognosen ist die Funktion f als Modellierung ungeeignet.

Aufgabe A2 (WTR)

1.1 Es ist $f(x) = x^3 - 6x^2 + 9x$.
Die Koordinaten der Extrempunkte des Graphen von f erhält man mithilfe der 1. und 2. Ableitung von f:

$$f'(x) = 3x^2 - 12x + 9$$
$$f''(x) = 6x - 12$$

Als notwendige Bedingung löst man die Gleichung $f'(x) = 0$ nach x auf:

$$3x^2 - 12x + 9 = 0$$

Die Lösungen der quadratischen Gleichung erhält man mithilfe der pq- oder abc-Formel: $x_1 = 3$ und $x_2 = 1$.
Setzt man $x_1 = 3$ und $x_2 = 1$ in $f''(x)$ ein, erhält man als hinreichende Bedingung:

$$f''(3) = 6 \cdot 3 - 12 = 6 > 0 \Rightarrow \text{Tiefpunkt}$$
$$f''(1) = 6 \cdot 1 - 12 = -6 < 0 \Rightarrow \text{Hochpunkt}$$

Die zugehörigen y-Werte erhält man, indem man $x_1 = 3$ und $x_2 = 1$ in $f(x)$ einsetzt:

$$f(3) = 3^3 - 6 \cdot 3^2 + 9 \cdot 3 = 0 \Rightarrow \text{T}(3 \mid 0)$$
$$f(1) = 1^3 - 6 \cdot 1^2 + 9 \cdot 1 = 4 \Rightarrow \text{H}(1 \mid 4)$$

Die Koordinaten des Wendepunkts des Graphen von f erhält man mithilfe der 2. und 3. Ableitung von f:

$$f''(x) = 6x - 12$$
$$f'''(x) = 6$$

Als notwendige Bedingung löst man die Gleichung $f''(x) = 0$ nach x auf:

$$6x - 12 = 0 \Rightarrow x = 2$$

Setzt man $x = 2$ in $f'''(t)$ ein, erhält man als hinreichende Bedingung:

$$f'''(2) = 6 \neq 0 \Rightarrow \text{Wendepunkt}$$

Den zugehörigen y-Wert erhält man, indem man $x = 2$ in $f(x)$ einsetzt:

$$f(2) = 2^3 - 6 \cdot 2^2 + 9 \cdot 2 = 2$$

Somit hat der Wendepunkt die Koordinaten W$(2 \mid 2)$.

Damit kann man die Achsen in Material 1 skalieren:

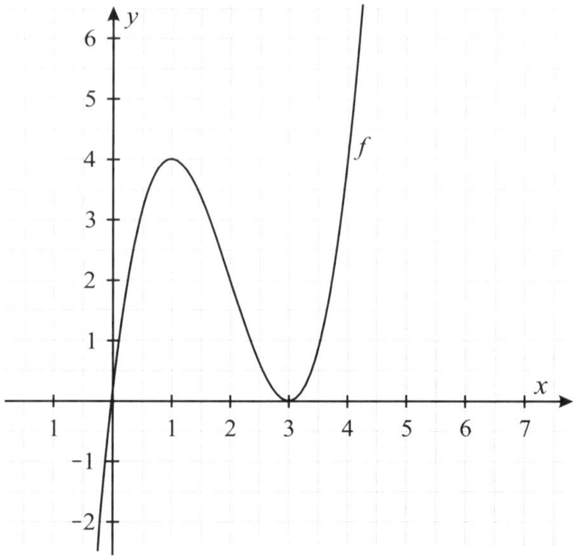

1.2 Die Gleichung der Geraden g, die durch den Hochpunkt H$(1 \mid 4)$ und den Tiefpunkt T$(3 \mid 0)$ des Graphen von f verläuft, erhält man mithilfe der Punkt-Steigungsform der Geradengleichung $y - y_1 = m_t \cdot (x - x_1)$. Die Steigung m zwischen H und T erhält man mit der Steigungsformel $m = \frac{y_2 - y_1}{x_2 - x_1}$:

$$m = \frac{0-4}{3-1} = -2$$

Setzt man $m = -2$ und beispielsweise die Koordinaten von H$(1 \mid 4)$ in die Punkt-Steigungsforr ein, ergibt sich:

$$g\colon y - 4 = -2 \cdot (x - 1)$$
$$g\colon y - 4 = -2x + 2$$
$$g\colon y = -2x + 6$$

Somit hat die Gerade g die Gleichung $y = -2x + 6$.

Um zu zeigen, dass der Wendepunkt W$(2 \mid 2)$ ebenfalls auf der Geraden g liegt, setzt man die Koordinaten von W in die Geradengleichung ein:

$$2 = -2 \cdot 2 + 6 \Leftrightarrow 2 = 2$$

Aufgrund der wahren Aussage liegt W$(2 \mid 2)$ auch auf der Geraden g.

2. Da der Graph von f an der Stelle $x = 0$ eine Nullstelle mit Vorzeichenwechsel von $-$ nach $+$ hat, hat der Graph von F an der Stelle $x = 0$ einen Tiefpunkt. Da der Graph von f an der Stelle $x = 1$ einen Hochpunkt mit den Koordinaten $H(1 \mid 4)$ hat, hat der Graph von F an der Stelle $x = 1$ einen Wendepunkt mit Steigung $m_{W_1} = 4$. Da der Graph von f an der Stelle $x = 3$ eine Nullstelle ohne Vorzeichenwechsel hat, hat der Graph von F an der Stelle $x = 3$ einen Sattelpunkt (Wendepunkt mit Steigung $m_{W_2} = 0$). Da der Graph von F in y-Richtung verschoben sein kann, gibt es viele Möglichkeiten, diesen zu skizzieren:

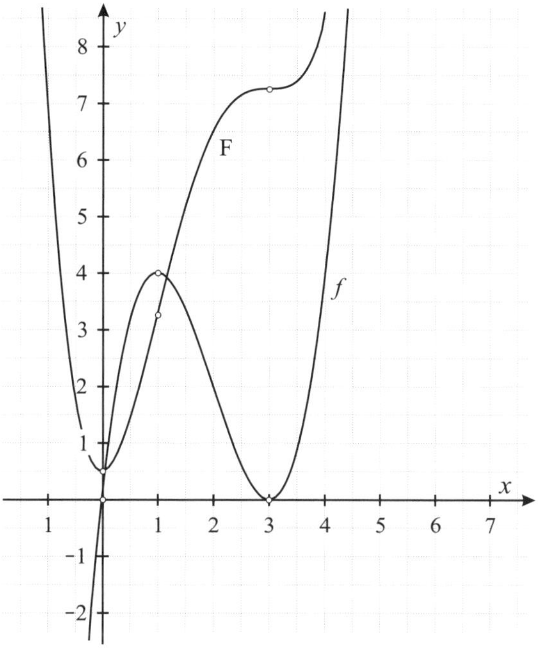

3.1 Gegeben ist für $a \neq 0$ die Funktionenschar h_a mit $h_a(x) = \frac{f(a)}{a} \cdot x$, $x \in \mathbb{R}$.
Setzt man a in $f(x)$ ein, ergibt sich für $h_a(x)$:

$$h_a(x) = \frac{a^3 - 6a^2 + 9a}{a} \cdot x = \left(a^2 - 6a + 9\right) \cdot x$$

Damit ist h_a eine Schar linearer Funktionen mit Steigung $m_a = a^2 - 6a + 9$, deren Graphen durch den Ursprung verlaufen.
Um den Graphen von h_a für $a = 2$ in das Koordinatensystem in Material 2 einzuzeichnen, setzt man $a = 2$ in $h_a(x)$ ein:

$$h_2(x) = \left(2^2 - 6 \cdot 2 + 9\right) \cdot x = x$$

Damit ist $h_2(x) = x$ eine Ursprungsgerade mit Steigung 1, welche die 1. Winkelhalbierende ist.

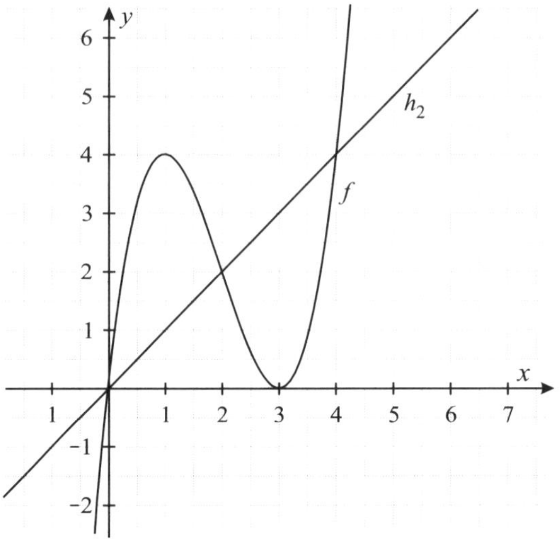

3.2 Den Inhalt A der endlichen Fläche, die von dem Graphen von h_2 und dem Graphen von f eingeschlossen wird, erhält man mithilfe von zwei Teilflächen A_1 und A_2, die mit Integralen berechnet werden. Die Integrationsgrenzen sind die Schnittstellen des Graphen von $h_2(x) = x$ mit dem Graphen von $f(x) = x^3 - 6x^2 + 9x$.
Durch Gleichsetzen ergibt sich:

$$x^3 - 6x^2 + 9x = x$$
$$x^3 - 6x^2 + 8x = 0$$
$$x \cdot \left(x^2 - 6x + 8\right) = 0$$

Mithilfe des Satzes vom Nullprodukt erhält man die Lösung $x_1 = 0$ und aus der quadratischen Gleichung $x^2 - 6x + 8 = 0$ ergeben sich mithilfe der pq- oder abc-Formel die weiteren Lösungen $x_2 = 2$ und $x_3 = 4$.

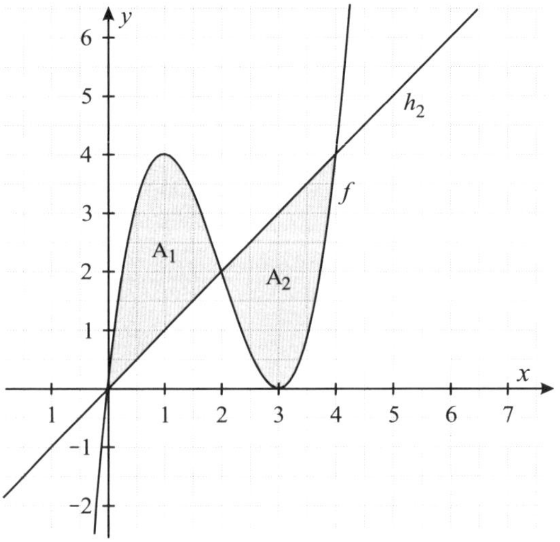

Da bei der Teilfläche A_1 der Graph von f oberhalb des Graphen von h_2 verläuft, gilt:

$$\begin{aligned} A_1 &= \int_0^2 (f(x) - h_2(x))\,dx = \int_0^2 \left(x^3 - 6x^2 + 9x - x\right) dx \\ &= \int_0^2 \left(x^3 - 6x^2 + 8x\right) dx = \left[\frac{1}{4}x^4 - 2x^3 + 4x^2\right]_0^2 \\ &= \left(\frac{1}{4}\cdot 2^4 - 2\cdot 2^3 + 4\cdot 2^2\right) - \left(\frac{1}{4}\cdot 0^4 - 2\cdot 0^3 + 4\cdot 0^2\right) \\ &= 4 \end{aligned}$$

Da bei der Teilfläche A_2 der Graph von h_2 oberhalb des Graphen von f verläuft, gilt:

$$\begin{aligned} A_2 &= \int_2^4 (h_2(x) - f(x))\,dx = \int_2^4 \left(x - \left(x^3 - 6x^2 + 9x\right)\right) dx \\ &= \int_2^4 \left(-x^3 + 6x^2 - 8x\right) dx = \left[-\frac{1}{4}x^4 + 2x^3 - 4x^2\right]_2^4 \\ &= \left(-\frac{1}{4}\cdot 4^4 + 2\cdot 4^3 - 4\cdot 4^2\right) - \left(-\frac{1}{4}\cdot 2^4 + 2\cdot 2^3 - 4\cdot 2^2\right) \\ &= 4 \end{aligned}$$

Damit gilt:

$$A = A_1 + A_2 = 4 + 4 = 8$$

Der eingeschlossene Flächeninhalt beträgt 8 FE.

4. Es ist $P(u \mid f(u))$ mit $0 \leqslant u \leqslant 3$ ein Punkt des Graphen von f und $O(0 \mid 0)$ der Koordinatenursprung.
   Die Parallele zur y-Achse durch P schneidet die x-Achse im Punkt $Q(u \mid 0)$.

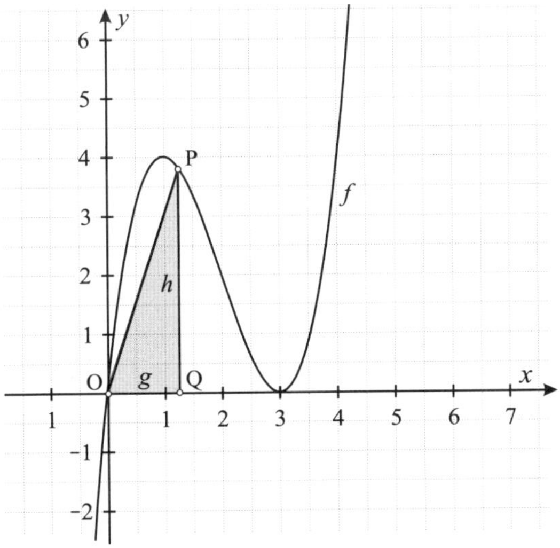

Den Flächeninhalt $\mathrm{B}(u)$ des Dreiecks OPQ erhält man durch $\mathrm{B}(u) = \frac{g \cdot h}{2}$.
Die Grundseite g des Dreiecks hat die Länge $g = u$, die Höhe h des Dreiecks beträgt $h = f(u)$. Damit gilt für den Flächeninhalt des Dreiecks OPQ:

$$\mathrm{B}(u) = \frac{u \cdot f(u)}{2} = \frac{u \cdot \left(u^3 - 6u^2 + 9u\right)}{2} = \frac{u^4 - 6u^3 + 9u^2}{2} = \frac{1}{2} \cdot u^4 - 3 \cdot u^3 + \frac{9}{2} \cdot u^2$$

Um u so zu bestimmen, dass $\mathrm{B}(u)$ extremal wird, verwendet man die 1. und 2. Ableitung von $\mathrm{B}(u)$:

$$\mathrm{B}'(u) = 2u^3 - 9u^2 + 9u$$
$$\mathrm{B}''(u) = 6u^2 - 18u + 9$$

Als notwendige Bedingung löst man die Gleichung $\mathrm{B}'(u) = 0$ nach u auf:

$$2u^3 - 9u^2 + 9u = 0$$
$$u \cdot \left(2u^2 - 9u + 9\right) = 0$$

frv.tv/ca

Mithilfe des Satzes vom Nullprodukt erhält man die Lösung $u_1 = 0$ und aus der quadratischen Gleichung $2u^2 - 9u + 9 = 0$ ergeben sich mithilfe der *pq*- oder *abc*-Formel die weiteren Lösungen $u_2 = 1{,}5$ und $u_3 = 3$.
Setzt man $u_1 = 0$, $u_2 = 1{,}5$ und $u_3 = 3$ in $\mathrm{B}''(u)$ ein, erhält man als hinreichende Bedingung:

$$\mathrm{B}''(0) = 6 \cdot 0^2 - 18 \cdot 0 + 9 = 9 > 0 \Rightarrow \text{Tiefpunkt}$$
$$\mathrm{B}''(1{,}5) = 6 \cdot 1{,}5^2 - 18 \cdot 1{,}5 + 9 = -4{,}5 < 0 \Rightarrow \text{Hochpunkt}$$
$$\mathrm{B}''(3) = 6 \cdot 3^2 - 18 \cdot 3 + 9 = 9 > 0 \Rightarrow \text{Tiefpunkt}$$

Somit hat der Graph von $\mathrm{B}(u)$ einen Hochpunkt an der Stelle $u_2 = 1{,}5$ und zwei Tiefpunkte an den Stellen $u_1 = 0$ und $u_3 = 3$.
Die zugehörigen Flächeninhalte erhält man, indem man $u_1 = 0$, $u_2 = 1{,}5$ und $u_3 = 3$ in $\mathrm{B}(u)$ einsetzt:

$$\mathrm{B}(0) = \frac{1}{2} \cdot 0^4 - 3 \cdot 0^3 + \frac{9}{2} \cdot 0^2 = 0$$
$$\mathrm{B}(1{,}5) = \frac{1}{2} \cdot 1{,}5^4 - 3 \cdot 1{,}5^3 + \frac{9}{2} \cdot 1{,}5^2 \approx 2{,}53$$
$$\mathrm{B}(3) = \frac{1}{2} \cdot 3^4 - 3 \cdot 3^3 + \frac{9}{2} \cdot 3^2 = 0$$

Für $u = 0$ ist das Dreieck OPQ ein Punkt (der Ursprung), für $u = 3$ ist das Dreieck OPQ eine Strecke vom Ursprung zum Punkt P bzw. Q.
Für $u = 1{,}5$ ist der Flächeninhalt des Dreiecks OPQ maximal, er beträgt etwa $2{,}53\,\mathrm{FE}$.

Aufgabe B1 (WTR GTR CAS)

Gegeben sind die Punkte B(4 | 1 | 2,5), C(1 | 4 | 2,5), D(0 | 4 | 3) und E(0 | 0 | 5).

1.1 Da der Punkt A in der x-z-Ebene liegt, ist seine y-Koordinate gleich Null. Da die Strecke $\overline{AD}$ parallel zur Dachkante $\overline{BC}$ verläuft, liegt der Punkt A auf derselben Höhe wie der Punkt D, also ist seine z-Koordinate gleich 3. Da der Wintergarten symmetrisch angeordnet ist, ist die x-Koordinate des Punktes A gleich groß wie die y-Koordinate des Punktes D, also gleich 4. Somit hat der Punkt A die Koordinaten A(4 | 0 | 3).
Alternativ kann man auch die Gerade g durch D mit Richtungsvektor $\overrightarrow{BC}$ aufstellen und mit der x-z-Ebene ($y = 0$) schneiden.
Die Gerade g hat die Gleichung:

$$g: \vec{x} = \begin{pmatrix} 0 \\ 4 \\ 3 \end{pmatrix} + t \cdot \begin{pmatrix} -3 \\ 3 \\ 0 \end{pmatrix}; t \in \mathbb{R}$$

Setzt man den allgemeinen Punkt $P_t(-3t \mid 4+3t \mid 3)$ von g in die Ebenengleichung der x-z-Ebene ($y = 0$) ein, ergibt sich:

$$4 + 3t = 0 \Rightarrow t = -\frac{4}{3}$$

Setzt man $t = -\frac{4}{3}$ in P_t ein, erhält man die Koordinaten des Punktes A(4 | 0 | 3).

1.2 Die Ebene E_1, in der die Dachfläche ABCDE liegt, enthält die Punkte B(4 | 1 | 2,5), C(1 | 4 | 2,5) und D(0 | 4 | 3). Sie hat beispielsweise den Stützpunkt B und die Spannvektoren $\overrightarrow{BC} = \begin{pmatrix} -3 \\ 3 \\ 0 \end{pmatrix}$ und $\overrightarrow{BD} = \begin{pmatrix} -4 \\ 3 \\ 0{,}5 \end{pmatrix}$.
Damit hat E_1 die Parametergleichung:

$$E: \vec{x} = \begin{pmatrix} 4 \\ 1 \\ 2{,}5 \end{pmatrix} + s \cdot \begin{pmatrix} -3 \\ 3 \\ 0 \end{pmatrix} + t \cdot \begin{pmatrix} -4 \\ 3 \\ 0{,}5 \end{pmatrix}; s,t \in \mathbb{R}$$

Einen Normalenvektor $\vec{n}$ von E_1 erhält man mithilfe des Vektorprodukts (siehe Seite 36) der Spannvektoren $\overrightarrow{BC}$ und $\overrightarrow{BD}$:

$$\begin{pmatrix} -3 \\ 3 \\ 0 \end{pmatrix} \times \begin{pmatrix} -4 \\ 3 \\ 0{,}5 \end{pmatrix} = \begin{pmatrix} 1{,}5 \\ 1{,}5 \\ 3 \end{pmatrix} = 1{,}5 \cdot \begin{pmatrix} 1 \\ 1 \\ 2 \end{pmatrix} \Rightarrow \vec{n} = \begin{pmatrix} 1 \\ 1 \\ 2 \end{pmatrix}$$

Alternativ kann man $\vec{n}$ auch mithilfe des Skalarprodukts bestimmen, da $\vec{n}$ auf beiden

Spannvektoren senkrecht steht. Damit gilt:

$$\begin{pmatrix} n_x \\ n_y \\ n_z \end{pmatrix} \cdot \begin{pmatrix} -3 \\ 3 \\ 0 \end{pmatrix} = 0$$

und

$$\begin{pmatrix} n_x \\ n_y \\ n_z \end{pmatrix} \cdot \begin{pmatrix} -4 \\ 3 \\ 0,5 \end{pmatrix} = 0$$

Daraus ergibt sich das lineare Gleichungssystem:

$$\begin{array}{lccccccc} \text{I} & -3 \cdot n_x & + & 3 \cdot n_y & & & = & 0 \\ \text{II} & -4 \cdot n_x & + & 3 \cdot n_y & + & 0,5 \cdot n_z & = & 0 \end{array}$$

Wählt man in Gleichung I $n_y = 1$, so erhält man:

$$-3 \cdot n_x + 3 \cdot 1 = 0 \Rightarrow n_x = 1$$

Setzt man $n_x = 1$ und $n_y = 1$ in Gleichung II ein, ergibt sich:

$$-4 \cdot 1 + 3 \cdot 1 + 0,5 \cdot n_z = 0 \Rightarrow n_z = 2$$

Damit ergibt sich ein Normalenvektor $\vec{n} = \begin{pmatrix} 1 \\ 1 \\ 2 \end{pmatrix}$.

Die Ebene E_1 hat damit die Form:

$$E_1 : x + y + 2z = d$$

Die Koordinatengleichung von E_1 erhält man, indem man z.B. die Koordinaten des Punktes B in obige Gleichung einsetzt und so die Konstante d bestimmt:

$$4 + 1 + 2 \cdot 2,5 = d \Rightarrow d = 10$$

Somit hat die Ebene E_1 die Koordinatenform $x + y + 2z = 10$.
Alternativ kann man eine Koordinatengleichung von E_1 auch mithilfe der Punkt-Normalenform bestimmen:

$$E_1 : \left(\vec{x} - \vec{b}\right) \cdot \vec{n} = 0$$

$$E_1 : \left(\begin{pmatrix} x \\ y \\ z \end{pmatrix} - \begin{pmatrix} 4 \\ 1 \\ 2,5 \end{pmatrix} \right) \cdot \begin{pmatrix} 1 \\ 1 \\ 2 \end{pmatrix} = 0$$

$$E_1 : (x - 4) \cdot 1 + (y - 1) \cdot 1 + (z - 2,5) \cdot 2 = 0$$

$$E_1 : x - 4 + y - 1 + 2z - 5 = 0$$

$$E_1 : x + y + 2z = 10$$

Die Ebene E_1 hat somit die Koordinatengleichung $E_1 : x + y + 2z = 10$.

1.3 Um zu prüfen, ob der Neigungswinkel der Dachfläche gegen die Grundfläche mindestens 30° beträgt, berechnet man den Winkel α zwischen der Ebene E_1 und der x-y-Ebene.

Diesen erhält man mit der Formel $\cos\alpha = \frac{|\vec{n}_1 \cdot \vec{n}_2|}{|\vec{n}_1| \cdot |\vec{n}_2|}$, wobei $\vec{n}_1 = \begin{pmatrix} 1 \\ 1 \\ 2 \end{pmatrix}$ ein Normalenvektor von E_1 und $\vec{n}_2 = \begin{pmatrix} 0 \\ 0 \\ 1 \end{pmatrix}$ ein Normalenvektor der x-y-Ebene.

Damit erhält man:

$$\cos\alpha = \frac{|\vec{n}_1 \cdot \vec{n}_2|}{|\vec{n}_1| \cdot |\vec{n}_2|} = \frac{\left|\begin{pmatrix} 1 \\ 1 \\ 2 \end{pmatrix} \cdot \begin{pmatrix} 0 \\ 0 \\ 1 \end{pmatrix}\right|}{\left|\begin{pmatrix} 1 \\ 1 \\ 2 \end{pmatrix}\right| \cdot \left|\begin{pmatrix} 0 \\ 0 \\ 1 \end{pmatrix}\right|} = \frac{|1 \cdot 0 + 1 \cdot 0 + 2 \cdot 1|}{\sqrt{1^2+1^2+2^2} \cdot \sqrt{0^2+0^2+1^2}} = \frac{2}{\sqrt{6}}$$

$$\Rightarrow \quad \alpha \approx 35{,}26^\circ$$

Der Winkel α zwischen den beiden Ebenen beträgt etwa $35{,}26^\circ$.
Wegen $\alpha \geqslant 30^\circ$ ist die geforderte Bedingung erfüllt.

2. Die Ebene $E_2: x+y+2z = 10{,}2$, in der das Sonnensegel liegt, ist parallel zur Ebene E_1, in der die Dachfläche ABCDE liegt. Um den Abstand der beiden Ebenen zu bestimmen, genügt es den Abstand d des Punktes $B(4 \mid 1 \mid 2{,}5)$ der Ebene E_1 zur Ebene E_2 zu berechnen. Dazu verwendet man die Abstandsformel eines Punktes zu einer Ebene:

$$\mathrm{d} = \frac{|4+1+2 \cdot 2{,}5 - 10{,}2|}{\sqrt{1^2+1^2+2^2}} = \frac{0{,}2}{\sqrt{6}} \approx 0{,}08$$

Da einer Längeneinheit ein Meter entspricht, beträgt der Abstand des Sonnensegels zur Dachebene ABCDE etwa 0,08 m, also etwa 8 cm.

3.1 Die Strebe $\overline{\mathrm{EM}}$ liegt auf der Geraden g_1 durch $E(0 \mid 0 \mid 5)$ und $M(2{,}5 \mid 2{,}5 \mid 2{,}5)$.
Die Gerade g_1 hat damit beispielsweise die Gleichung:

$$\vec{x} = \begin{pmatrix} 0 \\ 0 \\ 5 \end{pmatrix} + s \cdot \begin{pmatrix} 2{,}5 \\ 2{,}5 \\ -2{,}5 \end{pmatrix}; \; s \in \mathbb{R}$$

Die Strebe $\overline{\mathrm{AD}}$ liegt auf der Geraden g_2 durch $A(4 \mid 0 \mid 3)$ und $D(0 \mid 4 \mid 3)$.

Die Gerade g_2 hat damit beispielsweise die Gleichung:

$$\vec{x} = \begin{pmatrix} 0 \\ 4 \\ 3 \end{pmatrix} + t \cdot \begin{pmatrix} -4 \\ 4 \\ 0 \end{pmatrix}; \, t \in \mathbb{R}$$

Um zu zeigen, dass der Punkt $Z(2 \mid 2 \mid 3)$ der Schnittpunkt der beiden Streben $\overline{EM}$ und $\overline{AD}$ ist, weist man mithilfe von Punktproben nach, dass Z sowohl auf g_1 als auch auf g_2 liegt. Setzt man die Koordinaten von Z in g_1 ein, ergibt sich:

$$\begin{array}{rcrcrcrcl} 2 & = & & & 2,5s & \Rightarrow & s & = & \frac{4}{5} \\ 2 & = & & & 2,5s & \Rightarrow & s & = & \frac{4}{5} \\ 3 & = & 5 & - & 2,5s & \Rightarrow & s & = & \frac{4}{5} \end{array}$$

Für $s = \frac{4}{5}$ liegt Z also auf g_1.
Setzt man die Koordinaten von Z in g_2 ein, ergibt sich:

$$\begin{array}{rcrcrcrcl} 2 & = & & - & 4t & \Rightarrow & t & = & -\frac{1}{2} \\ 2 & = & 4 & + & 4t & \Rightarrow & t & = & -\frac{1}{2} \\ 3 & = & 3 & & & & & & \end{array}$$

Für $t = -\frac{1}{2}$ liegt Z also auch auf g_2.
Damit schneiden sich g_1 und g_2 im Punkt Z und der Punkt $Z(2 \mid 2 \mid 3)$ ist der Schnittpunkt der beiden Streben $\overline{EM}$ und $\overline{AD}$.

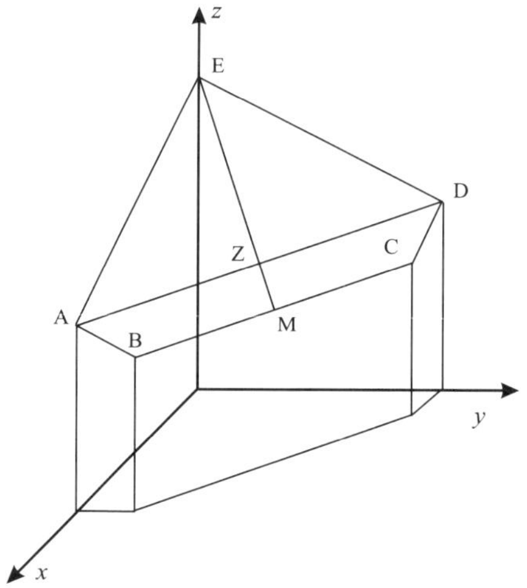

3.2 In Zeile 1 werden die beiden Vektoren $\overrightarrow{EM}$ und $\overrightarrow{AD}$ angegeben, welche in die Richtung der Streben $\overline{EM}$ und $\overline{AD}$ weisen.
In Zeile 2 wird das Skalarprodukt der beiden Vektoren $\overrightarrow{EM}$ und $\overrightarrow{AD}$ berechnet. Da das

Skalarprodukt Null ergibt, sind die beiden Streben orthogonal zueinander.
In Zeile 3 wird der Vektor $\overrightarrow{\mathrm{ZE}}$ bestimmt, da $\overrightarrow{\mathrm{ZE}} = \vec{e} - \vec{z}$ gilt.
In Zeile 4 wird der Flächeninhalt des Dreiecks ADE bestimmt. Die Grundlinie des Dreiecks ist die Strecke $\overline{\mathrm{AD}}$, die Höhe des Dreiecks ist die Strecke $\overline{\mathrm{ZE}}$. Der Flächeninhalt des Dreiecks ADE beträgt etwa $9{,}8\,\mathrm{m}^2$.

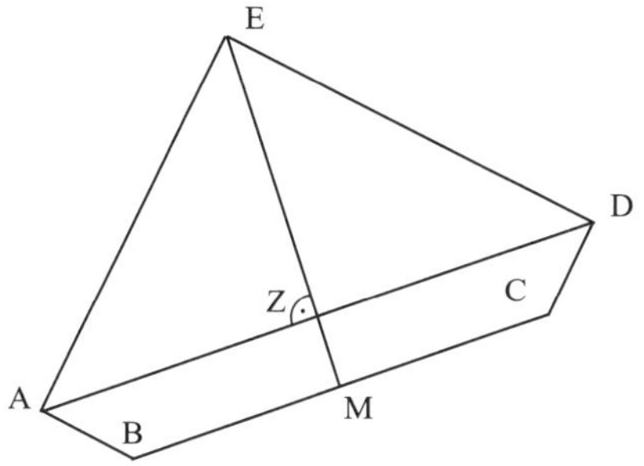

Die restliche Dachfläche ist das Trapez ABCD. Den Flächeninhalt A eines Trapezes erhält man mit der Formel $\mathrm{A} = \frac{a+c}{2} \cdot h$, wobei a und c die beiden parallelen Seiten $\overline{\mathrm{AD}}$ und $\overline{\mathrm{BC}}$ sind und die Höhe h die Strecke $\overline{\mathrm{MZ}}$ ist.
Die Längen der Strecken erhält man, indem man die Beträge der entsprechenden Verbindungsvektoren berechnet:

$$a = \left|\overrightarrow{\mathrm{AD}}\right| = \left|\begin{pmatrix} -4 \\ 4 \\ 0 \end{pmatrix}\right| = \sqrt{(-4)^2 + 4^2 + 0^2} = \sqrt{32}$$

$$c = \left|\overrightarrow{\mathrm{BC}}\right| = \left|\begin{pmatrix} -3 \\ 3 \\ 0 \end{pmatrix}\right| = \sqrt{(-3)^2 + 3^2 + 0^2} = \sqrt{18}$$

$$h = \left|\overrightarrow{\mathrm{MZ}}\right| = \left|\begin{pmatrix} -0{,}5 \\ -0{,}5 \\ 0{,}5 \end{pmatrix}\right| = \sqrt{(-0{,}5)^2 + (-0{,}5)^2 + 0{,}5^2} = \sqrt{0{,}75}$$

Damit gilt für den Flächeninhalt A des Trapezes ABCD:

$$\mathrm{A} = \frac{\sqrt{32} + \sqrt{18}}{2} \cdot \sqrt{0{,}75} \approx 4{,}3$$

Der restliche Inhalt der Dachfläche beträgt etwa $4{,}3\,\mathrm{m}^2$.
Der insgesamt benötigte Materialverbrauch A_{ges} ergibt sich, indem man die Flächeninhalte des Dreiecks und des Trapezes zusammenzählt:

$$\mathrm{A}_{ges} \approx 9{,}8 + 4{,}3 = 14{,}1$$

Somit beträgt der gesamte Materialverbrauch etwa $14{,}1\,\mathrm{m}^2$.

Aufgabe B2 (WTR GTR CAS)

1. Da der Punkt A im Ursprung liegt (siehe Material 2), die Seitenlängen der quadratischen Grundfläche ABCD 30 m betragen und einer Längeneinheit ein Meter entspricht, haben die gesuchten Eckpunkte folgende Koordinaten: A(0 | 0 | 0), B(30 | 0 | 0), C(30 | 30 | 0) und D(0 | 30 | 0). Damit kann man die Achsen des Koordinatensystems in Material 2 skalieren:

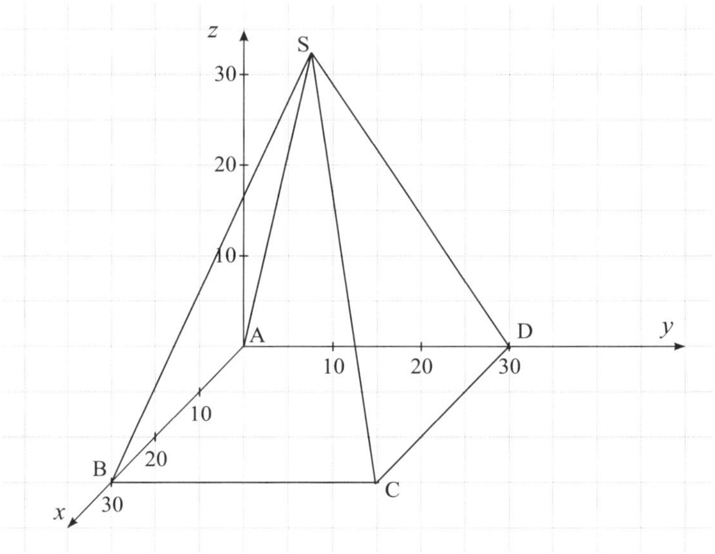

2. Die Ebene E, in der die Punkte C(30 | 30 | 0), D(0 | 30 | 0) und S(15 | 15 | 40) liegen, hat beispielsweise den Stützpunkt C und die Spannvektoren $\overrightarrow{CD} = \begin{pmatrix} -30 \\ 0 \\ 0 \end{pmatrix} = -30 \cdot \begin{pmatrix} 1 \\ 0 \\ 0 \end{pmatrix}$ und $\overrightarrow{CS} = \begin{pmatrix} -15 \\ -15 \\ 40 \end{pmatrix} = -5 \cdot \begin{pmatrix} 3 \\ 3 \\ -8 \end{pmatrix}$.

   Damit hat E die Parametergleichung:

$$E\colon \vec{x} = \begin{pmatrix} 30 \\ 30 \\ 0 \end{pmatrix} + s \cdot \begin{pmatrix} 1 \\ 0 \\ 0 \end{pmatrix} + t \cdot \begin{pmatrix} 3 \\ 3 \\ -8 \end{pmatrix};\ s,t \in \mathbb{R}$$

   Einen Normalenvektor $\vec{n}$ von E erhält man mithilfe des Vektorprodukts (siehe Seite 36) der Spannvektoren:

$$\begin{pmatrix} 1 \\ 0 \\ 0 \end{pmatrix} \times \begin{pmatrix} 3 \\ 3 \\ -8 \end{pmatrix} = \begin{pmatrix} 0 \\ 8 \\ 3 \end{pmatrix} \Rightarrow \vec{n} = \begin{pmatrix} 0 \\ 8 \\ 3 \end{pmatrix}$$

   Alternativ kann man $\vec{n}$ auch mithilfe des Skalarprodukts bestimmen, da $\vec{n}$ auf beiden

Spannvektoren senkrecht steht. Damit gilt:

$$\begin{pmatrix} n_x \\ n_y \\ n_z \end{pmatrix} \cdot \begin{pmatrix} 1 \\ 0 \\ 0 \end{pmatrix} = 0$$

und

$$\begin{pmatrix} n_x \\ n_y \\ n_z \end{pmatrix} \cdot \begin{pmatrix} 3 \\ 3 \\ -8 \end{pmatrix} = 0$$

Daraus ergibt sich das lineare Gleichungssystem:

$$\begin{array}{llllllll} \text{I} & 1 \cdot n_x & + & 0 \cdot n_y & + & 0 \cdot n_z & = & 0 \\ \text{II} & 3 \cdot n_x & + & 3 \cdot n_y & - & 8 \cdot n_z & = & 0 \end{array}$$

Aus Gleichung I ergibt sich: $n_x = 0$.
Wählt man in Gleichung II $n_z = 3$, so erhält man: $3 \cdot 0 + 3 \cdot n_y - 8 \cdot 3 = 0 \Rightarrow n_y = 8$.

Damit ergibt sich ein Normalenvektor $\vec{n} = \begin{pmatrix} 0 \\ 8 \\ 3 \end{pmatrix}$.
Die Ebene E hat damit die Form:

$$\text{E: } 8y + 3z = d$$

Die Koordinatengleichung von E erhält man, indem man z.B. die Koordinaten des Punktes C in obige Gleichung einsetzt und so die Konstante d bestimmt:

$$8 \cdot 30 + 3 \cdot 0 = d \Rightarrow d = 240$$

Somit hat die Ebene E die Koordinatenform $8y + 3z = 240$.
Alternativ kann man eine Koordinatengleichung von E auch mithilfe der Punkt-Normalenform bestimmen:

$$\text{E: } (\vec{x} - \vec{c}) \cdot \vec{n} = 0$$

$$\text{E: } \left(\begin{pmatrix} x \\ y \\ z \end{pmatrix} - \begin{pmatrix} 30 \\ 30 \\ 0 \end{pmatrix} \right) \cdot \begin{pmatrix} 0 \\ 8 \\ 3 \end{pmatrix} = 0$$

$$\text{E: } (x - 30) \cdot 0 + (y - 30) \cdot 8 + (z - 0) \cdot 3 = 0$$

$$\text{E: } 8y - 240 + 3z - 0 = 0$$

$$\text{E: } 8y + 3z = 240$$

Die Ebene E hat somit die Koordinatengleichung E: $8y + 3z = 240$.

3. Den Winkel α zwischen der Seitenfläche CDS und der Grundfläche ABCD erhält man mit der Formel $\cos\alpha = \frac{|\vec{n}_1 \cdot \vec{n}_2|}{|\vec{n}_1| \cdot |\vec{n}_2|}$, wobei $\vec{n}_1 = \begin{pmatrix} 0 \\ 8 \\ 3 \end{pmatrix}$ ein Normalenvektor von E und

$\vec{n}_2 = \begin{pmatrix} 0 \\ 0 \\ 1 \end{pmatrix}$ ein Normalenvektor der Grundfläche ABCD ist.

Damit erhält man:

$$\cos\alpha = \frac{|\vec{n}_1 \cdot \vec{n}_2|}{|\vec{n}_1| \cdot |\vec{n}_2|} = \frac{\left|\begin{pmatrix} 0 \\ 8 \\ 3 \end{pmatrix} \cdot \begin{pmatrix} 0 \\ 0 \\ 1 \end{pmatrix}\right|}{\left|\begin{pmatrix} 0 \\ 8 \\ 3 \end{pmatrix}\right| \cdot \left|\begin{pmatrix} 0 \\ 0 \\ 1 \end{pmatrix}\right|} = \frac{|0 \cdot 0 + 8 \cdot 0 + 3 \cdot 1|}{\sqrt{0^2 + 8^2 + 3^2} \cdot \sqrt{0^2 + 0^2 + 1^2}} = \frac{3}{\sqrt{73}}$$

$$\Rightarrow \quad \alpha \approx 69{,}44^\circ$$

Der Winkel α zwischen den beiden Ebenen beträgt etwa $69{,}44^\circ$.
Wegen $\alpha > 60^\circ$ ist eine Sicherung notwendig.

4. Am Vormittag liegt der Schatten der Pyramidenspitze auf der Geraden g_V durch die Spitze $S(15 \mid 15 \mid 40)$ mit Richtungsvektor $\vec{s}_V = \begin{pmatrix} 1 \\ 2 \\ -4 \end{pmatrix}$. Damit hat g_V die Gleichung:

$$g_V : \vec{x} = \begin{pmatrix} 15 \\ 15 \\ 40 \end{pmatrix} + t \cdot \begin{pmatrix} 1 \\ 2 \\ -4 \end{pmatrix}; \; t \in \mathbb{R}$$

Um nachzuweisen, dass der Schatten der Pyramidenspitze genau in das Auge im Punkt $T(24{,}75 \mid 34{,}5 \mid 1)$ fällt, macht man eine Punktprobe. Dafür setzt man den Ortsvektor von T in die Geradengleichung von g_V ein:

$$\begin{array}{rcrcrcrcl} 24{,}75 & = & 15 & + & t & \Rightarrow & t & = & 9{,}75 \\ 34{,}5 & = & 15 & + & 2t & \Rightarrow & t & = & 9{,}75 \\ 1 & = & 40 & - & 4t & \Rightarrow & t & = & 9{,}75 \end{array}$$

Wegen $t = 9{,}75$ liegt der Punkt T auf g_V.
Somit fällt der Schatten der Pyramidenspitze genau in dieses Auge der Touristin.

5. Um die Mittagszeit liegt der Schatten der Pyramidenspitze auf der Geraden g_M durch die Spitze $S(15 \mid 15 \mid 40)$ mit Richtungsvektor $\vec{s}_M = \begin{pmatrix} 2 \\ 1 \\ -20 \end{pmatrix}$. Damit hat g_M die Gleichung:

$$g_M : \vec{x} = \begin{pmatrix} 15 \\ 15 \\ 40 \end{pmatrix} + t \cdot \begin{pmatrix} 2 \\ 1 \\ -20 \end{pmatrix}; \; t \in \mathbb{R}$$

Um zu zeigen, dass zu diesem Zeitpunkt die Pyramide keinen Schatten spenden kann, berechnet man den Schnittpunkt S' von g_M mit der x-y-Ebene. Hierzu setzt man den allgemeinen Punkt $P_t(15+2t \mid 15+t \mid 40-20t)$ von g_M in die Ebenengleichung der x-y-Ebene ($z=0$) ein:

$$40-20t=0 \Rightarrow t=2$$

Setzt man $t=2$ in P_t ein, ergibt sich: $S'(19 \mid 17 \mid 0)$.
Wegen $0<19<30$ und $0<17<30$ liegt der mögliche Schattenpunkt S' der Pyramidenspitze innerhalb der Grundfläche ABCD der Pyramide.
Somit kann die Pyramide zu diesem Zeitpunkt keinen Schatten spenden.

6. Der Mittelpunkt M der quadratischen Grundfläche hat die Koordinaten $M(15 \mid 15 \mid 0)$.
Da die Bohrung senkrecht zur Seitenfläche CDS bis zum Mittelpunkt der quadratischen Grundfläche durchgeführt wird, liegt der Bohrkanal auf einer Geraden h, die durch M geht und als Richtungsvektor den Normalenvektor von E hat:

$$h: \vec{x}=\begin{pmatrix}15\\15\\0\end{pmatrix}+t\cdot\begin{pmatrix}0\\8\\3\end{pmatrix};\ t\in\mathbb{R}$$

Den Punkt P auf der Seitenfläche CDS, in dem die Bohrung beginnen muss, erhält man, indem man den Schnittpunkt P von h und E berechnet. Diesen erhält man, indem man den allgemeinen Punkt $P_t(15 \mid 15+8t \mid 3t)$ von h in die Ebenengleichung von E einsetzt:

$$\begin{aligned}8\cdot(15+8t)+3\cdot(3t)&=240\\120+64t+9t&=240\\73t&=120\\t&=\frac{120}{73}\end{aligned}$$

Setzt man $t=\frac{120}{73}$ in P_t ein, erhält man die genäherten Koordinaten des Punktes P, in dem die Bohrung beginnen muss: $P(15 \mid 28{,}15 \mid 4{,}93)$.
Die Länge des entstehenden Bohrkanals erhält man, indem man die Länge des Verbindungsvektors von M zu P berechnet:

$$\overline{MP}=|\overrightarrow{MP}|=\left|\begin{pmatrix}0\\13{,}15\\4{,}93\end{pmatrix}\right|=\sqrt{0^2+13{,}15^2+4{,}93^2}\approx 14{,}04$$

Der Bohrkanal hat eine Länge von etwa $14{,}04\,\text{m}$.

Aufgabe C (WTR GTR CAS)

1.1 Um zu berechnen, wie viele Brote mit einer Abweichung vom Sollgewicht der Einzelhändler erwarten kann, legt man X als Zufallsgröße für die Anzahl der Brote mit einer Abweichung vom Sollgewicht fest. X ist binomialverteilt mit $n = 50$ und $p = 0,02$. Damit gilt für den Erwartungswert von X:

$$E(X) = \mu = n \cdot p = 50 \cdot 0,02 = 1$$

Der Einzelhändler kann bei 50 Broten mit einem Brot Abweichung rechnen.
Da es nur die beiden Ausgänge «Abweichung vom Sollgewicht» oder «keine Abweichung» gibt und die Wahrscheinlichkeit auf jeder Stufe gleich bleibt (von der Großbäckerei werden sehr viele Toastbrote gebacken), kann man die Prüfung der Toastbrote auf Abweichung vom Sollgewicht als Bernoullikette auffassen.

1.2 Legt man X als Zufallsgröße für die Anzahl der Brote mit einer Abweichung vom Sollgewicht fest, so ist X binomialverteilt mit den Parametern $n = 50$ und $p = 0,02$.
Die Wahrscheinlichkeit für das Ereignis A: «In der Lieferung weisen mehr als 4 Brote eine Abweichung vom Sollgewicht auf.» erhält man mithilfe der Wahrscheinlichkeit des Gegenereignisses und der Binomialsummenfunktion:

$$P(A) = P(X > 4) = 1 - P(X \leqslant 4) = 1 - F_{50;\,0,02}(4) \approx 1 - 0,9968 = 0,0032 = 0,32\,\%$$

frv.tv/ck

Die Wahrscheinlichkeit, dass in der Lieferung mehr als 4 Brote eine Abweichung vom Sollgewicht aufweisen, beträgt etwa $0,32\,\%$.
Legt man Y als Zufallsgröße für die Anzahl der Brote ohne Abweichung vom Sollgewicht fest, so ist Y binomialverteilt mit den Parametern $n = 50$ und $p = 1 - 0,02 = 0,98$.
Die Wahrscheinlichkeit für das Ereignis B: »In der Lieferung weisen mindestens 47 Brote keine Abweichung vom Sollgewicht auf.» erhält man ebenfalls mithilfe der Wahrscheinlichkeit des Gegenereignisses und der Binomialsummenfunktion:

frv.tv/ck

$$P(B) = P(X \geqslant 47) = 1 - P(X \leqslant 46) = 1 - F_{50;\,0,98}(46) \approx 1 - 0,0178 = 0,9822 = 98,22\,\%$$

Die Wahrscheinlichkeit, dass in der Lieferung mindestens 47 Brote keine Abweichung vom Sollgewicht aufweisen, beträgt etwa $98,22\,\%$.

2. Den Erwartungswert E^* des Brotgewichts Y für die neue Maschine erhält man, indem man die jeweiligen Brotgewichte mit den entsprechenden Wahrscheinlichkeiten multipliziert und die Ergebnisse addiert:

$$\begin{aligned} E^*(Y) &= 497 \cdot 0,001 + 498 \cdot 0 + 499 \cdot 0,01 + 500 \cdot 0,98 + 501 \cdot 0,005 + 502 \cdot 0,004 + 503 \cdot 0 \\ &= 500 \end{aligned}$$

Der Erwartungswert von Y für die neue Maschine beträgt somit auch 500.
Die Standardabweichung σ^* von Y erhält man, indem man zuerst die Varianz $V^*(Y)$ bestimmt:

$$V^*(Y) = 0,001 \cdot (497-500)^2 + 0,01 \cdot (499-500)^2 + 0,005 \cdot (501-500)^2 + 0,004 \cdot (502-500)^2 = 0,04$$

Die zugehörige Standardabweichung erhält man, indem man aus der Varianz die Wurzel zieht:

$$\sigma^* = \sqrt{V^*(Y)} = \sqrt{0,04} = 0,2$$

Die Standardabweichung von Y für die neue Maschine beträgt 0, 2.
Beide Maschinen haben den gleichen Erwartungswert von Y in Höhe von 500. Da die Standardabweichung von Y der neuen Maschine etwas kleiner ist als die Standardabweichung von Y der alten Maschine, d.h. dass die Streuung um den Sollwert von 500 etwas kleiner ist, würde die Anschaffung der neuen Maschine eine kleine Verbesserung in Bezug auf die Einhaltung des Sollgewichts bewirken.

3.1 Bezeichnet man mit f: Verpackung ist fehlerhaft, mit $\overline{\text{f}}$: Verpackung ist ordnungsgemäß, mit s: Brot wird aussortiert und mit $\overline{\text{s}}$: Brot wird nicht aussortiert, so kann man anhand der gegebenen Daten folgende Wahrscheinlichkeiten bestimmen:
Da 2% der Brote nicht ordnungsgemäß, also fehlerhaft, verpackt werden, gilt: $P(f) = 0,02$.
Damit erhält man mithilfe der Wahrscheinlichkeit des Gegenereignisses:

$$P(\overline{f}) = 1 - 0,02 = 0,98$$

Da die Warenausgangskontrolle mit einer Wahrscheinlichkeit von 3% ein fehlerhaft verpacktes Brot passieren lässt, gilt: $P_f(\overline{s}) = 0,03$.
Daher erhält man mithilfe der Wahrscheinlichkeit des Gegenereignisses:

$$P_f(s) = 1 - 0,03 = 0,97$$

Da mit einer Wahrscheinlichkeit von 4% ein ordnungsgemäß verpacktes Brot fälschlicherweise aussortiert wird, gilt:

$$P_{\overline{f}}(s) = 0,04$$

Durch Berechnung der Wahrscheinlichkeit des Gegenereignisses ergibt sich:

$$P_{\overline{f}}(\overline{s}) = 1 - 0,04 = 0,96$$

Das entsprechende Baumdiagramm hat folgendes Aussehen:

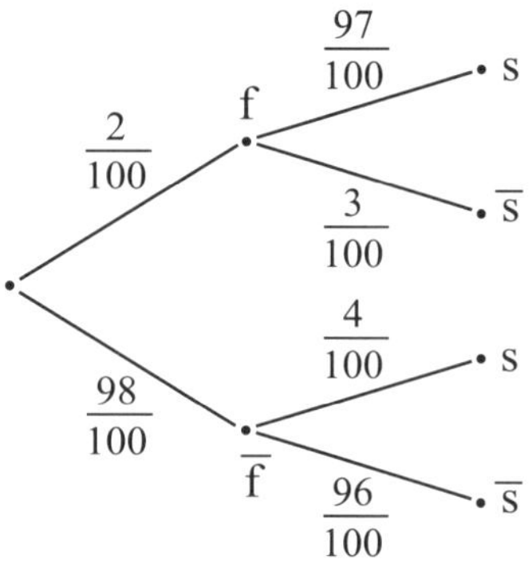

Zur Erstellung einer Vierfeldertafel kann man $P(f) = 0{,}02$ und $P(\overline{f}) = 1 - 0{,}02 = 0{,}98$ direkt eintragen.
Mithilfe der bedingten Wahrscheinlichkeiten ergibt sich:

$$P(f \cap \overline{s}) = P(f) \cdot P_f(\overline{s}) = 0{,}02 \cdot 0{,}03 = 0{,}0006$$
$$P(\overline{f} \cap s) = P(\overline{f}) \cdot P_{\overline{f}}(s) = 0{,}98 \cdot 0{,}04 = 0{,}0392$$

Trägt man diese Wahrscheinlichkeiten in eine Vierfeldertafel ein, kann man durch Summen- und Differenzenbildung die Vierfeldertafel vervollständigen:

	s	$\overline{\text{s}}$	
f	0,0194	0,0006	0,02
$\overline{\text{f}}$	0,0392	0,9408	0,98
	0,0586	0,9414	1

3.2 Die Wahrscheinlichkeit, dass die Verpackung eines aussortierten Brotes tatsächlich fehlerhaft ist, erhält man mithilfe der bedingten Wahrscheinlichkeit:

$$P_s(f) = \frac{P(s \cap f)}{P(s)} = \frac{0{,}0194}{0{,}0586} \approx 0{,}3311$$

Die gesuchte Wahrscheinlichkeit beträgt etwa $33{,}11\,\%$.

3.3 Zum Testen der Nullhypothese: $H_0\colon p \leqslant 0{,}02$ legt man X als Zufallsvariable für die Anzahl der fehlerhaft verpackten Brote fest. X ist binomialverteilt mit den Parametern $n = 100$ und $p = 0{,}02$.

Da die Großbäckerei vermutet, dass sich der Anteil der fehlerhaft verpackten Brote erhöht hat, lautet die Alternativhypothese: $H_1 : p > 0{,}02$. Wegen $H_1 : p > 0{,}02$ handelt es sich um einen rechtsseitigen Test mit dem Ablehnungsbereich $\overline{A} = \{k, ..., 100\}$ und dem Signifikanzniveau $\alpha \leqslant 5\,\%$. Es ist also ein minimales $k \in \mathbb{N}$ so zu bestimmen, dass die

Wahrscheinlichkeit, dass X einen Wert zwischen k und 100 annimmt, kleiner als α ist, d.h. dass gilt: $P\left(X \in \overline{A}\right) \leqslant \alpha$ bzw. $P(X \geqslant k) \leqslant \alpha$. Mithilfe der Wahrscheinlichkeit des Gegenereignisses und der Tabelle der kumulierten Binomialverteilung oder des Taschenrechners ergibt sich:

frv.tv/cl

$$\begin{aligned} P(X \geqslant k) &\leqslant \alpha \\ 1 - P(X \leqslant k-1) &\leqslant 0{,}05 \\ 0{,}95 &\leqslant P(X \leqslant k-1) \end{aligned}$$

Es ist:

$$\begin{aligned} P(X \leqslant 5) &= F_{100;\,0{,}02}(5) \approx 0{,}9845 \\ P(X \leqslant 4) &= F_{100;\,0{,}02}(4) \approx 0{,}9492 \end{aligned}$$

Somit ist $k-1=5 \Rightarrow k=6$ das minimale k und man erhält den Ablehnungsbereich der Nullhypothese: $\overline{A} = \{6, ..., 100\}$.
Damit ergibt sich folgende Entscheidungsregel:
Wenn unter den 100 untersuchten Broten mindestens 6 fehlerhaft verpackt sind, ist die Nullhypothese zu verwerfen. Da nur vier fehlerhaft verpackte Brote gefunden werden, wird die Nullhypothese nicht verworfen. Damit ist die Entscheidung der Großbäckerei gerechtfertigt.

Abitur 2017

Tipps ab Seite 230, Lösungen ab Seite 236

Landesabitur 2017 Mathematik (WTR) Grundkurs
Analysis Vorschlag A1

Die kanadische Wasserpest ist eine krautartige Pflanze, die auch in hessischen Seen weit verbreitet ist.

1 Die Wachstumsgeschwindigkeit einer solchen Pflanze (in cm/Tag) soll näherungsweise durch die Funktion w mit

$$w(t) = \frac{1}{1350}t \cdot (t-45)^2 = \frac{1}{1350}t^3 - \frac{1}{15}t^2 + \frac{3}{2}t \text{ für } 0 \leqslant t \leqslant 45$$

beschrieben werden, wobei t die Zeit in Tagen nach Beobachtungsbeginn angibt.

1.1 Berechnen Sie die Nullstellen der Funktion w sowie die Extrem- und Wendepunkte des Graphen von w ohne Beachtung der Einschränkung des Definitionsbereichs. **(11 BE)**

1.2 Zeichnen Sie den Graphen von w im Intervall $[0; 45]$ in ein geeignetes Koordinatensystem. **(4 BE)**

1.3 Erläutern Sie die Bedeutung der Nullstellen und der Wendestelle von w im Sachzusammenhang. **(4 BE)**

1.4 Zeigen Sie unter Angabe einer Stammfunktion von w, dass

$$\frac{1}{45-15}\int_{15}^{45} w(t)\,\mathrm{d}t = w(30)$$

gilt, und erläutern Sie diese Gleichung im Sachzusammenhang. **(7 BE)**

2 Alternativ kann die Wachstumsgeschwindigkeit einer solchen Pflanze (in cm/Tag) durch eine Exponentialfunktion v mit

$$v(t) = a \cdot t \cdot e^{-b \cdot t} \; (a, b > 0) \text{ für } 0 \leqslant t \leqslant 45$$

beschrieben werden, wobei t die Zeit in Tagen nach Beobachtungsbeginn angibt.

2.1 Erläutern Sie die Bedeutung der Zeilen (I) und (II) im unten stehenden Kasten für das Wachstumsverhalten der Pflanze.

$v(t) = a \cdot t \cdot e^{-b \cdot t}$ $(a, b > 0)$
(I) $v(15) = 10$
(II) $v'(15) = 0$ und $v''(15) < 0$

(4 BE)

2.2 Bestätigen Sie rechnerisch, dass die Gleichungen $v(15) = 10$ und $v'(15) = 0$ durch die Wahl der Parameter $a = \frac{2e}{3}$ und $b = \frac{1}{15}$ erfüllt werden.

(6 BE)

3 Im Folgenden soll für die Funktion v aus Aufgabe 2 gelten: $a = \frac{2e}{3}$ und $b = \frac{1}{15}$.
Ein Biologe beobachtet, dass ein Spross der Pflanze, der zum Zeitpunkt $t = 0$ zu wachsen beginnt, nach 45 Tagen eine Länge von $2{,}5\,\mathrm{m}$ erreicht. Bestimmen Sie für beide Funktionen w und v jeweils, welche Länge sich nach 45 Tagen ergibt.
Beurteilen Sie, ob die Funktionen w und v hinsichtlich der Beobachtung des Biologen das Wachstum der Pflanze korrekt beschreiben.

(4 BE)

Tipps ab Seite 231, Lösungen ab Seite 240

Landesabitur 2017 Mathematik (WTR) Grundkurs
Analysis Vorschlag A2

In Herr Maiers Garten steht ein Kirschbaum. Beim Einpflanzen hatte der Baum eine Höhe von 2 Metern.
7 Jahre nach dem Einpflanzen ist er 5 Meter hoch.
Zur Modellierung seines Wachstums soll die Höhe des Kirschbaums durch eine Funktion in Abhängigkeit von der Zeit t beschrieben werden. Dazu werden die Funktionen h und g vorgeschlagen mit $h(t) = 6 - 4 \cdot e^{-0,2 \cdot t}$ und $g(t) = 2 + \frac{3}{7}t$.
Dabei werden t in Jahren seit dem Einpflanzzeitpunkt und $h(t)$ bzw. $g(t)$ in Metern angegeben. Für die Modellierungen gilt jeweils $t \geqslant 0$. Für die Aufgaben 1.1 und 2 soll diese Einschränkung des Definitionsbereichs nicht gelten.

1.1 Im Koordinatensystem in Material 1 ist der Graph von h abgebildet.
Zeichnen Sie zusätzlich den Graphen von g in dieses Koordinatensystem. **(2 BE)**

1.2 Beschreiben Sie anhand der Graphen von g und h jeweils den Verlauf der Steigung. Begründen Sie im Sachzusammenhang ohne weitere Rechnung, warum die Funktion h für die Modellierung des Wachstums des Kirschbaums auf lange Sicht besser geeignet ist als die Funktion g. **(4 BE)**

2.1 Begründen Sie anhand des Funktionsterms der Funktion h, dass sich die Höhe des Baums langfristig dem Wert von 6 m immer mehr nähert, ohne ihn jedoch zu erreichen bzw. zu überschreiten. **(3 BE)**

2.2 Berechnen Sie für die Modellierung mit der Funktion h den Zeitpunkt t, zu dem die Höhe des Kirschbaums 90% des Werts aus Aufgabe 2.1 erreicht. **(4 BE)**

2.3 Bestimmen Sie die Gleichung der Ableitungsfunktion h'.
Geben Sie den Wert von $h'(4)$ an und deuten Sie diesen im Sachzusammenhang.
(5 BE)

3 In Material 2 wird der Graph der Funktion f_1 mit $f_1(t) = e^{0,2 \cdot t}$ schrittweise durch jeweils eine der geometrischen Abbildungen Streckung in y-Richtung, Verschiebung in y-Richtung, Spiegelung an der x-Achse und Spiegelung an der y-Achse in den Graphen der Funktion h überführt.
Geben Sie die Funktionsgleichungen von f_2, f_3 und f_4 zu den zugehörigen Graphen an.
(6 BE)

Landesabitur 2017 Mathematik (WTR) Grundkurs
Analysis Vorschlag A2

4.1 Berechnen Sie den Flächeninhalt der Fläche, die zwischen dem Graphen von h und der t-Achse im Intervall $[0; 7]$ liegt.
[zur Kontrolle: A $\approx 26{,}93$ (Flächeneinheiten)]

(5 BE)

4.2 Zeichnen Sie die Fläche aus Aufgabe 4.1 in das Koordinatensystem (5) in Material 2 sowie die Fläche, die zwischen der Geraden $y = 6$ und dem Graphen der Funktion f_3 im Intervall $[0; 7]$ liegt, in das Koordinatensystem (3) in Material 2.
Beide Flächen haben denselben Flächeninhalt.
Bestimmen Sie den Integralwert $\int_0^7 f_3(t)\,\mathrm{d}t$ mithilfe dieser Flächen unter Verwendung des Ergebnisses aus Aufgabe 4.1.

(6 BE)

4.3 Berechnen Sie den Wert $\mathrm{I} = \frac{1}{5} \cdot \int_0^5 \mathrm{h}'(\mathrm{t})\,\mathrm{d}\mathrm{t}$ und deuten Sie diesen im Sachzusammenhang.

(5 BE)

Material 1

$h(t) = 6 - 4 \cdot e^{-0{,}2 \cdot t}$

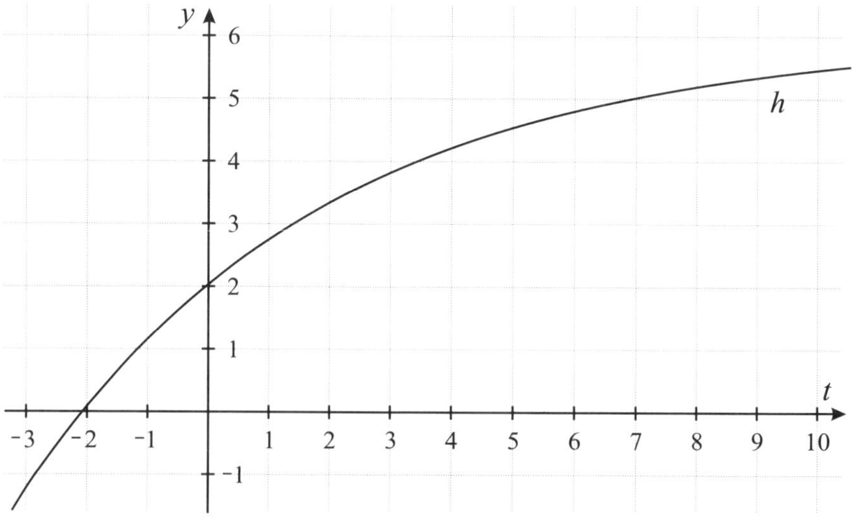

Material 2

(1): $f_1(t) = e^{0,2 \cdot t}$

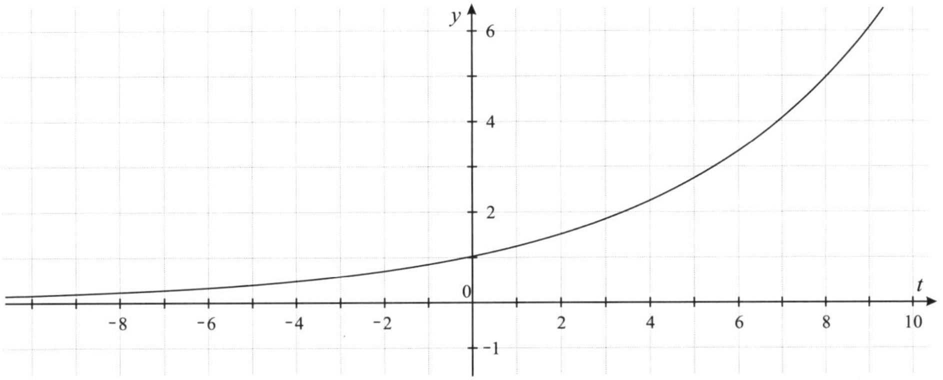

(2): $f_2(t) = \ldots$

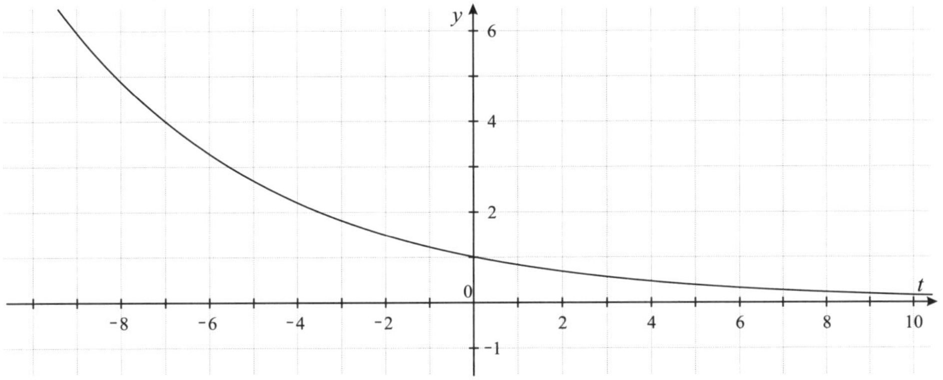

(3): $f_3(t) = \ldots$

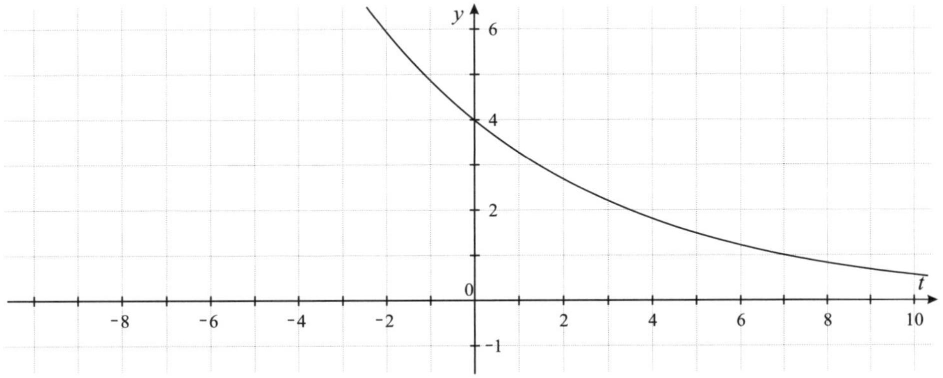

(4): $f_4(t) = \ldots$

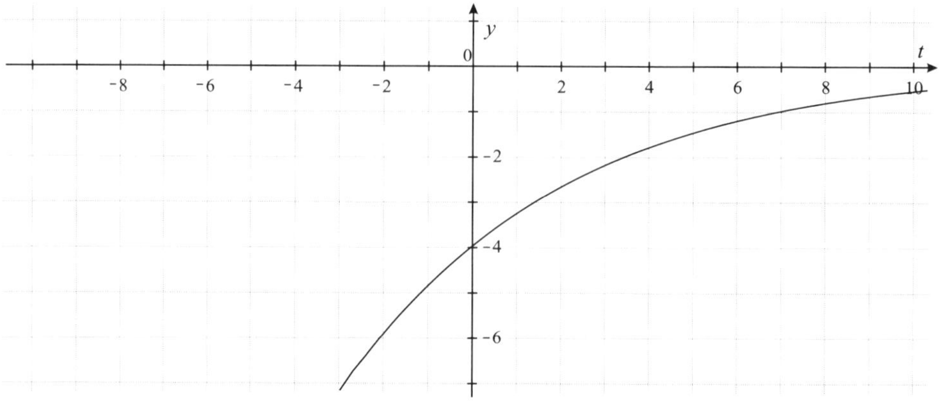

(5): $h(t) = 6 - 4 \cdot e^{-0{,}2 \cdot t}$

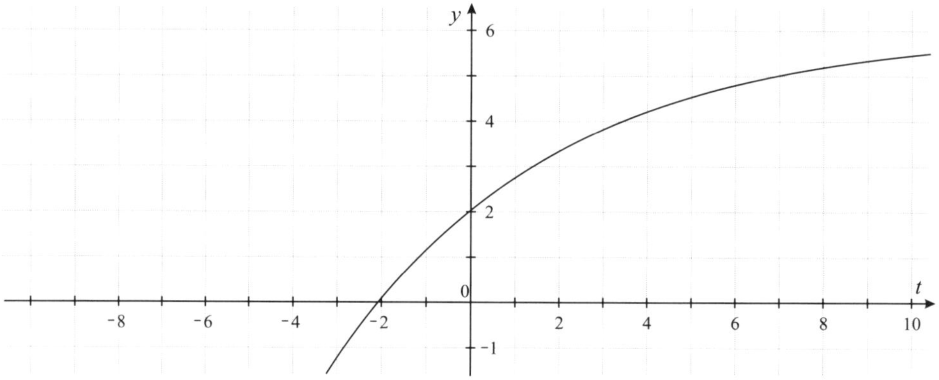

Tipps ab Seite 232, Lösungen ab Seite 243

Landesabitur 2017 Mathematik (WTR/GTR/CAS) Grundkurs
Lineare Algebra/Analytische Geometrie Vorschlag B1

In einem dreidimensionalen Koordinatensystem beschreibt die x-y-Ebene eine flache Landschaft. Eine Einheit entspricht dabei einem Kilometer. Ein Sportflugzeug befindet sich im Punkt $P(-9 \mid 25 \mid 2)$ und fliegt geradlinig in Richtung des Punktes $Q(-1 \mid 9 \mid 2)$ auf eine Nebelwand zu. Für die Strecke PQ benötigt es genau sechs Minuten. Die dem Flugzeug zugewandte Begrenzungsebene E der Nebelwand enthält die Punkte $A(1 \mid 3 \mid 1)$, $B(5 \mid 2 \mid 0)$ und $C(3 \mid 0 \mid 3)$.

1 Begründen Sie, dass $\vec{x} = \begin{pmatrix} -9 \\ 25 \\ 2 \end{pmatrix} + t \cdot \begin{pmatrix} 1 \\ -2 \\ 0 \end{pmatrix}$ eine Parametergleichung der Geraden g ist, in der die Flugroute liegt.
Berechnen Sie die mittlere Geschwindigkeit des Flugzeuges auf dem Weg von P nach Q in km/h.

(6 BE)

2 Bestimmen Sie für die Ebene E eine Gleichung in Koordinatenform.
[zur Kontrolle: Eine mögliche Koordinatengleichung von E ist $x + 2y + 2z = 9$.]

(5 BE)

3 Berechnen Sie die Koordinaten des Punktes S, in dem das Flugzeug bei gleichbleibender Flugrichtung die dem Flugzeug zugewandte Begrenzungsebene der Nebelwand durchstoßen würde.
[zur Kontrolle: $S(3 \mid 1 \mid 2)$] **(4 BE)**

4 Erläutern Sie die Zeilen (I) bis (V) im Sachzusammenhang.

(I) $S(3 \mid 1 \mid 2)$ $T(-9+t \mid 25-2t \mid 2)$

(II) $d = \sqrt{(-9+t-3)^2 + (25-2t-1)^2 + (2-2)^2} = \sqrt{5t^2 - 120t + 720}$

(III) $\sqrt{5t^2 - 120t + 720} = 5\,(\text{km})$
also ist $t_1 = 12 + \sqrt{5} \approx 14{,}2$ und $t_2 = 12 - \sqrt{5} \approx 9{,}8$

(IV) $t_2 < t_1$, also ist t_2 die gesuchte Lösung

(V) Ergebnis: $T_2\left(3 - \sqrt{5} \mid 1 + 2\sqrt{5} \mid 2\right)$ **(7 BE)**

5 Aufgrund des Nebels ändert der Pilot rechtzeitig seine Flugroute und fliegt in gleichbleibender Höhe parallel zur Ebene E weiter.

Erläutern Sie, warum $\vec{u} = \begin{pmatrix} 2 \\ -1 \\ 0 \end{pmatrix}$ ein möglicher Richtungsvektor der Geraden ist, die die neue Flugroute enthält.

Berechnen Sie den Winkel, um den die neue Flugroute in Richtung des Vektors $\vec{u}$ gegenüber der alten Flugroute abweicht.

(8 BE)

Tipps ab Seite 233, Lösungen ab Seite 247

Landesabitur 2017 Mathematik (WTR/GTR/CAS) Grundkurs
Lineare Algebra/Analytische Geometrie Vorschlag B2

Ein alter Kirchturm (ähnlich dem Kirchturm in Unterloibach (Österreich), siehe nebenstehende Abbildung) hat die Form eines Quaders mit quadratischer Grundfläche und einer aufgesetzten Pyramide. Die Spitze dieser Pyramide befindet sich senkrecht über dem Mittelpunkt ihrer Grundfläche.

http://de.wikipedia.org/wiki/Filialkirche_Unterloibach
(abgerufen am 1.7.2017)

1 Die Kanten der Grundfläche des betrachteten Kirchturms sind 6 m lang, die Höhe des Pyramidendachs beträgt ebenfalls 6 m. Insgesamt ist der Turm 18 m hoch.

1.1 Zeichnen Sie den Kirchturm in das Koordinatensystem im Material und beschriften Sie die Zeichnung gemäß den folgenden Vorgaben:
Die Eckpunkte der Grundfläche des Kirchturms sollen mit A, B, C und D bezeichnet werden.
Der Eckpunkt A liegt im Koordinatenursprung. Der Eckpunkt B soll auf der positiven x-Achse und der Eckpunkt D auf der positiven y-Achse liegen.
Die Eckpunkte des Bodens des Pyramidendachs sollen entsprechend mit E, F, G und H bezeichnet werden, wobei der Eckpunkt E über dem Eckpunkt A liegt. Die Spitze des Dachs liegt im Punkt $S(3 \mid 3 \mid 18)$.
Geben Sie die Koordinaten der Eckpunkte C und F des Turms an.

(4 BE)

1.2 Der Kirchturm soll saniert werden. Dazu wird unter anderem das Dach neu eingedeckt. Berechnen Sie den Flächeninhalt der Dachfläche.

(3 BE)

2 Zur Stabilisierung des Dachs sollen im Dachraum zwei Stützbalken eingezogen werden, deren Dicke bei den folgenden Betrachtungen vernachlässigt wird.

2.1 Der erste Stützbalken soll die Mitte M(3 | 0 | 12) der Dachbodenkante $\overline{EF}$ mit der gegenüberliegenden Dachfläche mit den Eckpunkten G(6 | 6 | 12), H(0 | 6 | 12) und S(3 | 3 | 18) verbinden und orthogonal zur Dachfläche GHS verlaufen.

2.1.1 Geben Sie eine Parameterform der Ebene E_{GHS}, in der die Dachfläche mit den Eckpunkten G, H und S liegt, an und bestimmen Sie eine zugehörige Koordinatengleichung. [zur Kontrolle: Eine mögliche Koordinatengleichung lautet: $E_{GHS}: 2y + z = 24$.] **(5 BE)**

2.1.2 Erläutern Sie die Zeilen (1) bis (4) im nebenstehenden Kasten im Sachzusammenhang. Geben Sie die fehlende Rechnung in Zeile (3) an und bestimmen Sie das Ergebnis in Zeile (4).

(1) $g: \vec{x} = \begin{pmatrix} 3 \\ 0 \\ 12 \end{pmatrix} + r \cdot \begin{pmatrix} 0 \\ 2 \\ 1 \end{pmatrix}$

(2) $4r + 12 + r = 24 \Leftrightarrow r = \frac{12}{5}$

(3) $\ldots \Rightarrow \mathrm{P}\left(3 \mid \frac{24}{5} \mid \frac{72}{5}\right)$

(4) $\left|\begin{pmatrix} 0 \\ \frac{24}{5} \\ \frac{12}{5} \end{pmatrix}\right| \approx \ldots$ **(8 BE)**

2.2 Der zweite Stützbalken soll den Eckpunkt H des Bodens des Pyramidendachs mit der Dachkante $\overline{FS}$ verbinden und orthogonal zur Dachkante $\overline{FS}$ verlaufen.
Ein Richtungsvektor der Geraden k, auf der der zweite Stützbalken liegt, ist

$$\vec{u} = \begin{pmatrix} 1 \\ -1 \\ 1 \end{pmatrix}.$$

Prüfen Sie, ob sich die beiden Stützbalken schneiden. **(8 BE)**

3 Zum jährlichen Kirchweihfest wird immer ein sogenannter Kirmesbaum aufgestellt, dessen unteres Ende im Punkt Q(24 | 4 | 0) befestigt ist. In diesem Jahr ist der Kirmesbaum 10 m hoch.
Zu einem bestimmten Zeitpunkt fallen die Sonnenstrahlen in Richtung des Vektors

$$\vec{v} = \begin{pmatrix} -9 \\ -1 \\ -1 \end{pmatrix} \text{ ein.}$$

Begründen Sie, dass der Schattenpunkt der Kirmesbaumspitze zu diesem Zeitpunkt auf eine Seitenfläche des Turms trifft, und geben Sie die Eckpunkte dieser Seitenfläche sowie die Koordinaten des Schattenpunkts der Kirmesbaumspitze an. **(5 BE)**

Material

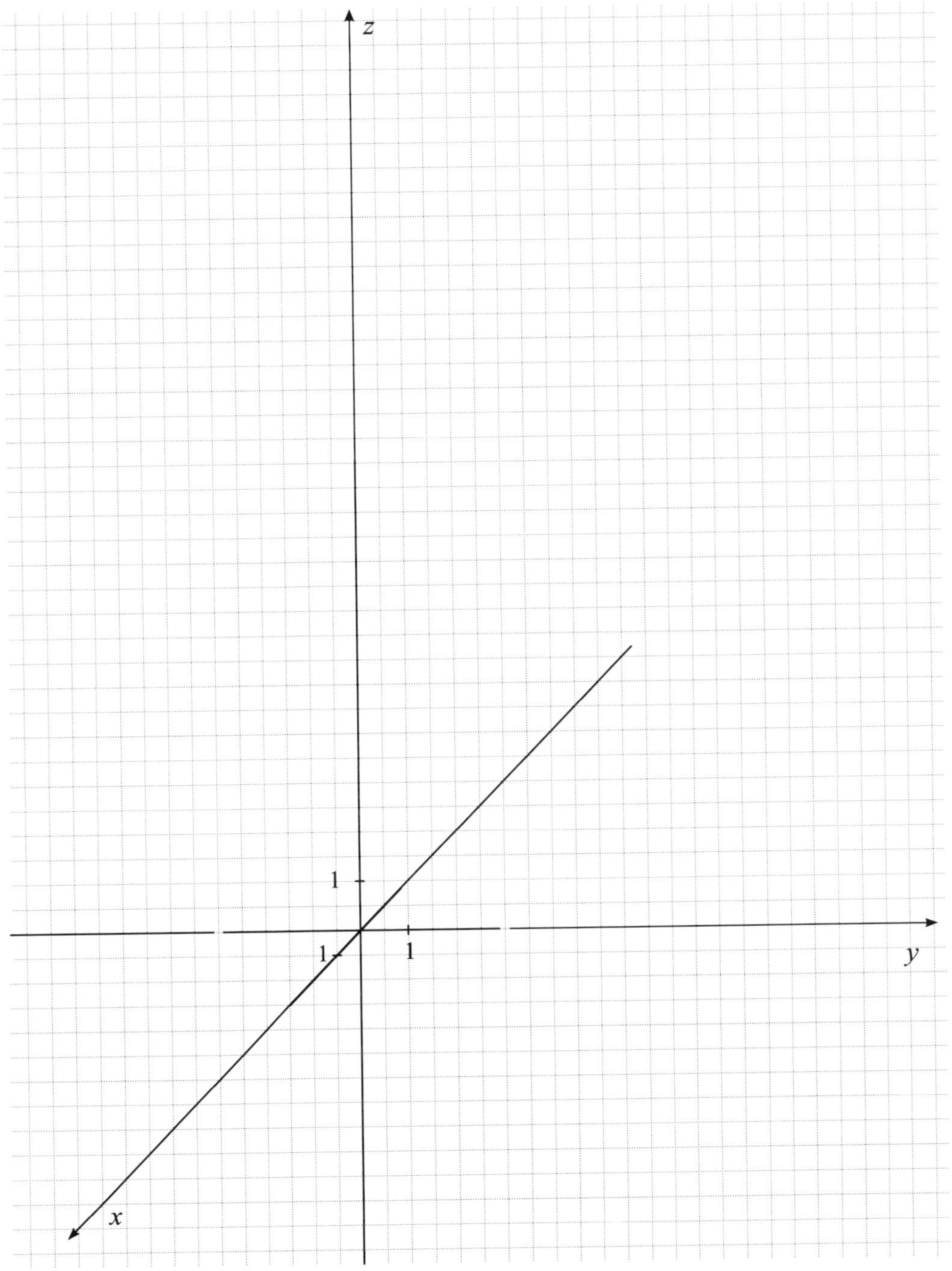

Tipps ab Seite 234, Lösungen ab Seite 252

Landesabitur 2017 Mathematik (WTR/GTR/CAS) Grundkurs
Stochastik Vorschlag C

1 20% aller Pkw eines bestimmten Herstellers sind Dieselfahrzeuge. Die Anzahl der Dieselfahrzeuge in einer Stichprobe soll modellhaft als binomialverteilt angenommen werden. 25 Pkw des Herstellers werden zufällig ausgewählt, davon sind drei rot.
Die Merkmale «rot» und «Dieselfahrzeug» treten unabhängig voneinander auf.

1.1 Bestimmen Sie unter Angabe einer geeigneten Zufallsgröße für folgende Ereignisse jeweils die Wahrscheinlichkeit:
A: «Unter den ausgewählten Pkw sind genau acht Dieselfahrzeuge.»
B: «Unter den ausgewählten Pkw sind mindestens fünf Dieselfahrzeuge.» **(3 BE)**

1.2 Von den 25 ausgewählten Pkw sind genau fünf Dieselfahrzeuge. Bestimmen Sie die Wahrscheinlichkeit dafür, dass die drei roten Pkw Dieselfahrzeuge sind. **(3 BE)**

1.3 Berechnen Sie, wie groß die Anzahl zufällig ausgewählter Pkw des Herstellers mindestens sein muss, damit die Wahrscheinlichkeit dafür, dass unter diesen mindestens ein Dieselfahrzeug ist, mindestens 95% beträgt. **(5 BE)**

2 80% der Dieselfahrzeuge und 90% der übrigen Pkw des Herstellers aus Aufgabe 1 haben eine Leistung von mehr als 60 kW.

2.1 Stellen Sie den Sachverhalt in einem beschrifteten Baumdiagramm dar. **(3 BE)**

2.2 Berechnen Sie die Wahrscheinlichkeit dafür, dass die Leistung eines zufällig ausgewählten Pkw des Herstellers größer als 60 kW ist.
Bestimmen Sie die Wahrscheinlichkeit dafür, dass es sich bei einem zufällig ausgewählten Pkw des Herstellers mit einer Leistung von mehr als 60 kW um ein Dieselfahrzeug handelt. **(4 BE)**

3. In einem Werk des Pkw-Herstellers aus Aufgabe 1 produziert eine Maschine Ersatzteile. Durch einen Fehler in der Einstellung produzierte die Maschine einen Ausschussanteil (Anteil an unbrauchbaren Teilen) von mindestens 7%. Die Maschine wurde daraufhin gewartet und neu eingestellt. Es soll mit Hilfe eines geeigneten Hypothesentests überprüft werden, ob sich der Ausschussanteil der Maschine verringert hat. Dazu werden der Produktion zufällig 100 Ersatzteile entnommen. Die Anzahl der unbrauchbaren Teile in einer Stichprobe soll modellhaft als binomialverteilt angenommen werden.
Begründen Sie, dass es sich um einen linksseitigen Hypothesentest handelt.

Entwickeln Sie einen entsprechenden Test auf einem Signifikanzniveau von 5% und formulieren Sie eine Entscheidungsregel im Sachzusammenhang. **(6 BE)**

4 Betrachtet werden binomialverteilte Zufallsgrößen, die für eine Trefferwahrscheinlichkeit p mit $0 \leqslant p \leqslant 1$ die Anzahl der Treffer bei n Versuchen angeben. Die Standardabweichung der Zufallsgrößen ist 3.

4.1 Bestimmen Sie für eine Zufallsgröße mit einer Trefferwahrscheinlichkeit von 25% die zugehörige Anzahl der Versuche. **(3 BE)**

4.2 Zeigen Sie, dass es keinen Wert von p geben kann, für den die Anzahl der Versuche 9 ist. **(3 BE)**

Binomialsummenfunktion $F_{n;\,p}(k) = \sum_{i=0}^{k} \binom{n}{i} \cdot p^i \cdot (1-p)^{n-i}$ für $n = 100$

p =	**0,05**	**0,06**	**0,07**	**0,08**
k =				
0	0,0059	0,0021	0,0007	0,0002
1	0,0371	0,0152	0,0060	0,0023
2	0,1183	0,0566	0,0258	0,0113
3	0,2578	0,1430	0,0744	0,0367
4	0,4360	0,2768	0,1632	0,0903
5	0,6160	0,4407	0,2914	0,1799
6	0,7660	0,6064	0,4443	0,3032
7	0,8720	0,7483	0,5988	0,4471
8	0,9369	0,8537	0,7340	0,5926
9	0,9718	0,9225	0,8380	0,7720
10	0,9885	0,9624	0,9092	0,8243
11	0,9957	0,9832	0,9531	0,8972
12	0,9985	0,9931	0,9776	0,9442
13	0,9995	0,9974	0,9901	0,9718
14	0,9999	0,9991	0,9959	0,9867
15	1,0000	0,9997	0,9984	0,9942
16	1,0000	0,9999	0,9994	0,9976
17	1,0000	1,0000	0,9998	0,9991
18	1,0000	1,0000	0,9999	0,9997
19	1,0000	1,0000	1,0000	0,9999
20	1,0000	1,0000	1,0000	1,0000

Die Werte 1,0000 und 0,0000 bedeuten: Die angegebenen Wahrscheinlichkeiten sind gerundet 1,0000 bzw. 0,0000.

Tipps

Aufgabe A1 (WTR)

1.1 Die Nullstellen der Funktion w erhalten Sie, indem Sie die Gleichung $w(t) = 0$ nach t auflösen. Verwenden Sie den Satz vom Nullprodukt. Die Extrempunkte des Graphen von w erhalten Sie mit Hilfe der 1. und 2. Ableitung von w. Als notwendige Bedingung lösen Sie die Gleichung $w'(t) = 0$ nach t auf. Verwenden Sie die abc-Formel zur Lösung der quadratischen Gleichung. Setzen Sie die erhaltenen t-Werte in $w''(t)$ ein; falls das Ergebnis kleiner als Null ist, handelt es sich um einen Hochpunkt, falls es größer als Null ist um einen Tiefpunkt. Die zugehörigen y-Werte erhalten Sie, indem Sie die t-Werte in $w(t)$ einsetzen. Den Wendepunkt des Graphen von w erhalten Sie mit Hilfe der 2. und 3. Ableitung von w. Als notwendige Bedingung lösen Sie die Gleichung $w''(t) = 0$ nach t auf. Setzen Sie den erhaltenen t-Wert in $w'''(t)$ ein. Falls das Ergebnis ungleich Null ist, handelt es sich um einen Wendepunkt. Den zugehörigen y-Wert erhalten Sie, indem Sie den t-Wert in $w(t)$ einsetzen.

1.2 Um den Graphen von w im Intervall $[0;45]$ in ein geeignetes Koordinatensystem zu zeichnen, erstellen Sie eine Wertetabelle und verwenden die berechneten Extrem- und Wendepunkte.

1.3 Beachten Sie, dass $w(t)$ die Wachstumsgeschwindigkeit der Pflanze angibt und dass bei einer Wendestelle die Änderungsrate am extremsten ist.

1.4 Das angegebene Integral berechnen Sie mit Hilfe des Hauptsatzes der Differential- und Integralrechnung: $\int_a^b f(x)\,\mathrm{d}x = \mathrm{F}(b) - \mathrm{F}(a)$, wobei F eine Stammfunktion von f ist. Beachten Sie, dass $w(t)$ die Wachstumsgeschwindigkeit der Pflanze angibt und dass mit Hilfe des angegebenen Integrals ein Mittelwert berechnet wird.

2.1 Beachten Sie, dass auch $v(t)$ die Wachstumsgeschwindigkeit der Pflanze angibt und überlegen Sie, ob mit Zeile (II) ein Minimum oder ein Maximum berechnet wird.

2.2 Setzen Sie $a = \frac{2e}{3}$ und $b = \frac{1}{15}$ in $v(t) = a \cdot t \cdot e^{-b \cdot t}$ ein und bestimmen Sie die 1. Ableitung von $v(t)$ mit der Produkt- und Kettenregel. Um rechnerisch zu bestätigen, dass $v(15) = 10$ und $v'(15) = 0$ gilt, setzen Sie $t = 15$ in $v(t)$ und $v'(t)$ ein.

3 Die Länge der Pflanze nach 45 Tagen erhalten Sie jeweils mit Hilfe eines Integrals, da $v(t)$ und $w(t)$ jeweils die Wachstumsgeschwindigkeit angeben. Verwenden Sie den Taschenrechner. Vergleichen Sie die rechnerisch erhaltenen Längen mit der beobachteten Länge des Biologen.

Aufgabe A2 (WTR)

1.1 Beachten Sie, dass der Graph von g eine Gerade ist. Bestimmen Sie zum Einzeichnen von g anhand der gegebenen Gleichung den y-Achsenabschnitt d und die Steigung m.

1.2 Beachten Sie, dass eine Gerade immer die gleiche Steigung hat, während sich bei einer Kurve die Steigung (der Tangenten) dauernd ändert und dass die Steigung im Sachzusammenhang die Wachstumsgeschwindigkeit beschreibt. Überlegen Sie, was dies für die jeweiligen Funktionen für die Höhe des Kirschbaumes bedeutet.

2.1 Beachten Sie, dass $e^{-0,2\cdot t}$ für $t \to \infty$ gegen Null geht und überlegen Sie, was dies für den Funktionsterm von h bedeutet.

2.2 Bestimmen Sie 90% von 6 m. Den Zeitpunkt t, zu dem der Kirschbaum die gewünschte Höhe erreicht, erhalten Sie, indem Sie die Gleichung $h(t) = 0{,}9 \cdot 6$ durch Logarithmieren nach t auflösen.

2.3 Die Gleichung der Ableitungsfunktion h' erhalten Sie mit Hilfe der Kettenregel. Setzen Sie $t = 4$ in $h'(t)$ ein und beachten Sie, dass h' die Wachstumsgeschwindigkeit des Kirschbaums beschreibt.

3 Sie erhalten den Graphen von f_2, indem Sie den Graphen von f_1 an der y-Achse spiegeln. Sie erhalten den Graphen von f_3, indem Sie den Graphen von f_2 mit Faktor 4 in y-Richtung strecken. Sie erhalten den Graphen von f_4, indem Sie den Graphen von f_3 an der x-Achse spiegeln. Sie erhalten den Graphen von f_5, indem Sie den Graphen von f_4 um 6 LE nach oben in y-Richtung verschieben.

4.1 Den Flächeninhalt A der Fläche, die zwischen dem Graphen von h und der t-Achse im Intervall $[0; 7]$ liegt, erhalten Sie mit Hilfe eines Integrals. Verwenden Sie den Hauptsatz der Differential- und Integralrechnung.

4.2 Bezeichnen Sie die einzuzeichnenden Flächeninhalte mit A_1 und A_2. Beachten Sie, dass das gegebene Integral dem Flächeninhalt A_3 der Fläche zwischen dem Graphen von f_3 und der t-Achse entspricht. Überlegen Sie, wie diese Fläche A_3 mit Hilfe der eingezeichneten Flächen und einem Rechteck berechnet werden kann.

4.3 Den Wert $\mathrm{I} = \frac{1}{5} \cdot \int_0^5 \mathrm{h}'(\mathrm{t})\,\mathrm{dt}$ erhalten Sie mit Hilfe des Hauptsatzes der Differential- und Integralrechnung. Verwenden Sie als Stammfunktion von $h'(t)$ die Funktion $h(t)$. Beachten Sie, dass mit Hilfe dieses Integrals ein durchschnittlicher Wert berechnet wird und dass $h'(t)$ die Wachstumsgeschwindigkeit des Kirschbaums beschreibt.

Aufgabe B1 (WTR GTR CAS)

1 Die Gleichung der Geraden g, in der die Flugroute liegt, erhalten Sie mit Hilfe der Punkte P und Q. Die mittlere Geschwindigkeit $\bar{v}$ des Flugzeuges auf dem Weg von P nach Q erhalten Sie, indem Sie die Länge der Strecke $\overline{PQ}$ bestimmen und durch die benötigte Zeit (6 Minuten entspricht $\frac{1}{10}$ Stunde) teilen. Die Länge der Strecke $\overline{PQ}$ ergibt sich als Betrag des entsprechenden Verbindungsvektors.

2 Verwenden Sie beispielsweise A als Stützpunkt und die Vektoren $\overrightarrow{AB}$ und $\overrightarrow{AC}$ als zugehörige Spannvektoren. Einen Normalenvektor $\vec{n}$ von E erhalten Sie mit Hilfe des Vektorprodukts (siehe Seite 36) der Spannvektoren.
Alternativ können Sie $\vec{n}$ auch mit Hilfe des Skalarprodukts bestimmen. Da $\vec{n}$ sowohl auf $\overrightarrow{AB}$ als auch auf $\overrightarrow{AC}$ senkrecht steht, muss gelten: $\vec{n} \cdot \overrightarrow{AB} = 0$ und $\vec{n} \cdot \overrightarrow{AC} = 0$. Lösen Sie das zugehörige lineare Gleichungssystem.
Die Koordinatengleichung von E erhalten Sie dann, indem Sie $\vec{n}$ und die Koordinaten von A in die Ebenengleichung $n_x x + n_y y + n_z z = d$ einsetzen und d bestimmen.
Alternativ können Sie auch die Normalenform $(\vec{x} - \vec{a}) \cdot \vec{n} = 0$ verwenden.

3 Die Koordinaten des Punktes S erhalten Sie, indem Sie die Gerade g mit der Ebene E schneiden. Hierzu setzen Sie den allgemeinen Punkt P_t von g in die Koordinatengleichung von E ein und lösen die Gleichung nach t auf. Setzen Sie den erhaltenen t-Wert in P_t ein und Sie erhalten den Durchstoßpunkt S.

4 Beachten Sie, dass in Zeile (I) ein schon berechneter Punkt und ein allgemeiner Punkt gegeben sind.
Beachten Sie, dass in Zeile (II) der Abstand zweier Punkte berechnet wird.
Überlegen Sie, welche Bedeutung die Lösungen der Gleichung in Zeile (III) in Bezug auf das Flugzeug haben.
Beachten Sie, dass in Zeile (IV) wegen $t_2 < t_1$ nur der Punkt T_2, den man erhält, wenn man t_2 in T einsetzt, von Interesse ist und überlegen Sie, wo dieser in Bezug zur Nebelwand liegt.
Beachten Sie, dass in Zeile (V) das Ergebnis ein bestimmter Punkt mit einem bestimmten Abstand zur Nebelwand ist.

5 Beachten Sie, dass die z-Koordinate des Richtungsvektors der neuen Flugroute Null sein muss und das Skalarprodukt von $\vec{u}$ und dem Normalenvektor $\vec{n}$ der Ebene E Null ergeben muss, damit die Flugroute in gleichbleibender Höhe parallel zu E ist. Den Winkel α, um den die neue Flugroute in Richtung des Vektors $\vec{u}$ gegenüber der alten Flugroute abweicht, erhalten Sie mit der Formel $\cos\alpha = \frac{|\vec{u} \cdot \vec{v}|}{|\vec{u}| \cdot |\vec{v}|}$ für den Winkel zwischen zwei Geraden, wobei $\vec{v}$ der Richtungsvektor der alten Flugroute ist.

Aufgabe B2 (WTR GTR CAS)

1.1 Beachten Sie die Längenangaben sowie die anderen Vorgaben.

1.2 Den Flächeninhalt A der Dachfläche erhalten Sie, indem Sie den Flächeninhalt der vier Dreiecke bestimmen. Bestimmen Sie beispielsweise die Grundseite g und die Höhe h des Dreiecks FGS. Die Höhe h des Dreiecks FGS erhalten Sie mit Hilfe des Satzes des Pythagoras. Alternativ können Sie auch den Mittelpunkt M_1 der Seite FG bestimmen und den Abstand zu S berechnen. Den Flächeninhalt A_1 des Dreiecks FGS erhalten Sie mit der Formel $A_1 = \frac{g \cdot h}{2}$. Beachten Sie, dass die Dachfläche aus vier gleichgroßen Dreiecken besteht, die den gleichen Flächeninhalt wie das Dreieck FGS haben.

2.1.1 Verwenden Sie G als Stützpunkt und die Vektoren $\overrightarrow{GH}$ und $\overrightarrow{GS}$ als zugehörige Spannvektoren. Einen Normalenvektor $\vec{n}$ von E_{GHS} erhalten Sie mit Hilfe des Vektorprodukts (siehe Seite 36) der Spannvektoren.
Alternativ können Sie $\vec{n}$ auch mit Hilfe des Skalarprodukts bestimmen; da $\vec{n}$ sowohl auf $\overrightarrow{GH}$ als auch auf $\overrightarrow{GS}$ senkrecht steht, muss gelten: $\vec{n} \cdot \overrightarrow{GH} = 0$ und $\vec{n} \cdot \overrightarrow{GS} = 0$. Lösen Sie das zugehörige lineare Gleichungssystem.
Die Koordinatengleichung von E_{GHS} erhalten Sie dann, indem Sie $\vec{n}$ und die Koordinaten von G in die Ebenengleichung $n_x x + n_y y + n_z z = d$ einsetzen und d bestimmen.
Alternativ können Sie auch die Normalenform $(\vec{x} - \vec{g}) \cdot \vec{n} = 0$ verwenden.

2.1.2 Überlegen Sie, wie die Gerade, die in Zeile (1) angegeben ist, verläuft und wie diese mit dem ersten Stützbalken zusammenhängt. Beachten Sie, dass in Zeile (2) ein allgemeiner Punkt P_r der Geraden g in die Koordinatengleichung der Ebene E_{GHS} eingesetzt wird und der Parameter r berechnet wird. Setzen Sie in Zeile (3) $r = \frac{12}{5}$ in g ein und überlegen Sie, welche Bedeutung der Punkt P in Bezug zu g und E_{GHS} hat. Überlegen Sie, welche Länge in Zeile (4) berechnet wird und verwenden Sie dazu die Formel für die Länge eines Vektors.

2.2 Bestimmen Sie mit Hilfe des Eckpunkts H und der Richtung $\vec{u}$ die Gleichung der Geraden k, auf der der zweite Stützbalken liegt. Um zu prüfen, ob sich die beiden Stützbalken schneiden, setzen Sie die beiden Geradengleichungen von g und k gleich und lösen das zugehörige lineare Gleichungssystem. Bei einer eindeutigen Lösung gibt es einen Schnittpunkt, bei einem Widerspruch gibt es keinen Schnittpunkt.

3 Bestimmen Sie anhand der Vorgaben die Koordinaten der Spitze K des Kirmesbaums. Beachten Sie, dass der Schattenpunkt K^* der Kirmesbaumspitze K auf der Sonnenstrahlgeraden g_S durch die Spitze K mit Richtungsvektor $\vec{v}$ liegt. Stellen Sie die Gleichung von g_S auf. Überlegen Sie anhand der Koordinaten von K und der Richtung $\vec{v}$ der Sonnenstrahlen, welche Fläche die Gerade g_S treffen muss. Bestimmen Sie die Gleichung der Ebene, in der diese Fläche liegt, und berechnen Sie den Schnittpunkt dieser Ebene mit g_S.

Aufgabe C (WTR GTR CAS)

1.1 Legen Sie X als binomialverteilte Zufallsgröße für die Anzahl der Dieselfahrzeuge mit den Parametern n und p fest. Die Wahrscheinlichkeit für das Ereignis A erhalten Sie mit Hilfe der Binomialverteilung unter Verwendung des Taschenrechners. Die Wahrscheinlichkeit für das Ereignis B erhalten Sie mit Hilfe der Wahrscheinlichkeit des Gegenereignisses und der kumulierten Binomialverteilung (Binomialsummenfunktion) unter Verwendung des Taschenrechners.

1.2 Die Wahrscheinlichkeit, dass die drei roten Pkw Dieselfahrzeuge sind, erhalten Sie mit Hilfe des Modells «Ziehen ohne Zurücklegen». Beachten Sie, dass sich dabei die Wahrscheinlichkeiten bei jedem Zug ändern und dreimal gezogen wird.

1.3 Legen Sie X als binomialverteilte Zufallsvariable für die Anzahl der Dieselfahrzeuge mit den Parametern n (unbekannt) und p fest. Stellen Sie eine Ungleichung auf und lösen Sie diese mit Hilfe der Wahrscheinlichkeit des Gegenereignisses unter Verwendung des Taschenrechners.
Alternativ können Sie die Ungleichung auch mit Hilfe der Bernoulli-Formel $P(X=k)=\binom{n}{k}\cdot p^k\cdot(1-p)^{n-k}$ und mit Hilfe der Wahrscheinlichkeit des Gegenereignisses durch Logarithmieren lösen.

2.1 Bezeichnen Sie beispielsweise mit D: «Ein zufällig ausgewählter Pkw ist ein Dieselfahrzeug.», mit $\overline{D}$: «Ein zufällig ausgewählter Pkw ist kein Dieselfahrzeug.», mit L: «Die Leistung eines zufällig ausgewählten Pkw ist größer als 60 kW.» und mit $\overline{L}$: «Die Leistung eines zufällig ausgewählten Pkw ist nicht größer als 60 kW.». Überlegen Sie, welche Prozentangaben auf den einzelnen Ästen des Baumdiagramms stehen, beachten Sie auch die Angaben aus Aufgabe 1.

2.2 Die Wahrscheinlichkeit, dass die Leistung eines zufällig ausgewählten Pkw des Herstellers größer als 60 kW ist, erhalten Sie mit Hilfe der Pfadregeln: $P(L)=P(DL)+P\left(\overline{D}L\right)$. Die Wahrscheinlichkeit, dass es sich bei einem zufällig ausgewählten Pkw des Herstellers mit einer Leistung von mehr als 60 kW um ein Dieselfahrzeug handelt, erhalten Sie mit Hilfe der bedingten Wahrscheinlichkeit: $P_L(D)=\frac{P(D\cap L)}{P(L)}$.

3 Bestimmen Sie anhand der Angabe, dass der Ausschussanteil bisher mindestens 7% betrug, die Nullhypothese: $H_0: p \geqslant \ldots$ sowie die Alternativhypothese: $H_1: p < \ldots$, da vermutet wird, dass sich der Ausschussanteil der Maschine verringert hat. Beachten Sie, dass es sich wegen $H_1: p < \ldots$ um einen linksseitigen Test mit dem Ablehnungsbereich $\overline{A}=\{0, \ldots, k\}$ und dem Signifikanzniveau $\alpha \leqslant 5\,\%$ handelt. Legen Sie X als binomialverteilte Zufallsvariable für die Anzahl der unbrauchbaren Teile mit den Parametern n und p fest. Bestimmen Sie mit Hilfe des Taschenrechners ein maximales $k \in \mathbb{N}$ so, dass die Wahrscheinlichkeit, dass X einen Wert zwischen 0 und k annimmt, kleiner als α ist, d.h. dass gilt:

$P(X \in \overline{A}) \leqslant \alpha$ bzw. $P(X \leqslant k) \leqslant \alpha$. Bestimmen Sie damit den Ablehnungsbereich $\overline{A}$ und formulieren Sie die Entscheidungsregel.

4.1 Bestimmen Sie die Trefferwahrscheinlichkeit p der binomialverteilten Zufallsgröße und verwenden Sie die Formel für die Standardabweichung: $\sigma = \sqrt{n \cdot p \cdot (1-p)}$ um die Gleichung $\sigma = 3$ nach n aufzulösen.

4.2 Um zu zeigen, dass es keinen Wert von p geben kann, für den die Anzahl der Versuche 9 ist, setzen Sie $n = 9$ in die Formel für die Standardabweichung $\sigma = \sqrt{n \cdot p \cdot (1-p)}$ ein und lösen die Gleichung $\sigma = 3$ nach p auf. Verwenden Sie für die entstandene quadratische Gleichung die *abc*-Formel. Falls die Zahl unter der Wurzel negativ ist, hat die Gleichung keine reelle Lösung.

Lösungen

Aufgabe A1 (WTR)

Es ist $w(t) = \frac{1}{1350}t \cdot (t-45)^2 = \frac{1}{1350}t^3 - \frac{1}{15}t^2 + \frac{3}{2}t$ für $0 \leqslant t \leqslant 45$ (t in Tagen nach Beobachtungsbeginn, $w(t)$ in cm/Tag).

1.1 Die Nullstellen der Funktion w erhält man, indem man die Gleichung $w(t) = 0$ nach t auflöst:

$$\frac{1}{1350}t \cdot (t-45)^2 = 0$$
$$t \cdot (t-45)^2 = 0$$

Mit Hilfe des Satzes vom Nullprodukt erhält man die Lösung $t_1 = 0$ und aus $(t-45)^2 = 0$ die Lösung $t_2 = 45$.
Somit hat die Funktion w die Nullstellen $t_1 = 0$ und $t_2 = 45$.
Die Extrempunkte des Graphen von w erhält man mit Hilfe der 1. und 2. Ableitung von w:

$$w'(t) = \frac{1}{450}t^2 - \frac{2}{15}t + \frac{3}{2}$$
$$w''(t) = \frac{1}{225}t - \frac{2}{15}$$

Als notwendige Bedingung löst man die Gleichung $w'(t) = 0$ nach t auf:

$$\frac{1}{450}t^2 - \frac{2}{15}t + \frac{3}{2} = 0$$

Mit Hilfe der *abc*-Formel oder des Taschenrechners erhält man die Lösungen $t_1 = 15$ und $t_2 = 45$.

frv.tv/ca

Setzt man $t_1 = 15$ und $t_2 = 45$ in $w''(t)$ ein, erhält man als hinreichende Bedingung:

$$w''(15) = \frac{1}{225} \cdot 15 - \frac{2}{15} = -\frac{1}{15} < 0 \Rightarrow \text{ Hochpunkt}$$
$$w''(45) = \frac{1}{225} \cdot 45 - \frac{2}{15} = \frac{1}{15} > 0 \Rightarrow \text{ Tiefpunkt}$$

Die zugehörigen y-Werte erhält man, indem man die t-Werte in $w(t)$ einsetzt:

$$y_1 = w(15) = \frac{1}{1350} \cdot 15^3 - \frac{1}{15} \cdot 15^2 + \frac{3}{2} \cdot 15 = 10$$
$$y_2 = w(45) = \frac{1}{1350} \cdot 45^3 - \frac{1}{15} \cdot 45^2 + \frac{3}{2} \cdot 45 = 0$$

Somit gibt es zwei Extrempunkte:
Einen Hochpunkt H(15 | 10) und einen Tiefpunkt T(45 | 0).

Den Wendepunkt des Graphen von w erhält man mit Hilfe der 2. und 3. Ableitung der Funktion w:

$$w''(t) = \frac{1}{225}t - \frac{2}{15}$$
$$w'''(t) = \frac{1}{225}$$

Als notwendige Bedingung löst man die Gleichung $w''(t) = 0$ nach t auf:

$$\frac{1}{225}t - \frac{2}{15} = 0 \Rightarrow t = 30$$

Setzt man $t = 30$ in $w'''(t)$ ein, ergibt sich:

$$w'''(30) = \frac{1}{225} \neq 0 \Rightarrow \text{Wendepunkt}$$

Den zugehörigen y-Wert erhält man, indem man den t-Wert in $w(t)$ einsetzt:

$$y = w(30) = \frac{1}{1350} \cdot 30^3 - \frac{1}{15} \cdot 30^2 + \frac{3}{2} \cdot 30 = 5$$

Somit hat der Wendepunkt W die Koordinaten $W(30 \mid 5)$.

1.2 Um den Graphen von w im Intervall $[0; 45]$ in ein geeignetes Koordinatensystem zu zeichnen, erstellt man eine Wertetabelle und vewendet die berechneten Nullstellen, Extrem- und Wendepunkte: $H(15 \mid 10)$, $T(45 \mid 0)$ und $W(30 \mid 5)$.

frv.tv/cf

t	0	5	10	15	20	25	30	35	40	45
$w(t)$	0	5,9	9,1	10	9,3	7,4	5	2,6	0,7	0

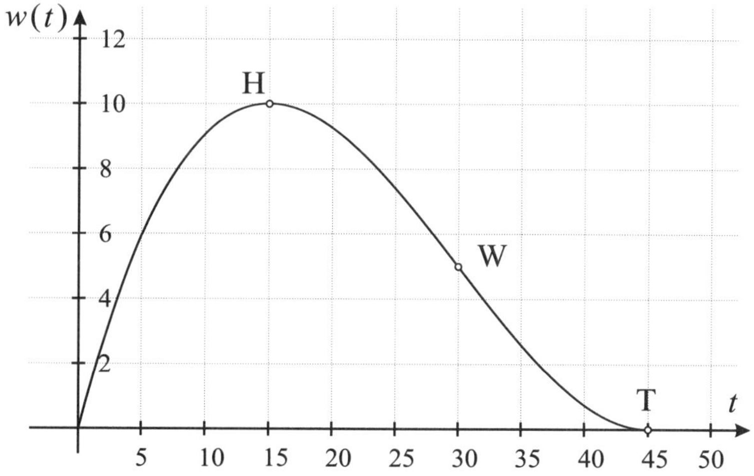

1.3 Da $w(t)$ die Wachstumsgeschwindigkeit der Pflanze angibt, wächst die Pflanze bei den Zeitpunkten $t_1 = 0$ und $t_2 = 45$ (Nullstellen) (noch) nicht bzw. nicht mehr.
Zum Zeitpunkt $t = 30$ (Wendestelle) nimmt die Wachstumsgeschwindigkeit der Pflanze am stärksten ab, da bei einer Wendestelle die Änderungsrate am extremsten ist.

1.4 Es ist $w(30) = 5$ (siehe Aufgabe 1.1).
Das angegebene Integral berechnet man mit Hilfe des Hauptsatzes der Differential- und Integralrechnung:

$$\begin{aligned} \frac{1}{45-15}\int_{15}^{45} w(t)\,\mathrm{d}t &= \frac{1}{45-15}\cdot\int_{15}^{45}\left(\frac{1}{1350}t^3-\frac{1}{15}t^2+\frac{3}{2}t\right)\mathrm{d}t \\ &= \frac{1}{30}\cdot\left[\frac{1}{5400}t^4-\frac{1}{45}t^3+\frac{3}{4}t^2\right]_{15}^{45} \\ &= \frac{1}{30}\cdot\left(\frac{1}{5400}\cdot 45^4-\frac{1}{45}\cdot 45^3+\frac{3}{4}\cdot 45^2-\left(\frac{1}{5400}\cdot 15^4-\frac{1}{45}\cdot 15^3+\frac{3}{4}\cdot 15^2\right)\right) \\ &= 5 \end{aligned}$$

Somit gilt:

$$\frac{1}{45-15}\int_{15}^{45} w(t)\,\mathrm{d}t = w(30)$$

Da $w(t)$ die Wachstumsgeschwindigkeit der Pflanze angibt, beträgt die Wachstumsgeschwindigkeit am 30. Tag nach Beobachtungsbeginn 5 cm/Tag.
Mit Hilfe des angegebenen Integrals berechnet man die mittlere Wachstumsgeschwindigkeit für den Zeitraum vom 15. bis zum 45. Tag nach Beobachtungsbeginn. Diese beträgt ebenfalls 5 cm/Tag, stimmt also mit der momentanen Wachstumsgeschwindigkeit am 30. Tag überein.

2.1 Es ist $v(t) = a\cdot t\cdot e^{-b\cdot t}$ $(a, b > 0)$ (t in Tagen nach Beobachtungsbeginn, $v(t)$ in cm/Tag).
Zeile (I) $v(15) = 10$ bedeutet, dass die Pflanze am 15. Tag nach Beobachtungsbeginn eine Wachstumsgeschwindigkeit von 10 cm/Tag hat.
Zeile (II) $v'(15) = 0$ und $v''(15) < 0$ bedeutet, dass die Wachstumsgeschwindigkeit am 15. Tag nach Beobachtungsbeginn am größten ist.

2.2 Setzt man $a = \frac{2e}{3}$ und $b = \frac{1}{15}$ in $v(t) = a\cdot t\cdot e^{-b\cdot t}$ ein, ergibt sich:

$$v(t) = \frac{2e}{3}\cdot t\cdot e^{-\frac{1}{15}\cdot t}$$

Die 1. Ableitung von $v(t)$ erhält man mit der Produkt- und Kettenregel:

$$v'(t) = \frac{2e}{3}\cdot e^{-\frac{1}{15}\cdot t}+\frac{2e}{3}\cdot t\cdot e^{-\frac{1}{15}\cdot t}\cdot\left(-\frac{1}{15}\right) = \left(\frac{2e}{3}-\frac{2e}{45}\cdot t\right)\cdot e^{-\frac{1}{15}\cdot t}$$

Um rechnerisch zu bestätigen, dass $v(15) = 10$ und $v'(15) = 0$ gilt, setzt man $t = 15$ in

$v(t)$ und $v'(t)$ ein:

$$v(15) = \frac{2e}{3} \cdot 15 \cdot e^{-\frac{1}{15}\cdot 15} = 10e \cdot e^{-1} = 10$$
$$v'(15) = \left(\frac{2e}{3} - \frac{2e}{45} \cdot 15\right) \cdot e^{-\frac{1}{15}\cdot 15} = 0 \cdot e^{-1} = 0$$

Somit gilt: $v(15) = 10$ und $v'(15) = 0$, falls $a = \frac{2e}{3}$ und $b = \frac{1}{15}$ sind.

3 Es ist $v(t) = \frac{2e}{3} \cdot t \cdot e^{-\frac{1}{15}\cdot t}$ und $w(t) = \frac{1}{1350}t^3 - \frac{1}{15}t^2 + \frac{3}{2}t$.
Die Länge der Pflanze nach 45 Tagen erhält man jeweils mit Hilfe eines Integrals, da $v(t)$ und $w(t)$ jeweils die Wachstumsgeschwindigkeit angeben. Unter Verwendung des Taschenrechners ergibt sich:

frv.tv/ce

$$L_1 = \int_0^{45} v(t)\,\mathrm{d}t = \int_0^{45} \left(\frac{2e}{3} \cdot t \cdot e^{-\frac{1}{15}\cdot t}\right) \mathrm{d}t \approx 326{,}54$$
$$L_2 = \int_0^{45} w(t)\,\mathrm{d}t = \int_0^{45} \left(\frac{1}{1350}t^3 - \frac{1}{15}t^2 + \frac{3}{2}t\right) \mathrm{d}t \approx 253{,}13$$

Da der Biologe eine Länge von 250 cm beobachtet, beschreibt die Funktion w das Wachstum der Pflanze fast korrekt, da sich bei der berechneten Länge nach 45 Tagen nur eine geringe Abweichung zur Beobachtung ergibt, während es bei der Funktion v eine deutlich größere Abweichung zur Beobachtung gibt.

Aufgabe A2 (WTR)

Es ist $h(t) = 6 - 4 \cdot e^{-0,2 \cdot t}$ und $g(t) = 2 + \frac{3}{7}t$ (t in Jahren seit dem Einpflanzzeitpunkt und $h(t)$ bzw. $g(t)$ in Metern).

1.1 Der Graph von g ist eine Gerade mit y-Achsenabschnitt $d = 2$ und Steigung $m = \frac{3}{7}$. Damit ergibt sich:

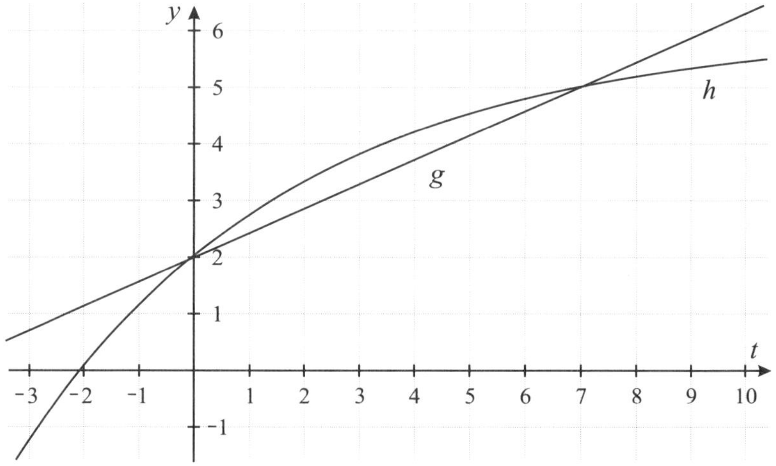

1.2 Der Graph von g hat immer die gleiche Steigung $m = \frac{3}{7}$. Die Steigung des Graphen von h nimmt mit zunehmendem t-Wert kontinuierlich ab und geht schließlich gegen Null.
Die Funktion h ist für die Modellierung des Wachstums des Kirschbaums auf lange Sicht besser geeignet als die Funktion g, da bei der Funktion g wegen der konstanten Steigung die Höhe des Baumes immmer weiter mit der gleichen Wachstumsgeschwindigkeit zunimmt, was im Sachzusammenhang unrealistisch ist. Die Höhe des Baumes nimmt bei der Funktion h aufgrund der abnehmenden Steigung immer langsamer zu und erreicht auf lange Sicht einen bestimmten Wert, die maximale Höhe des Baumes, was realistisch ist.

2.1 Für $t \to \infty$ geht $e^{-0,2 \cdot t}$ gegen Null, somit geht auch der Term $-4 \cdot e^{-0,2 \cdot t}$ gegen Null, ist aber stets kleiner als Null. Damit geht der Term $6 - 4 \cdot e^{-0,2 \cdot t}$ gegen 6 und ist stets kleiner als 6. Somit nähert sich die Höhe des Baums langfristig dem Wert von 6 m, ohne ihn jedoch zu erreichen bzw. zu überschreiten.

2.2 90% des Werts aus Aufgabe 2.1 (6 m) sind $0,9 \cdot 6 = 5,4$.
Den Zeitpunkt t, zu dem die Höhe des Kirschbaums den Wert von 5,4 m erreicht, erhält man, indem man die Gleichung $h(t) = 5,4$ durch Logarithmieren nach t auflöst:

$$6 - 4 \cdot e^{-0,2 \cdot t} = 5,4$$
$$0,6 = 4 \cdot e^{-0,2 \cdot t}$$
$$0,15 = e^{-0,2 \cdot t}$$

$$\ln(0{,}15) = -0{,}2 \cdot t$$
$$\frac{\ln(0{,}15)}{-0{,}2} = t$$
$$t \approx 9{,}5$$

Nach etwa 9,5 Jahren erreicht der Kirschbaum eine Höhe von 5,4m.

2.3 Die Gleichung der Ableitungsfunktion h' erhält man mit Hilfe der Kettenregel:

$$h'(t) = 0 - 4 \cdot e^{-0{,}2 \cdot t} \cdot (-0{,}2) = 0{,}8 \cdot e^{-0{,}2 \cdot t}$$

Setzt man $t = 4$ in $h'(t)$ ein, ergibt sich:

$$h'(4) = 0{,}8 \cdot e^{-0{,}2 \cdot 4} \approx 0{,}36$$

Da h' die Wachstumsgeschwindigkeit des Kirschbaums angibt, beträgt diese 4 Jahre nach dem Einpflanzen etwa 0,36 Meter pro Jahr.

3 Man erhält den Graphen von f_2, indem man den Graphen von f_1 an der y-Achse spiegelt, somit hat f_2 die Gleichung $f_2(t) = e^{-0{,}2 \cdot t}$.
Man erhält den Graphen von f_3, indem man den Graphen von f_2 mit Faktor 4 in y-Richtung streckt, somit hat f_3 die Gleichung $f_3(t) = 4 \cdot e^{-0{,}2 \cdot t}$.
Man erhält den Graphen von f_4, indem man den Graphen von f_3 an der x-Achse spiegelt, somit hat f_4 die Gleichung $f_4(t) = -4 \cdot e^{-0{,}2 \cdot t}$.
Man erhält den Graphen von f_5, indem man den Graphen von f_4 um 6 LE nach oben in y-Richtung verschiebt, somit hat f_5 die Gleichung $f_5(t) = -4 \cdot e^{-0{,}2 \cdot t} + 6 = 6 - 4 \cdot e^{-0{,}2 \cdot t}$.

4.1 Den Flächeninhalt A der Fläche, die zwischen dem Graphen von h und der t-Achse im Intervall $[0\,;\,7]$ liegt, erhält man mit Hilfe eines Integrals:

$$\begin{aligned}
\mathrm{A} &= \int_0^7 h(t)\,\mathrm{d}t = \int_0^7 \left(6 - 4 \cdot e^{-0{,}2 \cdot t}\right)\mathrm{d}t \\
&= \left[6t - \frac{4}{-0{,}2} \cdot e^{-0{,}2 \cdot t}\right]_0^7 \\
&= \left[6t + 20 \cdot e^{-0{,}2 \cdot t}\right]_0^7 \\
&= \left(6 \cdot 7 + 20 \cdot e^{-0{,}2 \cdot 7}\right) - \left(6 \cdot 0 + 20 \cdot 2^{-0{,}2 \cdot 0}\right) \\
&\approx 26{,}93
\end{aligned}$$

Der Flächeninhalt beträgt etwa $26{,}93\,$FE.

4.2 Wie in der Aufgabenstellung gefordert, können die Flächen eingezeichnet werden:

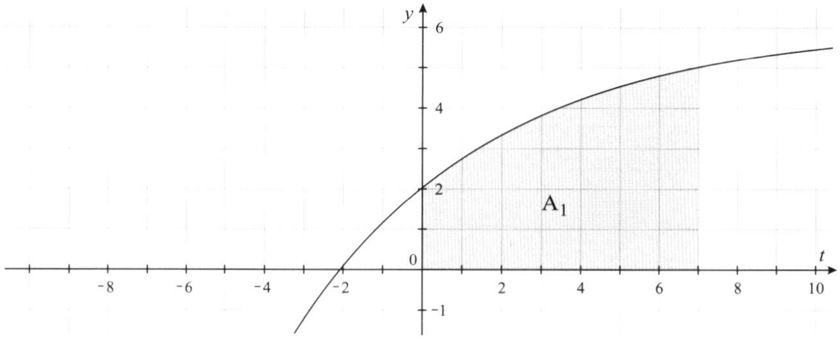

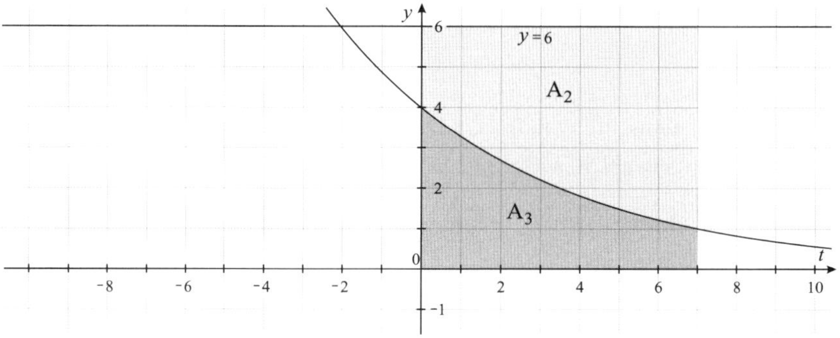

Das Integral $\int_0^7 f_3(t)\,\mathrm{d}t$ entspricht dem Flächeninhalt A_3 der Fläche zwischen dem Graphen von f_3 und der t-Achse. Diesen erhält man, indem man vom Rechteck mit den Seiten $a = 6$ und $b = 7$ den Flächeninhalt A_2 subtrahiert. Wegen $A_2 = A_1 \approx 26{,}93$ gilt:

$$\int_0^7 f_3(t)\,\mathrm{d}t = A_3 = 6 \cdot 7 - A_2 \approx 42 - 26{,}93 = 15{,}07$$

4.3 Den Wert $\mathrm{I} = \frac{1}{5} \cdot \int_0^5 \mathrm{h}'(\mathrm{t})\,\mathrm{dt}$ erhält man mit Hilfe des Hauptsatzes der Differential- und Integralrechnung:

$$\begin{aligned} \mathrm{I} &= \frac{1}{5} \cdot \int_0^5 h'(t)\,\mathrm{d}t \\ &= \frac{1}{5} \cdot \Big[h(t)\Big]_0^5 \\ &= \frac{1}{5} \cdot (h(5) - h(0)) \\ &= \frac{1}{5} \cdot \left(6 - 4 \cdot e^{-0{,}2 \cdot 5} - \left(6 - 4 \cdot e^{-0{,}2 \cdot 0}\right)\right) \\ &\approx 0{,}51 \end{aligned}$$

Der Wert $\mathrm{I} \approx 0{,}51$ beschreibt die durchschnittliche jährliche Wachstumsgeschwindigkeit in den ersten fünf Jahren nach dem Einpflanzen. Sie beträgt etwa 0,51 Meter pro Jahr.

Aufgabe B1 (WTR GTR CAS)

Gegeben sind die Punkte $P(-9 \mid 25 \mid 2)$, $Q(-1 \mid 9 \mid 2)$, $A(1 \mid 3 \mid 1)$, $B(5 \mid 2 \mid 0)$ und $C(3 \mid 0 \mid 3)$.

1 Die Gleichung der Geraden g, in der die Flugroute liegt, erhält man mit Hilfe der Punkte P und Q:

$$g: \vec{x} = \vec{p} + t \cdot \overrightarrow{PQ}$$

$$g: \vec{x} = \begin{pmatrix} -9 \\ 25 \\ 2 \end{pmatrix} + t \cdot \begin{pmatrix} 8 \\ -16 \\ 0 \end{pmatrix}$$

$$g: \vec{x} = \begin{pmatrix} -9 \\ 25 \\ 2 \end{pmatrix} + t \cdot \begin{pmatrix} 1 \\ -2 \\ 0 \end{pmatrix}$$

Somit ist

$$\vec{x} = \begin{pmatrix} -9 \\ 25 \\ 2 \end{pmatrix} + t \cdot \begin{pmatrix} 1 \\ -2 \\ 0 \end{pmatrix}$$

eine Parametergleichung der Geraden g, in der die Flugroute liegt.
Die mittlere Geschwindigkeit $\bar{v}$ des Flugzeuges auf dem Weg von P nach Q erhält man, indem man die Länge der Strecke $\overline{PQ}$ bestimmt und durch die benötigte Zeit (6 Minuten entspricht $\frac{1}{10}$ Stunde) teilt.
Die Länge der Strecke $\overline{PQ}$ ist der Betrag des entsprechenden Verbindungsvektors:

$$\overline{PQ} = \left|\overrightarrow{PQ}\right| = \left|\begin{pmatrix} 8 \\ -16 \\ 0 \end{pmatrix}\right| = \sqrt{8^2 + (-16)^2 + 0^2} = \sqrt{320}$$

Damit ergibt sich:

$$\bar{v} = \frac{\overline{PQ}}{\frac{1}{10}} = \frac{\sqrt{320}}{\frac{1}{10}} \approx 178{,}89$$

Somit beträgt die mittlere Geschwindigkeit des Flugzeugs etwa 179 km/h.

2 Die Ebene E enthält die Punkte $A(1 \mid 3 \mid 1)$, $B(5 \mid 2 \mid 0)$ und $C(3 \mid 0 \mid 3)$. Sie hat beispielsweise den Stützpunkt A und die Spannvektoren $\overrightarrow{AB} = \begin{pmatrix} 4 \\ -1 \\ -1 \end{pmatrix}$ und $\overrightarrow{AC} = \begin{pmatrix} 2 \\ -3 \\ 2 \end{pmatrix}$.

Damit hat E die Parametergleichung:

$$E: \vec{x} = \begin{pmatrix} 1 \\ 3 \\ 1 \end{pmatrix} + s \cdot \begin{pmatrix} 4 \\ -1 \\ -1 \end{pmatrix} + t \cdot \begin{pmatrix} 2 \\ -3 \\ 2 \end{pmatrix}; \; s,t \in \mathbb{R}$$

Einen Normalenvektor $\vec{n}$ von E erhält man mit Hilfe des Vektorprodukts (siehe Seite 36) der Spannvektoren $\overrightarrow{AB}$ und $\overrightarrow{AC}$:

$$\begin{pmatrix} 4 \\ -1 \\ -1 \end{pmatrix} \times \begin{pmatrix} 2 \\ -3 \\ 2 \end{pmatrix} = \begin{pmatrix} -5 \\ -10 \\ -10 \end{pmatrix} = -5 \cdot \begin{pmatrix} 1 \\ 2 \\ 2 \end{pmatrix} \Rightarrow \vec{n} = \begin{pmatrix} 1 \\ 2 \\ 2 \end{pmatrix}$$

Alternativ kann man $\vec{n}$ auch mit Hilfe des Skalarprodukts bestimmen, da $\vec{n}$ auf beiden Spannvektoren senkrecht steht. Damit gilt:

$$\begin{pmatrix} n_x \\ n_y \\ n_z \end{pmatrix} \cdot \begin{pmatrix} 4 \\ -1 \\ -1 \end{pmatrix} = 0$$

und

$$\begin{pmatrix} n_x \\ n_y \\ n_z \end{pmatrix} \cdot \begin{pmatrix} 2 \\ -3 \\ 2 \end{pmatrix} = 0$$

Daraus ergibt sich das lineare Gleichungssystem:

$$\begin{array}{lrcrcrcl} \text{I} & 4 \cdot n_x & - & n_y & - & n_z & = & 0 \\ \text{II} & 2 \cdot n_x & - & 3 \cdot n_y & + & 2 \cdot n_z & = & 0 \end{array}$$

Subtrahiert man das 2-fache von Gleichung II von Gleichung I, ergibt sich: $5n_y - 5n_z = 0$. Wählt man geschickterweise $n_y = 2$, so erhält man:

$$5 \cdot 2 - 5n_z = 0 \Rightarrow n_z = 2$$

Setzt man $n_y = 2$ und $n_z = 2$ in Gleichung I ein, ergibt sich:

$$4 \cdot n_x - 2 - 2 = 0 \Rightarrow n_x = 1$$

Damit ergibt sich ein Normalenvektor $\vec{n} = \begin{pmatrix} 1 \\ 2 \\ 2 \end{pmatrix}$.

Die Ebene E hat damit die Form:

$$E: x + 2y + 2z = d$$

Die Koordinatengleichung von E erhält man, indem man z.B. die Koordinaten des Punktes

A in obige Gleichung einsetzt und so die Konstante d bestimmt:

$$1+2\cdot 3+2\cdot 1=d \Rightarrow d=9$$

Somit hat die Ebene E die Koordinatenform E: $x+2y+2z=9$.
Alternativ kann man eine Koordinatengleichung von E auch mit Hilfe der Punkt-Normalenform bestimmen:

$$\text{E: } (\vec{x}-\vec{a})\cdot\vec{n}=0$$

$$\text{E: } \left(\begin{pmatrix} x \\ y \\ z \end{pmatrix} - \begin{pmatrix} 1 \\ 3 \\ 1 \end{pmatrix}\right) \cdot \begin{pmatrix} 1 \\ 2 \\ 2 \end{pmatrix} = 0$$

$$\text{E: } (x-1)\cdot 1+(y-3)\cdot 2+(z-1)\cdot 2=0$$

$$\text{E: } x-1+2y-6+2z-2=0$$

$$\text{E: } x+2y+2z=9$$

Die Ebene E hat somit die Koordinatengleichung E: $x+2y+2z=9$.

3 Die Koordinaten des Punktes S, in dem das Flugzeug bei gleichbleibender Flugrichtung die dem Flugzeug zugewandte Begrenzungsebene der Nebelwand durchstoßen würde, erhält man, indem man die Gerade g mit der Ebene E schneidet. Hierzu setzt man den allgemeinen Punkt $P_t\,(-9+t \mid 25-2t \mid 2)$ von g in die Koordinatengleichung von E ein:

$$-9+t+2\cdot(25-2t)+2\cdot 2=9 \Rightarrow t=12$$

Setzt man $t=12$ in P_t ein, erhält man den Durchstoßpunkt $S(3 \mid 1 \mid 2)$.

4 In Zeile (I) sind der Durchstoßpunkt $S(3 \mid 1 \mid 2)$ der Flugroute mit der dem Flugzeug zugewandten Begrenzungsebene der Nebelwand und ein allgemeiner Punkt $T(-9+t \mid 25-2t \mid 2)$ der Flugroute gegeben.
In Zeile (II) wird der Abstand d von S zu einem allgemeinen Punkt T der Flugroute in Abhängigkeit von t berechnet.
In Zeile (III) wird der Abstand d gleich 5 gesetzt, d.h. man berechnet diejenigen t-Werte, für die der Abstand von S zu T genau 5km beträgt.
In Zeile (IV) liegt wegen $t_2 < t_1$ der Punkt T_2, den man erhält, wenn man t_2 in T einsetzt, vom Flugzeug aus gesehen vor der Nebelwand, der Punkt T_1, den man erhält, wenn man t_1 in T einsetzt, dahinter. Da t_2 die gesuchte Lösung ist, interessiert man sich für den Punkt T_2 auf der Flugroute vor der Nebelwand.
In Zeile (V) erhält man als Ergebnis den Punkt $T_2\left(3-\sqrt{5} \mid 1+2\sqrt{5} \mid 2\right)$, d.h. es wurde derjenige Punkt auf der Flugroute gesucht, der vom Flugzeug aus gesehen 5km vor der dem Flugzeug zugewandten Begrenzungsebene der Nebelwand liegt.

5 Da der Pilot rechtzeitig seine Flugroute ändert und in gleichbleibender Höhe parallel zur Ebene E weiter fliegt, muss die z-Koordinate des Richtungsvektors der neuen Flugroute Null sein und das Skalarprodukt von $\vec{u}$ und dem Normalenvektor $\vec{n}$ der Ebene E muss Null ergeben:

$$\vec{u}\cdot\vec{n} = \begin{pmatrix} 2 \\ -1 \\ 0 \end{pmatrix} \cdot \begin{pmatrix} 1 \\ 2 \\ 2 \end{pmatrix} = 2\cdot 1 + (-1)\cdot 2 + 0\cdot 2 = 0$$

Da beide Bedingungen erfüllt sind, ist $\vec{u} = \begin{pmatrix} 2 \\ -1 \\ 0 \end{pmatrix}$ ein möglicher Richtungsvektor der Geraden, die die neue Flugroute enthält.

Den Winkel α, um den die neue Flugroute in Richtung des Vektors $\vec{u}$ gegenüber der alten Flugroute abweicht, erhält man mit der Formel $\cos\alpha = \frac{|\vec{u}\cdot\vec{v}|}{|\vec{u}|\cdot|\vec{v}|}$ für den Winkel zwischen zwei Geraden, wobei $\vec{v} = \begin{pmatrix} 1 \\ -2 \\ 0 \end{pmatrix}$ der Richtungsvektor der alten Flugroute ist.

Damit erhält man:

$$\cos\alpha = \frac{|\vec{u}\cdot\vec{v}|}{|\vec{u}|\cdot|\vec{v}|} = \frac{\left|\begin{pmatrix} 2 \\ -1 \\ 0 \end{pmatrix} \cdot \begin{pmatrix} 1 \\ -2 \\ 0 \end{pmatrix}\right|}{\left|\begin{pmatrix} 2 \\ -1 \\ 0 \end{pmatrix}\right| \cdot \left|\begin{pmatrix} 1 \\ -2 \\ 0 \end{pmatrix}\right|} = \frac{|2\cdot 1 + (-1)\cdot(-2) + 0\cdot 0|}{\sqrt{2^2+(-1)^2+0^2}\cdot\sqrt{1^2+(-2)^2+0^2}} = \frac{4}{5}$$

$$\Rightarrow \alpha \approx 36{,}87^\circ$$

Die neue Flugroute weicht um etwa $36{,}87^\circ$ von der alten Flugroute ab.

Aufgabe B2 (WTR GTR CAS)

1.1 Mit Hilfe der Vorgaben und der Längenangaben erhält man folgende Zeichnung:

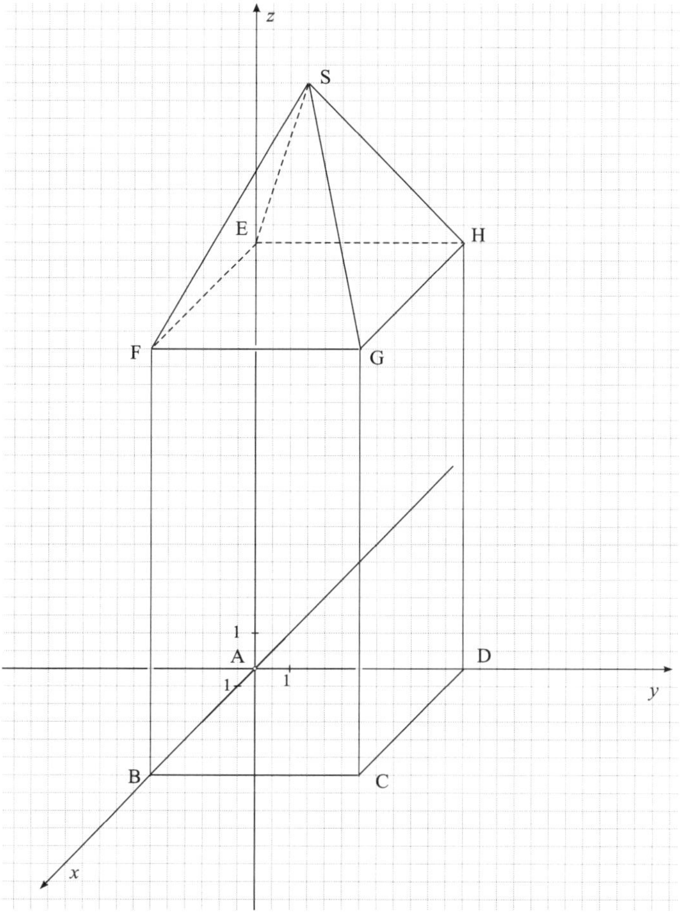

Die Eckpunkte C und F des Turms haben die Koordinaten $C(6 \mid 6 \mid 0)$ und $F(6 \mid 0 \mid 12)$.

1.2 Den Flächeninhalt A der Dachfläche erhält man, indem man den Flächeninhalt der vier Dreiecke der Pyramide bestimmt.

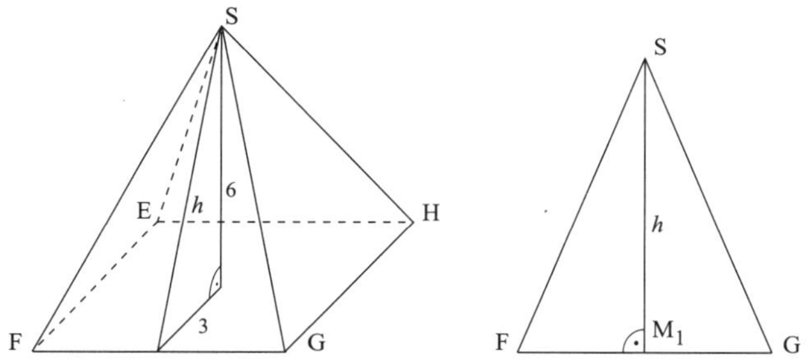

Das Dreieck FGS hat die Grundseite $g = 6$.

Die Höhe h des Dreiecks FGS erhält man mit Hilfe des Satzes des Pythagoras:

$$h^2 = 3^2 + 6^2 \Rightarrow h = \sqrt{45}$$

Alternativ kann man auch den Mittelpunkt $M_1(6 \mid 3 \mid 12)$ der Seite FG bestimmen und den Abstand zu $S(3 \mid 3 \mid 18)$ berechnen:

$$h = \overline{M_1S} = \left|\overrightarrow{M_1S}\right| = \left|\begin{pmatrix} -3 \\ 0 \\ 6 \end{pmatrix}\right| = \sqrt{(-3)^2 + 0^2 + 6^2} = \sqrt{45}$$

Den Flächeninhalt A_1 des Dreiecks FGS erhält man mit der Formel $A_1 = \frac{g \cdot h}{2}$.
Damit ergibt sich:

$$A_1 = \frac{6 \cdot \sqrt{45}}{2} = 3 \cdot \sqrt{45}$$

Da die Dachfläche aus vier gleichgroßen Dreiecken besteht, die den gleichen Flächeninhalt wie das Dreieck FGS haben, erhält man:

$$A = 4 \cdot A_1 = 4 \cdot 3 \cdot \sqrt{45} = 12 \cdot \sqrt{45} \approx 80,50$$

Der Flächeninhalt der Dachfläche beträgt etwa $80,50\,\text{m}^2$.

2.1.1 Die Ebene E_{GHS} enthält die Punkte $G(6 \mid 6 \mid 12)$, $H(0 \mid 6 \mid 12)$ und $S(3 \mid 3 \mid 18)$. Sie hat beispielsweise den Stützpunkt G und die Spannvektoren

$$\overrightarrow{GH} = \begin{pmatrix} -6 \\ 0 \\ 0 \end{pmatrix} = -6 \cdot \begin{pmatrix} 1 \\ 0 \\ 0 \end{pmatrix} \text{ und } \overrightarrow{GS} = \begin{pmatrix} -3 \\ -3 \\ 6 \end{pmatrix} = -3 \cdot \begin{pmatrix} 1 \\ 1 \\ -2 \end{pmatrix}$$

Damit hat E_{GHS} die Parametergleichung:

$$E_{GHS}: \vec{x} = \begin{pmatrix} 6 \\ 6 \\ 12 \end{pmatrix} + s \cdot \begin{pmatrix} 1 \\ 0 \\ 0 \end{pmatrix} + t \cdot \begin{pmatrix} 1 \\ 1 \\ -2 \end{pmatrix};\ s,t \in \mathbb{R}$$

Einen Normalenvektor $\vec{n}$ von E_{GHS} erhält man mit Hilfe des Vektorprodukts (siehe Seite 36) der Spannvektoren:

$$\begin{pmatrix} 1 \\ 0 \\ 0 \end{pmatrix} \times \begin{pmatrix} 1 \\ 1 \\ -2 \end{pmatrix} = \begin{pmatrix} 0 \\ 2 \\ 1 \end{pmatrix} \Rightarrow \vec{n} = \begin{pmatrix} 0 \\ 2 \\ 1 \end{pmatrix}$$

Alternativ kann man $\vec{n}$ auch mit Hilfe des Skalarprodukts bestimmen, da $\vec{n}$ auf beiden

Spannvektoren senkrecht steht. Damit gilt:

$$\begin{pmatrix} n_x \\ n_y \\ n_z \end{pmatrix} \cdot \begin{pmatrix} 1 \\ 0 \\ 0 \end{pmatrix} = 0$$

und

$$\begin{pmatrix} n_x \\ n_y \\ n_z \end{pmatrix} \cdot \begin{pmatrix} 1 \\ 1 \\ -2 \end{pmatrix} = 0$$

Daraus ergibt sich das lineare Gleichungssystem:

$$\begin{array}{lccccccc} \text{I} & n_x & + & 0 \cdot n_y & + & 0 \cdot n_z & = & 0 \\ \text{II} & 1 \cdot n_x & + & 1 \cdot n_y & - & 2 \cdot n_z & = & 0 \end{array}$$

Aus Gleichung I ergibt sich: $n_x = 0$.
Wählt man in Gleichung II geschickterweise $n_y = 2$, so erhält man:

$$1 \cdot 0 + 1 \cdot 2 - 2 \cdot n_z = 0 \Rightarrow n_z = 1$$

Damit ergibt sich ein Normalenvektor $\vec{n} = \begin{pmatrix} 0 \\ 2 \\ 1 \end{pmatrix}$.
Die Ebene E_{GHS} hat damit die Form:

$$E_{GHS} : 2y + z = d$$

Die Koordinatengleichung von E_{GHS} erhält man, indem man z.B. die Koordinaten des Punktes G in obige Gleichung einsetzt und so die Konstante d bestimmt:

$$2 \cdot 6 + 12 = d \Rightarrow d = 24$$

Somit hat die Ebene E_{GHS} die Koordinatenform $E_{GHS}: 2y + z = 24$.
Alternativ kann man eine Koordinatengleichung von E_{GHS} auch mit Hilfe der Punkt-Normalenform bestimmen:

$$E_{GHS}: (\vec{x} - \vec{g}) \cdot \vec{n} = 0$$

$$E_{GHS}: \left(\begin{pmatrix} x \\ y \\ z \end{pmatrix} - \begin{pmatrix} 6 \\ 6 \\ 12 \end{pmatrix} \right) \cdot \begin{pmatrix} 0 \\ 2 \\ 1 \end{pmatrix} = 0$$

$$E_{GHS}: (x-6) \cdot 0 + (y-6) \cdot 2 + (z-12) \cdot 1 = 0$$

$$E_{GHS}: 2y - 12 + z - 12 = 0$$

$$E_{GHS}: 2y + z = 24$$

Die Ebene E_{GHS} hat somit die Koordinatengleichung $E_{GHS}: 2y + z = 24$.

2.1.2 In Zeile (1) wird die Gerade $g\colon \vec{x} = \begin{pmatrix} 3 \\ 0 \\ 12 \end{pmatrix} + r \cdot \begin{pmatrix} 0 \\ 2 \\ 1 \end{pmatrix}$ aufgestellt, die durch die Mitte M$(3 \mid 0 \mid 12)$ der Dachbodenkante $\overline{\text{EF}}$ und orthogonal zur Dachfläche GHS mit Normalenvektor $\vec{n} = \begin{pmatrix} 0 \\ 2 \\ 1 \end{pmatrix}$ verläuft. Auf dieser Geraden liegt der erste Stützbalken.

In Zeile (2) wird der allgemeine Punkt $\text{P}_r(3 \mid 2r \mid 12+r)$ der Geraden g in die Koordinatengleichung der Ebene $\text{E}_{\text{GHS}}\colon 2y+z=24$ eingesetzt und der Parameter r berechnet:

$$4r+12+r=24 \Leftrightarrow r=\frac{12}{5}$$

In Zeile (3) werden die Koordinaten des Schnittpunkts P der Geraden g mit der Ebene E_{GHS} berechnet. Dazu setzt man $r=\frac{12}{5}$ in $\text{P}_r(3 \mid 2r \mid 12+r)$ (oder g) ein und erhält: $\text{P}\left(3 \mid \frac{24}{5} \mid \frac{72}{5}\right)$. Der Punkt P ist der Auftreffpunkt des ersten Stützbalkens auf die Dachfläche GHS.

In Zeile (4) wird der Abstand d von M$(3 \mid 0 \mid 12)$ zu $\text{P}\left(3 \mid \frac{24}{5} \mid \frac{72}{5}\right)$ berechnet:

$$\text{d} = \left|\overrightarrow{\text{MP}}\right| = \left|\begin{pmatrix} 0 \\ \frac{24}{5} \\ \frac{12}{5} \end{pmatrix}\right| = \sqrt{0^2 + \left(\frac{24}{5}\right)^2 + \left(\frac{12}{5}\right)^2} \approx 5{,}37$$

Somit hat der erste Stützbalken eine Länge von etwa 5,37 m.

2.2 Der zweite Stützbalken geht durch den Eckpunkt H$(0 \mid 6 \mid 12)$ und hat die Richtung $\vec{u} = \begin{pmatrix} 1 \\ -1 \\ 1 \end{pmatrix}$. Damit liegt er auf der Geraden k mit der Gleichung:

$$k\colon \vec{x} = \begin{pmatrix} 0 \\ 6 \\ 12 \end{pmatrix} + t \cdot \begin{pmatrix} 1 \\ -1 \\ 1 \end{pmatrix}$$

Der erste Stützbalken liegt auf der Geraden g mit der Gleichung:

$$g\colon \vec{x} = \begin{pmatrix} 3 \\ 0 \\ 12 \end{pmatrix} + r \cdot \begin{pmatrix} 0 \\ 2 \\ 1 \end{pmatrix}$$

Um zu prüfen, ob sich die beiden Stützbalken schneiden, setzt man die beiden Geradengleichungen von g und k gleich:

$$\begin{pmatrix} 0 \\ 6 \\ 12 \end{pmatrix} + t \cdot \begin{pmatrix} 1 \\ -1 \\ 1 \end{pmatrix} = \begin{pmatrix} 3 \\ 0 \\ 12 \end{pmatrix} + r \cdot \begin{pmatrix} 0 \\ 2 \\ 1 \end{pmatrix}$$

Dies führt zu folgendem linearen Gleichungssystem:

$$\begin{array}{lcccccccc} \text{I} & & & t & = & 3 & & \\ \text{II} & 6 & - & t & = & & & 2r \\ \text{III} & 12 & + & t & = & 12 & + & r \end{array}$$

Aus Gleichung I erhält man: $t = 3$.
Setzt man $t = 3$ in Gleichung II ein, ergibt sich: $6 - 3 = 2r \Rightarrow r = \frac{3}{2}$.
Setzt man $t = 3$ in Gleichung III ein, ergibt sich: $12 + 3 = 12 + r \Rightarrow r = 3$.
Aufgrund des Widerspruchs schneiden sich die beiden Stützbalken nicht.

3 Da der Kirmesbaum 10 m hoch ist und das untere Ende im Punkt $Q(24 \mid 4 \mid 0)$ befestigt ist, hat die Spitze K die Koordinaten $K(24 \mid 4 \mid 10)$.
Der Schattenpunkt K^* der Kirmesbaumspitze $K(24 \mid 4 \mid 10)$ liegt auf der Sonnenstrahlgeraden g_S durch die Spitze $K(24 \mid 4 \mid 10)$ mit Richtungsvektor $\vec{v} = \begin{pmatrix} -9 \\ -1 \\ -1 \end{pmatrix}$.

Damit hat g_S die Gleichung:

$$g_S : \vec{x} = \begin{pmatrix} 24 \\ 4 \\ 10 \end{pmatrix} + t \cdot \begin{pmatrix} -9 \\ -1 \\ -1 \end{pmatrix} ; t \in \mathbb{R}$$

Um zu begründen, dass der Schattenpunkt der Kirmesbaumspitze K auf eine Seitenfläche des Turms trifft, kann man sich überlegen, dass nur die Seitenfläche BCGF des Turms als Auftrefffläche in Frage, kommt. Dies ergibt sich daraus, dass für die Koordinaten der Spitze K ($x_K > 6$, $0 \leqslant y_K \leqslant 6$ und $z_K < 12$) und für die Richtung $\vec{v} = \begin{pmatrix} -9 \\ -1 \\ -1 \end{pmatrix}$ gilt.

Die Koordinaten des Schattenpunkts K^* der Kirmesbaumspitze erhält man, indem man die Gerade g_S mit der Ebene $x = 6$, in der die Seitenfläche BCGF liegt, schneidet:

$$24 - 9t = 6 \Rightarrow t = 2$$

Setzt man $t = 2$ in g_S ein, erhält man den Schattenpunkt $K^*(6 \mid 2 \mid 8)$.

Aufgabe C (WTR GTR CAS)

1.1 Legt man X als Zufallsgröße für die Anzahl der Dieselfahrzeuge fest, so ist X binomialverteilt mit den Parametern $n = 25$ und $p = 0,2$.
Die Wahrscheinlichkeit für das Ereignis A: «Unter den ausgewählten Pkw sind genau acht Dieselfahrzeuge.» erhält man mit Hilfe der Binomialverteilung unter Verwendung des Taschenrechners:

frv.tv/ci

$$P(A) = P(X = 8) \approx 0,0623 = 6,23\%$$

Die Wahrscheinlichkeit für das Ereignis A beträgt etwa $6,23\,\%$.
Die Wahrscheinlichkeit für das Ereignis B: «Unter den ausgewählten Pkw sind mindestens fünf Dieselfahrzeuge.» erhält man mit Hilfe der Wahrscheinlichkeit des Gegenereignisses und der kumulierten Binomialverteilung (Binomialsummenfunktion) unter Verwendung des Taschenrechners:

frv.tv/ck

$$P(B) = P(X \geqslant 5) = 1 - P(X \leqslant 4) = 1 - F_{25;\,0,2}(4) \approx 1 - 0,4207 = 0,5793 = 57,93\%$$

Die Wahrscheinlichkeit für das Ereignis B beträgt etwa $57,93\,\%$.

1.2 Die Wahrscheinlichkeit, dass die drei roten Pkw Dieselfahrzeuge sind, erhält man mit Hilfe des Modells «Ziehen ohne Zurücklegen». Dabei ändern sich die Wahrscheinlichkeiten bei jedem Zug. Es wird dreimal gezogen. Da von den 25 Pkw genau fünf Fahrzeuge Dieselfahrzeuge sind, gilt:

$$P(\text{Dieselfahrzeug}) = \frac{5}{25} \cdot \frac{4}{24} \cdot \frac{3}{23} \approx 0,0043 = 0,43\%$$

Die Wahrscheinlichkeit beträgt etwa $0,43\,\%$.

1.3 Um zu berechnen, wie groß die Anzahl n zufällig ausgewählter Pkw des Herstellers mindestens sein muss, damit die Wahrscheinlichkeit dafür, dass unter diesen mindestens ein Dieselfahrzeug ist, mindestens 95% beträgt, legt man X als Zufallsvariable für die Anzahl der Dieselfahrzeuge fest. X ist binomialverteilt mit den Parametern n (unbekannt) und $p = 0,2$. Damit ergibt sich folgende Ungleichung, die man mit Hilfe der Wahrscheinlichkeit des Gegenereignisses löst:

$$\begin{aligned} P(X \geqslant 1) &\geqslant 0,95 \\ 1 - P(X = 0) &\geqslant 0,95 \\ 0,05 &\geqslant P(X = 0) \end{aligned}$$

frv.tv/cm

Mit Hilfe des Taschenrechners erhält man:

$$n = 14 : P(X = 0) = 0,044$$
$$n = 13 : P(X = 0) = 0,055$$

Somit müssen mindestens 14 Pkws zufällig ausgewählt werden.

Alternativ kann man die Ungleichung auch mit Hilfe der Bernoulli-Formel lösen:

$$\begin{aligned}
P(X \geqslant 1) &\geqslant 0,95 \\
1 - P(X = 0) &\geqslant 0,95 \\
0,05 &\geqslant P(X = 0) \\
0,05 &\geqslant \binom{n}{0} \cdot 0,2^0 \cdot 0,8^n \\
0,05 &\geqslant 0,8^n \\
\ln(0,05) &\geqslant \ln\left(0,8^n\right) \\
\ln(0,05) &\geqslant n \cdot \ln(0,8) \\
\frac{\ln(0,05)}{\ln(0,8)} &\leqslant n \\
13,4 &\leqslant n
\end{aligned}$$

Somit müssen mindestens 14 Pkws zufällig ausgewählt werden.

2.1 Man bezeichnet beispielsweise mit D: «Ein zufällig ausgewählter Pkw ist ein Dieselfahrzeug.», mit $\overline{D}$: «Ein zufällig ausgewählter Pkw ist kein Dieselfahrzeug.», mit L: «Die Leistung eines zufällig ausgewählten Pkw ist größer als 60 kW.» und mit $\overline{L}$: «Die Leistung eines zufällig ausgewählten Pkw ist nicht größer als 60 kW.» Da 20% aller Pkw Dieselfahrzeuge sind und 80% der Dieselfahrzeuge und 90% der übrigen Pkw des Herstellers aus Aufgabe 1 eine Leistung von mehr als 60 kW haben, ergibt sich folgendes Baumdiagramm:

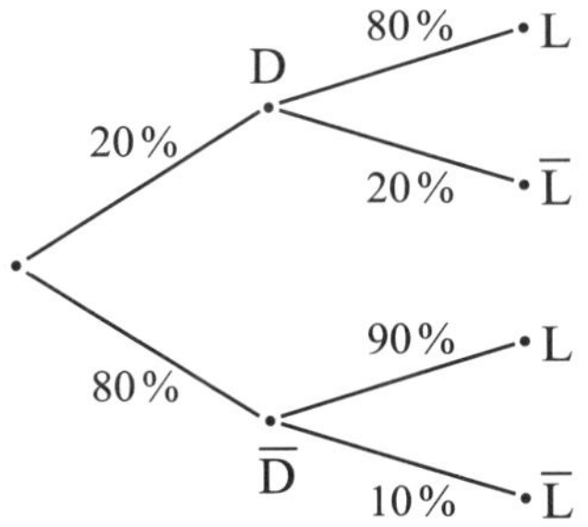

2.2 Die Wahrscheinlichkeit, dass die Leistung eines zufällig ausgewählten Pkw des Herstellers größer als 60 kW ist, erhält man mit Hilfe der Pfadregeln:

$$P(L) = P(D \cap L) + P\left(\overline{D} \cap L\right) = 0,2 \cdot 0,8 + 0,8 \cdot 0,9 = 0,88 = 88\%$$

Die Wahrscheinlichkeit, dass es sich bei einem zufällig ausgewählten Pkw des Herstellers mit einer Leistung von mehr als 60 kW um ein Dieselfahrzeug handelt, erhält man mit Hilfe der bedingten Wahrscheinlichkeit:

$$P_L(D) = \frac{P(D \cap L)}{P(L)} = \frac{0,2 \cdot 0,8}{0,88} \approx 0,1818 = 18,18\%$$

3 Mit Hilfe eines geeigneten Hypothesentests soll überprüft werden, ob sich der Ausschussanteil der Maschine, der bisher mindestens 7% betrug, verringert hat. Damit lautet die Nullhypothese: $H_0: p \geqslant 0,07$. Da vermutet wird, dass sich der Ausschussanteil der Maschine verringert hat, lautet die Alternativhypothese: $H_1: p < 0,07$. Wegen $H_1: p < 0,07$ handelt es sich um einen linksseitigen Test mit dem Ablehnungsbereich $\overline{A} = \{0, ..., k\}$ und dem Signifikanzniveau $\alpha \leqslant 5\%$.

Es ist also ein maximales $k \in \mathbb{N}$ so zu bestimmen, dass die Wahrscheinlichkeit, dass X einen Wert zwischen 0 und k annimmt, kleiner als α ist, d.h. dass gilt: $P\left(X \in \overline{A}\right) \leqslant \alpha$ bzw. $P(X \leqslant k) \leqslant 0,05$. Mit Hilfe der Wahrscheinlichkeit der kumulierten Binomialverteilung unter Verwendung des Taschenrechners ergibt sich:

frv.tv/cl

$$P(X \leqslant 3) = F_{100;\,0,07}(3) \approx 0,0744$$
$$P(X \leqslant 2) = F_{100;\,0,07}(2) \approx 0,0258$$

Somit ist $k = 2$ das maximale k und man erhält den Ablehnungsbereich der Nullhypothese: $\overline{A} = \{0, 1, 2\}$.

Damit ergibt sich folgende Entscheidungsregel:

Wenn unter den 100 zufällig entnommenen Ersatzteilen höchstens 2 unbrauchbare Teile sind, ist die Nullhypothese zu verwerfen, d.h. der Ausschussanteil hat sich verringert und die Wartung der Maschine war erfolgreich.

4.1 Hat eine binomialverteilte Zufallsgröße eine Trefferwahrscheinlichkeit von 25%, so gilt: $p = 0,25$. Für die Standardabweichung gilt: $\sigma = \sqrt{n \cdot p \cdot (1-p)}$. Da die Standardabweichung 3 beträgt, löst man die Gleichung $\sigma = 3$ nach n auf:

$$\sigma = 3$$
$$\sqrt{n \cdot p \cdot (1-p)} = 3$$
$$n \cdot p \cdot (1-p) = 9$$
$$n = \frac{9}{p \cdot (1-p)}$$
$$n = \frac{9}{0,25 \cdot (1-0,25)}$$
$$n = 48$$

Somit müssen 48 Versuche durchgeführt werden.

4.2 Um zu zeigen, dass es keinen Wert von p geben kann, für den die Anzahl der Versuche 9 ist, setzt man $n = 9$ in die Formel für die Standardabweichung $\sigma = \sqrt{n \cdot p \cdot (1-p)}$ ein und löst die Gleichung $\sigma = 3$ nach p auf:

$$\begin{aligned} \sigma &= 3 \\ \sqrt{n \cdot p \cdot (1-p)} &= 3 \\ n \cdot p \cdot (1-p) &= 9 \\ 9 \cdot p \cdot (1-p) &= 9 \\ p \cdot (1-p) &= 1 \\ p - p^2 &= 1 \\ 0 &= p^2 - p + 1 \end{aligned}$$

Diese quadratische Gleichung löst man mit Hilfe der *abc*-Formel bzw. des Taschenrechners:

$$p_{1,2} = \frac{-(-1) \pm \sqrt{(-1)^2 - 4 \cdot 1 \cdot 1}}{2 \cdot 1} = \frac{1 \pm \sqrt{-3}}{2}$$

frv.tv/ca

Da die Zahl unter der Wurzel negativ ist, hat die Gleichung keine reelle Lösung. Somit gibt es keinen Wert von p, für den die Anzahl der Versuche 9 ist.

Stichwortverzeichnis